마라나타

나팔수들 이야기 다섯 번째

마라나타 / 나팔수들 이야기 다섯 번째

1판 1쇄 발행 2025년 3월 1일
지은이 소향

발행인 장진우
편집 김문석 ┃ 디자인 윤석운

펴낸곳 호산나출판사
등록 제 2-0000호.(2005.9.27)
주소 경기도 안양시 벌말로 123 909호
전화 1644-9154
홈페이지 www.hosanna.co.kr
인쇄 창영프로세스
가격 12,000원

ISBN 979-11-89851-62-0

마라나타

소향

✝ 다섯 번째 나팔수들 이야기

HOSANNA

차례

언젠가 미국 CBS 방송에서 방영한 가나 혼인잔치의 의미에 관해 다룬 다큐멘터리 영상을 본 적이 있다. 거기에 등장한 학자들은 갈릴리 가나 혼인잔치의 방식이 예수님의 다시 오심과 깊은 연관이 있음을 증거한다. 그들은 갈릴리에 살았던 사람들이라면 예수님이 다시 오신다는 것이 어떤 의미인지 일일이 설명하지 않아도 알았다는 것을 세세히 설명한다.

간단히 말하자면 다음과 같다.

약혼식은 마을 입구에서 진행된다. 신랑과 신부는 모든 마을 사람들 뿐 아니라 모르는 사람들까지 모여 있는 회중 앞에 선다. 신랑의 아버지는 두 사람이 서명하게 될 서약서를 제공한다. 그다음 신랑은 특별한 포도주병에 담긴 포도주를 특별한 잔에 따르고 그 잔을 신부에게 내민다.

만약 신부가 신랑과 결혼할 마음이 없다면 잔을 거부할 수도 있다. 결혼하고 안 하고는 신부에게 달려있다. 그녀가 만약 잔을 받아든다면 둘의 결혼은 성사된다. 그 이후 신랑과 신부는 약 일 년간 서로를 볼 수 없다. 신랑은 신부가 들어갈 방을 아버지 집에 꾸미기 위해 준비하고 신부는 예복을 준비한다.

신랑은 아버지의 집에 인테리어를 하고 재료를 준비해 방을 꾸민다. 한편 신부는 예복을 지어야 하는데 이 일이 쉽지 않다고 한다. 몇 달이 걸릴 수도 있는 이 예복 짓는 일은 심혈을 기울여야 하고 무엇보다 순결한 마음으로 신랑을 기다려야 한다.

여기서 중요한 한 가지는 신랑이 신부를 데리러 가야 하는 때는 아무도 알지 못하고 오직 신랑의 아버지만 안다는 사실이다. 신랑도 모르고 마을 사람도 모르고 신부도 모른다. 신랑이 다 준비되었다고 생각이 들면 아버지는 '이제 되었다, 신부를 데리러 가거라.'라고 말한다.

그때는 한밤중이다. 학자들은 말하기를 그 때와 시기를 알지 못한다는 말은 곧 신랑이 한밤중에 간다는 말과 같다는 것을 가나 사람들은 자연스럽게 알았다고 한다. 그도 그럴 것이, 만약 신랑이 모두가 다 깨어 있는 한낮에 간다면 누군들 알지 못할까 싶다.

일 년이 다 되어 갈 그때, 신부 또한 신랑처럼 오매불망 그의 낭군을 기다리며 예복을 입고 있다. 옷을 입은 채로 잠이 들기도 한다. 그의 들러리들과 마을 사람들도 결혼 축제에 참석하기 위해 옷을 입은 채 기다린다.

드디어 신랑이 마을에 들어서면 신랑의 사람들은 나팔을 불기 시작한다. '신랑이로다 맞으러 나오라!'고 외치며 마을을 깨운다. 사람들은 일어나 신랑의 오는 모습을 구경하기 위해 집을 나선다. 그리고 신부는 신랑이 가지고 온 가마에 올라타 공중에 들린 채 신랑의 집으로 향한다.

이때 사람들은 반드시 7일 동안 태울 기름과 등불을 가지고 가야 한다. 왜냐하면 결혼식의 축제가 열리는 신랑의 아버지의 집은 한 번 닫히면 7일 동안 누구도 나갈 수도, 들어갈 수도 없기 때문이다. 예복이 없는 자도 기름과 등불이 없는 자들도 그 축제에 참여할 수 없다. 깨어 그 시각에 맞추지 못한 자들도 참여할 수 없다.
이것이 가나의 혼인잔치 의식이라고 한다.
예수님이 언제나 말씀하셨던 다시 오심에 관한 비유들이 여기에 함축된 것 같다는 생각이 든다.

여기 8장은 가나의 혼인 예식의 순서 중 아마도 신랑이 오고 있다고 외치는, 나팔 소리가 울리는 때인지도 모른다. 신랑이 신부의 집에 당도하기 직전, 마을을 울리고 깨우는 나팔이 울려 퍼지는 그때일 거라 짐작해 본다.
내가 얘기하고 싶은 건 이 나팔의 재앙들은 단지 하나님의 분노와 무서움을 나타내기 위함이 아니라는 것이다. 모든 일에는 하나님의 사랑이 있다. 그 사랑을 이루기 위한 과정이 나팔 소리요 나팔의 사건이라는 것을 말하고 싶다.

그러나 한편으로 예수님이 다시 오실 땐 그분은 초림 때의 초라한 모습으로 나타나시지 않을 것이다. 그는 왕으로 온 세상 위에 군림하실 하나님으로, 심판자로 오신다.

그는 공의를 실현하시며 말씀으로 세상을 심판하러 오실 것이다. 그가 처음에 드러내지 못하셨던 하늘과 땅의 권세를 우리들의 눈앞에 드러내실 것이다.

그 전에 일어나는 일곱 나팔의 재앙은 어쩌면 하나님이 세상에 주시는 마지막 기회일지도 모른다. 예수님은 왕이시다. 그가 진짜 하나님이시다. 그리고 그는 오실 것이다. 깨어 예복을 준비하고 기름과 등불을 준비하라는 외침이 나팔 소리에 담겨 울려 퍼질 것이다.

이 책을 읽는 모든 이들이 깨어 기도하며 주의 오실 때를 준비하며 기다릴 수 있기를 기도한다. 모든 세상의 주인이신 예수 그리스도의 시대를 기다리는 모든 믿는 자들에게 영원한 생명과 축복이 임할 줄 믿으며 이 챕터들을 열어본다.

十 다섯 번째
나팔수들 이야기

01
Chapter

일곱 번째
인봉의 해제

요한은 어린 양이 일곱 번째 인을 떼시는 것을 이제야 기록한다. 여섯 개의 인봉은 6장에서 떼어졌지만, 일곱 번째 인봉 해제는 7장의 다른 장면을 가로질러 지금 8장에 와서야 기록하고 있다.

여기서 우리는 이 인봉의 해제가 어떤 목적을 가졌는지를 다시 한번 기억해야 한다.

앞서 말한 바와 같이 인봉은 구원과 심판을 목적으로 한다. 또한, 인봉은 심판과 구원의 방식, 방법을 나타내는 일종의 계획서다.

하나님이 마지막 때에 교회를 어떻게 구원하시고 세상을 어떻게 심판하실 것인가에 대한 구체적인 설계를 우리에게 미리 보여주신 것이다. 따라서 일곱 번째 인봉 또한 하나님이 교회를 구원하시고 세상을 심판하시는 방식에 속한다는 것을 기억해야 한다.

이 목적을 인지하고 8장에 나오는 현상들을 볼 때 그 사건들이 어떤 의미가 있는지를 파악할 수 있을 것이다.

그렇다면 일곱 번째 인봉 해제 시에 일어나는 일들을 나열해 보자.

1. 하늘이 반 시간 동안 고요해졌다.
2. 하나님 앞에 일곱 천사가 서 있었는데 일곱 나팔을 받았다.

3. 또 다른 천사가 왔다.

4. 또 다른 천사가 제단 곁에 서서 금향로를 가졌다.

5. 또 다른 천사가 많은 향을 받았다.

6. 또 다른 천사가 그 많은 향과 함께 모든 성도의 기도를 보좌 앞 금 제단에 드리고자 한다.

7. 향연이 기도와 함께 천사의 손에서 하나님 앞으로 올라간다.

8. 또 다른 천사가 향로를 가지고 제단의 불을 담아 땅에 쏟는다.

9. 땅에 우레와 음성과 번개와 지진이 난다.

10. 일곱 나팔을 든 천사가 일곱 나팔 불기를 준비한다.

이 10가지 진행 과정은 일곱 천사가 일곱 나팔을 불기 전 '하늘에서' 일어나는 일들이다. 또한, 성도들의 기도들은 '땅에서부터' 올라온다. 이러한 사실은 앞서 우리가 살펴보았던 원칙, 하늘에서 뜻이 이뤄진 것 같이 땅에서 이뤄지는, 땅에서 메인 것이 하늘에서도 메이고, 땅에서 풀리는 것이 하늘에서도 풀리는 두 가지 원칙에 의해 일어난다는 것을 기억해야 한다.

그러므로 일곱 나팔의 현상들 또한 이 10가지 사건들을 일어나게 했던 원칙이 적용되어 연쇄적으로 나타나는 일들이라고 봐야 한다.

다른말로 일곱 나팔이 울렸을 때 일어나는 현상들은 10가지 하늘의 현상이 지니는 의미를 내포하고 있을 수밖에 없다.

10가지 현상들의 의미를 살펴보기 전 우리는 6장의 여섯 가지 인봉 해제 후에 굳이 하나님이 7장에 인 맞은 자들을 보여주시려 했던 이유를 알아야 한다.

　7장은 간단히 말하자면 '진짜 성도는 누구인가?'에 관한 설명이다. 7장은 이에 대하여 두 가지 장면으로 나누어 설명한다.

　하나는 인 맞은 이스라엘의 144,000명, 두 번째는 흰옷 입은 무리들이다. 이 둘은 같은 존재들이지만 그 안의 의미를 교회에게 보여주시기 위해 다르게 표현된 것뿐이다.

　이 둘의 공통적인 특징은 첫째 하나님이 그들을 택하셔서 교회로 부르셨다는 것, 둘째 그들은 환란이나 해를 당하기 전에 구별된 자들로서 반드시 환란 가운데 들어갔다가 나오지만, 또 반드시 구원받을 예수님의 교회라는 점이다.

　계 7:1절에 하나님은 요한에게 땅의 네 모퉁이에 서 있는 네 명의 천사들에 대해 계시하신다. 그들은 사방의 바람으로 땅과 바다와 각종 나무를 해롭게 하기 위해 준비된 천사들이다. 그러나 그들은 아직 그렇게 하지 못한다.

　왜냐하면 이스라엘의 지파들 중 144,000에게 표식을 찍어 그들을 구별해야 하기 때문이다. 해롭게 하기 위한 바람은 그 후에 불게 된다.

또 계 7:14절에 흰옷 입은 이 사람들이 누구냐고 물은 요한의 질문에 장로가 대답하기를 이들은 큰 환란에서 나온 자들이고 어린 양의 피에 씻어 옷을 희게 한 사람들이라고 대답한다. 이들이 옷을 빨고 있던 시기는 다름 아닌 환란의 시기다. 앞서 나온 12지파의 144,000이 지나야 할 광야의 시간은 곧 큰 환란의 시간이라는 것을 알 수 있다.

그렇다면 이들이 세상과 똑같이 환란을 지나고 '해'(harmness)의 시기를 지나야 한다면 왜 택함을 의미하는 표식과 구별됨이 필요할까. 사실 큰 환란을 지나야 하기에 구별이 필요하다는 것이 더 타당한 추측이다.

계 7:3절에 인을 가진 천사는 이스라엘 지파 144,000에게 인을 쳐야 하니 땅과 바다와 나무에 아직 해를 끼치지 말라고 명령한다. 이 말은 144,000명이 인침을 받으면 세상이 받을 해악과 같은 해악이 그들에게는 미치지 않을 것이라는 의미로도 해석할 수 있을 것이다. 또한, 이 바람이 세상에 불 때 그들도 세상에 있다는 것을 의미한다.

이 명령은 반드시 세상에 바람이 불 것이며 이 가운데 구별이 있음을 보여준다. 바람이 부는 곳은 땅이다. 세상이다. 아직 호흡을 지니고 살아가는 자들 위에 부는 바람이다.

하나님이 땅에서 이 바람이 불기 전에 그의 택하심을 확실히 하신다는 것은 택한 자들과 아닌 자들이 '땅에서' 어떻게 다른지를 보여주기 위함일 것이다.

만약 그들의 택하심이 땅이 아닌 하늘에 있다면 하나님은 굳이 사람들의 이마에 인을 치라는 명령을 하시지 않았을 것이다. 성도들에 대한 택하심의 확정의 목적은 누구에게 해가 가고 누구에게 해를 가하지 말아야 할지에 대한 부분이다.

이것은 바람이 부는 장소에 인 맞은 자들과 아닌 자들이 동시에 존재할 때 일어날 수 있는 일이다.

인 맞은 자들이 땅에 없는데, 하늘에 이미 편속된 자들의 이마에 인을 쳐서 사람들의 구원을 확정 짓는 것은 무의미한 일이다. 인을 맞은 자들은 반드시 환란을 지나게 될 것이다. 그러나 그들에게 해가 가지 않는다는 것을 성경은 보여주고 있다.

이러한 특징은 성경에서 이전에 일어났던 사건들에서도 나타났던 공통적인 현상이다. 노아의 홍수 때, 롯의 때, 출애굽 때에도 모두 하나님의 사람들은 심판받는 세상 가운데 있다가 구원을 얻었다. 마지막 때에도 마찬가지일 것이다.

이에 대한 의미를 보여주는 단서는 14절 이후에도 등장한다. 그들은 주려봤고 목말라 보았고 해나 뜨거운 기운에 상해 보았다.

그러나 '다시는' 그렇게 되지 않을 것이다. 왜냐하면 예수님이 그들의 목자가 되시기 때문이다. '다시는' 이라는 말은 그들은 한 때 눈물을 흘렸고 고난받았다는 뜻이다. 그러나 하나님이 그 눈물을 씻겨주실 것이다.

그들이 비록 주리고 목마르고 힘이 들었으나 그들이 하나님을 섬기는 이상 하나님은 그들 위에 장막을 쳐 주셔서 보호하실 것임을 보여주고 있다. 이것이 어쩌면 마지막 인봉 해제 전 7장에 인치신 자들을 보여주신 이유가 아닐까 한다.

다시 말하지만, 어린 양이 떼신 일곱 인봉의 두루마리는 심판과 구원에 관한 책이다. 그가 인봉을 떼실 때 구원과 심판이 동시에 일어난다는 의미다.

따라서 일곱 번째 인봉의 해제 또한 심판과 구원이 동시에 일어나게 될 것을 보여준다. 이스라엘은 구원하시고 세상은 심판 가운데 놓이게 되는 것이다. 하나님의 구원은 반드시 심판의 시간에 일어난다. 지금의 성도들이 명확히 인지해야 할 개념이다.

그렇다면 10가지 현상이 의미하고 있는 바가 무엇일까. 그 첫 번째부터 살펴보자.

하늘이 반시간 동안 고요했다

이 상황에 대한 단서는 두 가지다. 첫째는 하늘이 고요했다는 것이고 두 번째는 그 시간이 반 시간이라는 점이다.

계 4장을 우리가 살펴봤지만, 하늘은 결코 조용한 곳이 아니다. 그곳은 우레와 번개와 찬송 소리로 활기와 위엄이 넘치며 그 소리가 쩌렁쩌렁 울리는 곳이다. 그런 곳이 고요하다는 것은 그렇게 될 수밖에 없는 특정한 사건이 일어났음을 의미한다.

그곳이 조용하게 된 이유를 생각해 보았을 때 가장 유력한 가정은 하늘의 주인이자 모든 세상의 주인이신 보좌에 앉으신 이가 그 소리들을 금하셨기 때문이 아닐까 한다.

무엇보다도 그가 침묵하셨기 때문일 거라 추측된다. 하늘의 침묵은 반드시 하늘의 주인이자 온 세상의 주인이자 교회의 주인이신 하나님과 연관이 있다. 만약 그렇지 않다면 갑자기 하늘의 모든 소리가 멈출 수 없을 것이다.

그렇다면 그 요인은 무엇이 있을까

우리가 앞서 살펴본 바와 같이 하늘의 일은 땅에 영향을 미치고 땅의 일은 하늘에 영향을 미친다. 거룩하다고 외치는 네 생물의 창화는 곧 땅에 거하는 교회가 외치는 소리다.

그들은 땅의 예수 그리스도의 교회의 권세를 대변하는 존재들로서 '밤낮' 하나님을 찬송하는 존재다. 그들은 최소한 땅의 시간권을 인지하고 있으며 동시에 거기에 영향을 받거나 영향을 끼친다.

그런데 그들이 더 이상 소리를 내지 않고 찬송하지 않는다는 것은 분명 땅에서 어떤 일이 생겼고 그 일이 교회에 영향을 미쳤다는 것을 보여 준다.

또한 하늘이 고요하다는 것은 더 이상 번개나 우레의 음성이 들리지 않고있다는 뜻도 된다. 번개와 우레는 하나님의 임재를 상징한다. 이 소리가 없다는 것은 하나님의 존재감이 사라졌다는 것을 의미할 수도 있다.

그러나 이는 하늘에서 하나님이 부재한다는 뜻은 아닐 것이다. 왜냐하면 이 일 후에 또 다른 천사는 하나님 앞에 향을 드렸고 그 후에 하나님이 그것을 받으셨다고 되어 있기 때문이다.

다만 고요함은 하나님이신 그에게 일어난 어떤 심경의 변화로 인해 단지 그가 침묵하셨기 때문이라고 생각한다.

그의 침묵이 하늘의 침묵을 야기한 것이다. 하나님이 침묵하시는데 과연 누가 그 앞에서 그 침묵을 깰 수 있을까. 오직 하늘의 주인이신 그분만이 하늘이 소리를 금하실 수 있을 것이다.

하나님과 피조물은 사랑으로 연계되어 있다. 굳이 금하시지 않아도 그를 사랑하는 피조물들은 그의 침묵의 이유에 대해 알고 있을 것이며 그에 동조하게 되리라 믿는다.

그런데 그 시간이 반 시간이라고 성경은 기록하고 있다. 분명 이 고요함과 반 시간의 의미는 연결되어 있다.

'반 시간'. 영어로는 half an hour, 헬라어로는 ἡμιωριον(hemiorion)이다. ἡμιωριον은 시간을 뜻하는 ωρα(hora)와 절반, half를 의미하는 ἡμισυς(hemisus)라는 단어의 합성어다. 즉, 한 시간의 절반이라는 뜻이다.

이 단어는 신약 성경 전체에서 오직 이곳에서만 사용된 독특한 단어다. 이 합성어 중 시간을 의미하는 단어 'ωρα(hora)'는 '시간' 혹은 '때', 'time'을 의미한다. 즉, 반 시간은 30분을 의미할 수도 있지만 '반 때'를 의미할 수도 있다는 것을 알 수 있다.

성경에서 '반 때'에 대한 정보가 명확하게 등장하는 곳은 다니엘서다. 다니엘서 9장에서는 하나님 앞에 기도하던 다니엘에게 천사 가브리엘이 날아와 하나님의 응답을 전하는 장면이 나온다. 거기서 가브리엘은 네(your) 백성 즉, 이스라엘과 거룩한 산 곧 거룩한 성에 관한 하나님의 말씀을 전한다. 우리는 여기에 나타난 기록의 대상, 말씀의 수신인을 주목해야 한다.

수신인은 처음엔 다니엘이지만 다니엘에게 이 말을 전하는 궁극적인 대상은 하나님의 백성 이스라엘이고 그의 거룩한 산이자 성이다. 이 성은 예루살렘으로서 예수 그리스도의 교회를 의미한다고도 볼 수 있다.

이 수신인에 대해서 묵상해 볼 때 우리는 왜 하나님이 계시록 7장에 그의 백성이 받을 표식에 대해서 언급하셨는지를 알 수 있다. 예수님의 교회는 이스라엘이라는 말로도 예루살렘이라는 말로도 정의될 수 있다.

'예루살렘'은 거룩한 하나님의 성으로서 계시록 4장에서 등장한 하나님의 보좌라고 설명한 바 있다. '이스라엘'은 하나님의 공의를 이긴 자들의 모임이다.

이 모임은 예수 그리스도를 믿음으로 하나님의 의로우심을 입어 의롭게 된 자들의 모임을 의미한다고 설명했었다. 계시록 7장은 이 '이스라엘'로 지칭된 교회가 가지고 있는 특징들을 자세히 보여주고 있다.

진짜 이스라엘은 기존에 있던 14지파들 중 12지파만 선택받아 구별되었다. 르우벤, 시므온, 레위, 유다, 단, 잇사갈, 납달리, 갓, 아셀, 스불론, 요셉, 에브라임, 므낫세, 베냐민 총 14지파 중 하나님은 12지파만을 선택하셨다.

또한, 흰옷을 입은 큰 무리들은 나라와 백성과 방언과 족속에서 나온 자들로서 환란에서 나와 어린 양의 피로 그 옷을 깨끗하게 한 자들이다.

이것은 이들이 모든 나라와 백성과 족속과 방언들 중에 있었으나 구별된 교회로 나타났음을 뜻한다. 두 가지 그림에서 나타나는 공통분모는 교회가 어떠한 집단 가운데에서 나온 구별된 다른 집단임을 보여준다는 점이다.

여기서 더 자세히 들어가 보자. 하나님은 왜 모든 나라에서 나온 흰옷 입은 무리들과 이스라엘 14지파 중에서 구별된 12지파들을 같은 선상에 놓고 말씀하신 것일까.

다시 다니엘서로 돌아가서 단 9:27절에서 가브리엘이 다니엘에게 한 말을 보자. 가브리엘은 칠십 이레의 마지막 한 이레에 등장할 악한 왕을 맞을 시기를 '종말'이라고 표현한다.

이 왕은 예수님이 말씀하신 멸망의 가증한 것으로 해석할 수 있으며 이것은 마지막 때에 나타날 하나님을 대적할 존재다.

중요한 건 이 왕, 멸망의 가증한 것, 멸망의 짐승이 나타나기 전에는 반드시 땅끝까지 복음이 전파되어야 한다는 점이다(마 24:14).

우리는 여기서 다시 한번 과연 이스라엘이란 무엇인가, 어떠한 존재를 두고 말한 것인가를 생각해야 한다. 이스라엘은 혈통으로만 구분되는가? 이에 대해서는 더 이상 논할 필요가 없다. 진정한 이스라엘 즉, 하나님을 이긴 자들의 모임은 오직 예수 그리스도를 믿음으로 된 자들의 모임이라는 것을 수차례 말한 바 있다.

그러나 여기서 우리는 더욱 상기해야 할 역사적인 사실을 회고해야 한다. 예수님은 분명 이스라엘에서 나타나셨다.

이스라엘이라는 지리적, 혈통적 나라 안에서 태어나셨고 예수님은 이 경계 안에 있는 모든 자들을 이스라엘이라고 하셨다. 그 안에는 독사의 자식들이라고 호통을 치셨던 바리새인들도 있었고, 창녀와 세리들도 있었으며 혹은 예수님께 모든 것을 걸었던 제자들도 있었다.

이스라엘이라고 해서 다 진정한 이스라엘인들이 아니었다. 그러나 어쨌든 그들은 하나님의 말씀을 받았고 알았던 자들이었다. 율법이 무엇인지, 구원이 무엇인지, 심판이 무엇인지를 인지하고 있던 사람들이었다.

심지어 당시 이방인 취급을 받고 유대인들에게 가증하게 여겨졌던 사마리아 여인조차 메시아와 구원에 대해 알고 있을 정도였다. 율법이 무엇인지를 알았기에 죄가 무엇인지를 알았고 그 때문에 수치가 무엇인지를 알았던 사람들이 이스라엘 사람들이었다.

따라서 '이스라엘'이란 하나님의 말씀을 받은 사람들을 총칭하는 집단을 뜻한다.

이 말을 다시 마지막 때로 가지고 와 보면 멸망의 가증한 것이 서기 전 온 세상은 끝까지 복음이 전파된 세상이 되어 있을 것이다.

즉, 마지막 때의 온 세상은 예수님이 오셨던 당시처럼 하나님의 말씀을 받고 율법 아래 거하게 된 이스라엘이 되었다는 것을 알 수 있다.

그러므로 다니엘서에서 말하는 마지막 때의 백성, 이스라엘은 오직 혈통적인 이스라엘뿐 아니라 혈통적인 이스라엘을 통해 전파된 복음에 접붙임을 받은 땅끝의 사람들까지도 포함되어 있다는 것을 알 수 있다.

그러나 우리가 여기서 확실히 알아야 할 것은 가브리엘이 말하는 진정한 성도는 어디까지나 진짜 이스라엘이다.

말로만 주여, 주여 하는 자들이 아닌 하나님의 거룩하심 가운데 하나님을 섬기는 이스라엘을 의미한다.

예수님은 나다나엘에 관하여 그가 진짜 이스라엘인, 참 이스라엘인임을 말씀하셨다. 이 말은 진짜 이스라엘인과 거짓 이스라엘인이 있다는 것을 의미한다.

이스라엘이라는 나라와 혈통과 경계 안에 분명히 거하지만, 영적인 이스라엘, 예수 그리스도의 거룩하심과 빛 가운데 거하는 이스라엘인들이 또 구별되어 있다는 것을 의미한다.

따라서 7장에 등장하는 12지파의 이스라엘 지파들은 총 14지파 즉, 하나님의 말씀을 받았으나 심판 가운데 거하게 된 율법 아래의 사람들 중 하나님의 거룩하심과 이김 안에 속한 자들을 의미한다.

마찬가지로 흰옷 입은 무리도 온 열방 안에서 살아가고 있으나 하나님의 은혜와 구원하심에 속하게 된 구별된 자들이라는 것을 알 수 있다.

이들은 동일한 이스라엘인들로서 '이스라엘화'된 세상에서 '진짜 이스라엘인들'로 살아가는 사람들이다.

그러므로 이들이 살아가게 될 반때, 반 시간은 세상의 끝에 한 곳도 빠지지 않고 하나님의 말씀이 전파된 그때 이후에 올 시간을 의미한다고 봐야 한다.

다니엘서에서 가브리엘은 멸망의 가증한 것이 서는 그때를 한 이레의 절반이라고 표현한다. 그리고 12장에 와서 강 이편과 저편에 선 두 사람 중 하나가 선포하기를 반드시 한때와 두때와 반때를 지나서 성도의 권세가 다 깨어지기까지 기다리면 그제야 모든 일이 끝날 것이라고 맹세한다.

11절에서 그는 멸망의 가증한 것이 선 때 이후부터 1,290일을 지낼 것이고 기다려서 1335일까지 기다리는 사람은 복이 있을 것이라고 선포한다.

이와 비슷한 날수는 계시록에도 등장한다. 계 11:2절에 10장의 천사가 말하기를 이방인들이 거룩한 성을 42달 동안 짓밟을 것이라고 예언한다. 또 두 증인이 활동할 기간을 1,260일로 기한을 정하고 있다.

12장에서는 광야로 피하게 된 여자가 양육 받을 기간을 1,260일로 정하고, 14절에서는 이 기간에 대하여 한때와 두 때와 반 때라는 다른 말로 기록하고 있다.

계 13:5절에서도 짐승이 큰 말을 하는 기간으로 42달을 언급하고 그에 대하여 성경은 그 짐승이 권세를 받아 성도들과 싸워 이기게 된다고 기록한다.

이로 볼 때 네 생물과 하나님이 침묵하시는 그 반 시간 곧, 반 때는 다니엘서의 반 이레, 한 때 두 때 반 때(반 이레, 반 때를 또 나눈 시간대들)이며, 계시록에 등장하는 3년 반의 기간, 42달, 1,260일을 의미하고 이때는 성도들의 권세가 깨어지는 때라는 것을 알 수 있다.

결국 반 때는 성도들의 권세가 깨어지는 끔찍한 핍박의 시대다.

하나님의 도우심이 없는 것 같은 때, 하나님의 임재가 없는 것 같은 때다. 하나님의 침묵으로 불법이 용인되는 시대라고 할 수 있다.

그렇다면 왜 하나님은 침묵하시는 걸까.

침묵의 기간

이런 때 하나님이 침묵하신다는 것이 이상하다. 그의 백성들이 핍박을 받고 고난을 받는 이때 왜 하나님은 침묵하시는 걸까. 네 생물이 '거룩하다'라는 말로 창화 하지 않을 정도로 하늘은 고요해지고, 땅의 예배도 중단되었다.

다니엘에게 예언한 천사 가브리엘과(단 9:21) 예수님의 형상과 같은 그(단 10:5)가 한 말을 보면 더더욱 이 상황이 처참할 것임을 알 수 있다.

'그가 장차 많은 사람들과 더불어 한 이레 동안의 언약을 굳게 맺고 그가 그 이레의 절반에 제사와 예물을 금지할 것이며 또 포악하여 가증한 것이 날개를 의지하여 설 것이며 또 이미 정한 종말까지 진노가 황폐하게 하는 자에게 쏟아지리라 하였느니라 하니라'(단 9:27).

'또 환난이 있으리니 이는 개국 이래로 그때까지 없던 환난일 것이며 그 때에 네 백성 중 책에 기록된 모든 자가 구원을 받을 것이라'(단 12:1).

'반드시 한 때 두 때 반 때를 지나서 성도의 권세가 다 깨지기까지이니'(단 12:7).

이러한 상황은 다니엘서에만 등장하는 것이 아니다. 이에 대하여 예수님도 제자들에게 경고하셨다.

'이는 그 때에 큰 환난이 있겠음이라 창세로부터 지금까지 이런 환난이 없었고 후에도 없으리라'(마 24:21).

만약 하나님의 성도들이 이러한 거대한 환란을 지나지 않을 것이라면 주님은 결코 경고하시거나 말씀하시지 않았을 것이다. 이때는 어둠의 때이며 사단이 자기의 뜻대로 할 수 있는 때다. 하나님이 간섭하지 않는 시대, 하나님이 내어버려 두는 시대가 된 것이다.

그러나 그 기간은 잠시, 곧, 반 때이며 3년 반의 시간이라는 것을 성경은 말하고 있다.

역사적으로도 하나님이 침묵하셨을 때 그의 백성들은 세상에서 아무런 힘도 발휘하지 못했다는 것을 알 수 있다. 하나님은 히브리 민족이 애굽에서 무력한 노예 생활을 하는 동안 무려 400여 년간 침묵하셨다. 그분은 모세를 보내시기 전까지 그들에게 어떠한 말씀도 하지 않으셨다.

그리고 말라기 선지자 이후 그분은 400여 년간 선지자들을 보내지 않으셨다. 이 시기를 학자들은 침묵기라고 정의한다. 그러나 중요한 사실은 결코 하나님의 교회가 사라지지 않았다는 점이다.

그 침묵의 기간에 교회가 비록 핍박을 받고 어려운 시절을 보냈으나 하나님의 교회는 무너지지 않았고 여전히 생존하여 예수 그리스도라는 약속을 나타내기까지 이르렀다.

우리가 지금 살펴보는 3년 반의 시간은 성도들의 권세가 반드시 깨어져야만 하는 때다.

그 시간을 성도들이 견뎌야만 모든 것이 하나님의 말씀대로 이뤄질 것이라고 성경은 말한다. 이 침묵의 기간이 담고 있는 의미는 아마도 다음 시편 기자의 이야기에서 더 찾을 수 있을 듯하다.

시편 83편에서 시편 기자는

'하나님이여 침묵치 마소서 하나님이여 잠잠치 말고 고요치 마소서'라

고 간구한다. 이 말은 지금 하나님이 잠잠하여 아무 말씀도 하지 않음을

의미한다. 시편 기자는 또 5절에서 '저희가 일심으로 의논하고 주를 대

적하여 서로 언약하니'라고 말한다.

시편 기자는 모든 나라들, 에돔의 장막과 이스마엘인과 모압 하갈인,

그발과 암몬과 아말렉, 블레셋과 두로 거민들, 앗수르도 연합해 주의 백

성을 치려고 한다며 하나님께 지금의 상황을 설명하고 있다.

이러한 상황은 다니엘서가 기록하고 있는 마지막 때에 관한 상황과 비

슷하다. 멸망의 가증한 것이 섰을 그때 하나님을 대적하는 그는 많은 사

람들과 더불어 언약을 맺는다. 그들의 언약의 목적은 합심하여 하나님

을 대적하고 하나님과 그 교회와 싸우기 위함이다.

이러한 연합의 성질에 대해 더욱 잘 나타내고 있는 장면은 일곱 나팔

을 받은 천사들 외에 등장하는 또 다른 천사의 모습과 행동이다. 결론부

터 말하자면 그는 영원한 대제사장이신 예수 그리스도를 의미한다.

이에 대하여 뒤에 가서 더 자세히 다루겠지만 그가 하는 행동 방식과

그에 따라 나타나는 사건은 모세와 아론을 대적했던 고라와 다단 당을

하나님이 형벌하시는 방식, 그 후에 아론의 아들 엘르아살이 했던 행동

과 매우 흡사하다(민 16:37과 계 8:3 비교).

이스라엘화 된 세상은 진짜 성도들을 제외한 모든 자들이 온 힘을 다해 하나님을 대적하고 교회의 지도자이신 예수 그리스도를 대적할 것이다. 이때 그들은 고라와 다단처럼 하나님이 누구인지를 알면서도 하나님을 대적할 것이다. 말씀을 받았기 때문이다. 모세의 때에 고라와 다단 당이 말씀을 받았음에도 반역한 것과 비슷한 반역이라는 것을 보여주는 것이다.

온 세상 즉, 참교회를 제외한 모든 세상은 하나님을 의도적으로 대적하고 그의 자리를 찬탈하려 연합하게 될 것이다.

이때 하나님과 모세는 그 당을 지은 자들과 아닌 자들을 구분했다. 모세는 이스라엘 백성에게 만약 그들의 형벌에 참여하고 싶지 않다면 그들이 사는 장막 주위에서 물러날 것을 명했다.

결국 당을 지은자들은 모세의 말대로 산채로 음부에 내려가게 되었고 250명의 향로를 든 자들은 하나님의 불에 의해 태워졌다. 이와 같은 반역과 대적이 마지막 때에도 일어날 것임을 보여주시는 것이다.

침묵의 기간에 대해 우리가 기억해야 할 또 한 가지 요소는 이 고요함이 단지 하나님이 감성적으로 행하시는 고요함이 아니라는 점이다. 이것은 구원과 심판의 방식이다. 일종의 전략이다.

하나님이 그의 백성을 구원하시고 동시에 세상을 심판하시기 위해 행하시는 방식이라는 것을 인지해야 한다. 이 또한 일곱 인봉 해제와 연관이 있기 때문이다.

그렇다면 이것이 왜 구원과 심판의 전략일까.

우리는 이것을 이스라엘을 마지막까지 쫓아간 어리석었던 바로의 행동에서 추측할 수 있다. 바로는 10가지 재앙을 경험하고도 이스라엘의 뒤를 쫓았다.

전략상 바로의 계획은 전쟁하는 자들의 기본적이고도 영리한 결정과 같다.

왜냐하면 이스라엘은 자그마치 200만 명이라는 인구 대 이동을 해야 했다. 더군다나 어린아이와 노인들, 일반 남자들도 이렇다 할 용병이나 싸울만한 자들이 없었고 무기도 없었다.

그들은 아무런 힘이 없는 그저 노예 신분의 민간인들에 불과했다. 그들의 수가 아무리 많은들 뒤에서부터 무기와 싸움의 기술에 익숙한 자들이 쳐낸다면 이스라엘은 도미노처럼 무너질 것이다.

게다가 그들이 진행하는 길 앞에는 홍해가 가로막고 있었다. 홍해를 앞에 두고 도망갈 곳도 없는 그들을 친다면 바로의 군대는 승리한 것이나 다름없었다. 바로가 멍청하지 않은 이상 이러한 전략을 생각하지 않을 수 없었을 것이다.

배수진(뒤에 물을 두고 죽기 살기로 싸워 이기는 전략)도 어느 정도 군사력이 있어야만 이길 수 있는 전략이다. 400년 내내 노예 생활만 했던 오합지졸들이 모인 상태에서 배수진은 그야말로 무덤에 들어가는 것과 같은 상황이었다.

그런데 하나님은 이때 바로가 이스라엘의 뒤를 쫓도록 허락하셨다. 이것이 하나님의 전략이었다. 바로의 강퍅함을 이용해 애굽의 군대를 완전히 섬멸시키기 위해서였다. 그의 강퍅함은 애굽의 모든 군대를 마지막 힘까지 끌어 연합하게 만들었다.

만약 그들이 그 강퍅함을 버렸다면, 연합군을 형성하지 않고 이스라엘이 광야로 들어가기까지 기다렸다면 이스라엘은 영원히 애굽의 군대에서 벗어나지 못했을 수도 있다.

그러나 하나님은 바로의 교만함을 아셨다. 10가지 재앙이 덮쳤음에도 불구하고 그는 자기의 지식 즉, 이스라엘이 노예였다는 것, 그들이 아무런 무기도 없다는 일반적인 현상, 전쟁의 기본 전략에 의지해 전쟁의 승패를 판단했다. 하나님이 누구신지 알고 체험했음에도 불구하고 전쟁의 가장 중요한 요인인 힘의 균형을 무시했다. 왜냐하면 하나님은 눈에 보이지 않았기 때문이다.

하나님은 이 점을 노리셨다. 바로의 군대가 홍해 앞까지 오도록 만드신 것이다. 이스라엘을 쫓는 애굽의 세력이 그 이후 절대 자신의 백성을 건드리지 못하도록 바로의 강퍅함을 이용해 연합세력을 형성하게 하고 그들의 뜻대로 하도록 내버려두신 것이다.

그들의 미련함은 거기서 그치지 않는다. 홍해가 갈라졌음에도 불구하고 눈앞에서 소리를 지르며 도망가는 이스라엘을 그 홍해 사이로 쫓았다.

바로의 군대는 성도들의 연약함에만 집중했다. 바로의 욕심은 이스라엘을 둘러싸고 있는 하나님의 지혜와 능력을 보지 못하게 했다. 어쩌면 홍해가 갈라진 그마저도 하나님의 능력이 아니라고 믿었을지도 모른다. 그들은 결국 바다에 수장되고 말았다.

성도들의 권세가 깨어지기까지 하나님이 침묵하시는 기간은 그분의 전략이다. 세상이 미련하게 하나님을 대적하고 그들이 연합하여 하나님을 대항할 때 만약 성도들의 권세가 여전히 기세등등했다면 그들은 여전히 하나님을 무시하지 못했을 것이다.

바로가 알고 있던 노예들, 죽이려 하면 죽일 수 있었던 그 세력들에 대한 지식이 오히려 바로의 패배 요소 중 하나가 되어 버린 것이다.

마지막 때에도 이와 같이 하나님의 침묵은 저들로 하여금 하나님의 세력을 무시하게 만들것이다. 3년 반이라는 시간 동안에 쌓일 짐승의 지식은 성도들을 죽이고자 하면 죽일 수 있다는 어리석은 생각으로 몰고 갈 것이다(계 13:15).

이것이 바로 그들이 스스로 홍해로 들어가는 것과 다름없는 행동이다. 하나님은 이 때문에 성도들이 반 시간이라는 잠깐의 환란동안 하나님의 승리를 믿음으로 기다려주길 바라시며 침묵하신다고 생각한다.

믿음은 보이지 않아도 믿을 때 힘을 발휘한다. 그분이 성도들을 끝까지 지키실 것임을 믿을 때 아무것도 보이지 않아도 성도들은 반드시 구별되어 구원받고 승리하게 될 것이다.

계 8장은 침묵의 사건을 먼저 기록하고 그다음 나팔 재앙 사건들을 기록한다. 그러나 기록의 순서가 시간의 순서는 아니다. 다른 말로 반 때가 먼저 지나고 난 후 나팔의 재앙이 일어날 것으로 생각해서는 안 된다는 뜻이다.

천상의 시간은 영원이다. 시공간의 변화가 존재하기는 하되 우리가 생각하는 시간의 흐름에 맞춰 천상의 사건을 이해하면 안 된다고 생각한다.

따라서 반 시간 이후에 기록되어 있는 나팔 재앙들이 언제 정확히 일어날지는 아무도 알지 못한다. 다만 이 반 시간이 나팔 재앙의 사건과 밀접한 시간대에 있다는 것만 인식하자.

만약 이 반 시간의 사건이 밀접하지 않다면 하나님은 나팔 재앙의 시작에서 이 사건을 보여주시지 않았을 것이다.

하나님은 나팔 재앙을 통해, 왜 짐승의 세력이 전쟁을 일으키는 지, 어떤 과정을 통해 전쟁을 일으켜 그의 세력을 만들려 하는지를 보여주신다고 생각한다.

우리가 이기는 데 있어 가장 핵심적인 요인은 싸움의 대상의 본질을 이해하는 것이다. 그러나 하나님은 '언제'에 관한 부분을 깨어있는 자들에게 그때가 되면 알려주실 것이다. 그것이 바로 나팔을 울리는 때다.

그때가 되면 들을 자는 듣게 될 것이다. 다만 우리는 이 일이 어떠한 하나님의 전략 아래 일어나는지를 보고 깨달음으로서 그 일이 일어날 그때 당황하지 않고 믿음으로 하나님의 진영에 서서 싸울 준비를 해야 할 것이다.

또 다른 천사와 마지막 세상

이곳 8장에 등장하는 또 다른 천사가 누구인지를 알아보기 위해서는 그 천사의 특징과 행동을 관찰해야 한다.

1. 그는 천사다.
2. 그는 제단 곁에 서 있다.

3. 그는 금향로를 가지고 있다.

4. 많은 향을 받았다.

5. 금향로와 많은 향으로 모든 성도들의 기도를 금단에 드릴 수 있는 권한을 가지고 있다.

6. 향로를 가지고 단 위의 불을 담아다가 땅에 쏟을 때 뇌성과 음성과 번개와 지진이 난다.

천사는 '보내심을 받은 존재'라는 뜻이다. 분명한 것은 그가 하나님을 섬기고 있다는 사실이다. 제단에 대한 권한, 또 다른 말로 금 향단에 대한 권한을 가진 것을 보면 그는 사단이 사용하거나 보낸 존재가 아닌 하나님이 보내신 존재임이 분명하다.

히브리서는 모세의 장막이 하늘의 장막의 모형이라고 설명한다(히 8:5). 따라서 우리가 지금 보고 있는 하늘의 제단과 금단이 무엇인지를 알기 위해서는 모세의 장막의 구조가 어떠했는지를 살펴보면 알 수 있을 것이다.

모세의 장막에서 번제단은 성소와 지성소의 천막 앞에 위치한다. 이곳은 희생 제물을 드리는 장소로 우리의 죄를 대신한 제물들이 피를 쏟으며 불태워지는 곳이다.

그리고 또 다른 제단은 지성소 앞에 위치한 향단으로 번제가 아닌 향

을 태워 지성소와 성소를 가리는 연기를 형성해 제사장들이 죽지 않게
한다.

제사장이 장막의 입구로 들어와 번제단을 지나면 성막 안으로 들어와
금단에 도달할 수 있다. 따라서 또 다른 천사도 모세의 모형 장막처럼 번
제단을 지나야만 향단 즉, 금단에 도달할 수 있다는 것을 추측할 수 있다.
그러므로 그가 처음 서 있는 단은 번제단이고, 향을 받아 이동한 곳은
금단, 향단이라고 할 수 있다.

여기서 중요한 부분은 번제단과 향단에 접근할 수 있는 사람은 반드
시 제사장이어야만 한다는 사실이다. 그러므로 그 천사는 제사를 드릴
수 있는 권한과 향단에 접근할 수 있는 권한이 있는 제사장과 같은 존재
가 분명하다.

또 한 가지 우리가 더욱 유의해 보아야 하는 점은 그가 향을 태워 드릴
때 '모든' 성도들의 기도가 하나님 앞으로 가게 된다는 것이다.

여기서 요한은 '모든'이라는 단어를 사용한다. 지금 이곳에서 하늘의
참 장막을 다루는 시점에 '모든 성도'의 기도라 함은 역사 이래 있어왔던
'모든' 하나님의 사람들의 기도, 모든 성도들의 기도, 모든 교회에 속한
모든 자들의 기도를 의미한다고 보아야 한다.

이곳은 하늘의 장막이고 하늘의 장막은 모든 세대와 모든 인간의 세

계에 관한 성막이기 때문이다.

따라서 이 천사가 가진 권한은 하늘의 장막을 섬기는 제사장이어야 하는데 이 제사장은 반드시 '대제사장'이어야 한다. 그것도 모든 역사에서 일어났던 모든 인류의 죄를 사할 수 있는 권한을 갖추고 있어야 한다. 히브리서는 이렇게 설명한다.

'그리스도께서는 참 것의 그림자인 손으로 만든 성소에 들어가지 아니하시고 바로 그 하늘에 들어가사 이제 우리를 위하여 하나님 앞에 나타나시고 대제사장이 해마다 다른 것의 피로써 성소에 들어가는 것 같이 자주 자기를 드리려고 아니하실지니'(히 9:24,25).

히브리서는 예수님이 멜기세덱의 반차를 따른 영원한 대제사장이심을 강조한다. 그는 십자가에서 자신의 몸을 드려 자신을 영원한 속죄 제물로 삼으시고 또한 대제사장이 되셔서 성도를 위하여 중보하신다.

둘째 언약의 성취자로서 교회의 머리가 되심을 선포한다. 이것이 복음의 핵심 내용이라고 할 수 있다.

해마다 7월 10일은 대속죄일로서 대제사장은 일 년에 단 한 번 모든 백성의 죄를 속죄하기 위해 번제단에서 제물을 드린 후 지성소에 들어가게 된다.

'향로를 가져다가 여호와 앞 제단 위에서 피운 불을 그것에 채우고 또 곱게 간 향기로운 향을 두 손에 채워 가지고 휘장 안에 들어가서' (레 16:12).

성경은 오직 대제사장만이 속죄일에 휘장 곧 성소 안으로 들어가 향을 피울 수 있음을 보여준다.

'곧 이스라엘 자손의 부정과 그들이 범한 모든 죄로 말미암아 지성소를 위하여 속죄하고 또 그들의 부정한 중에 있는 회막을 위하여 그같이 할 것이요'(레 16:16).

속죄일은 대제사장을 포함한 모든 백성의 죄를 대속하는 날이다. 이때 만약 대제사장이 휘장 밖을 나오면 모든 백성의 죄가 속함을 받았다는 것을 증거하고, 만약 나오지 못하고 죽은 채로 허리에 묶인 줄에 의해 나오게 되면 백성의 죄가 속하여지지 않았다는 것을 알려준다.

이 날의 대제사장의 속죄는 곧 모든 백성에 대한 속죄를 의미한다.

여기서 언급된 속죄일에 대한 제사 형식은 지금 하늘에서 벌어지는 제사의 방식과 흡사하다. 그렇다면 제단에서 받은 성도들의 기도는 어떤 기도일까. 그들은 과연 무엇을 위해 기도한 것일까. 그들의 소원과 소망은 무엇이었을까.

하나님이 이스라엘에게 율법을 주신 것은 죄의 실상과 그에 대한 심판을 알리기 위해서다. 율법은 죄를 깨닫게 하는 도구일 뿐 죄에서 자유를 얻게 하는 도구가 아니다. 그러나 사망이라는 죄의 결과를 아는 것은 구원과 직결된다.

이 구원은 사람이 스스로 이룰 수 없는 부분이다. 이 사실을 알게 된다면 사람은 하나님께 도움을 구할 수밖에 없을 것이다. 삶과 죽음에 관한 한 인간이 할 수 있는 것은 아무것도 없기 때문이다.

이스라엘 백성들은 이 사실을 알았다. 죄를 지으면 죽을 수밖에 없다는 원칙을 알았기에 속죄일 날 대제사장이 들어간 회막을 쳐다보며 오매불망 그가 살아 나오기를 기다렸다.

대제사장의 생명은 곧바로 자신들의 속죄 곧, 생명과 연결되어 있다는 걸 알았기 때문이다. 그들은 속죄를 염원했고 소망했다. 그렇지 않았다면 대제사장이 회막에서 살아 나오든 죽어 나오든 상관치 않았을 것이다. 성도란 이렇게 하나님의 구원과 나라를 기다리고 소망하며 기도하는 자들의 모임이다.

지금 하늘에 등장하는 또 다른 천사가 속죄일에 행하는 땅의 대제사장의 제사 의식을 하면서 성도들의 기도를 모았다는 것은 그 행위가 속죄를 통한 구원 곧, 성도들의 간절한 염원을 이룬다는 의미를 지닌다.

천사의 이 행위에 대제사장의 속죄일의 의미가 있다는 것이 타당한 이유는 이것이 일곱 번째 인봉 해제의 의미와 연결되기 때문이다.

다시 말하지만, 인봉의 해제는 하나님이 예수 그리스도를 통해 구원과 심판을 행하시겠다는 의지다.

결론을 말하자면 또 다른 천사는 영원한 대제사장이신 예수 그리스도다. 그는 속죄를 위해 스스로 제물이 되어주시고 동시에 중보자인 대제사장이 되어주셨다. 이러한 복음의 진리를 나타내는 그림이 8장의 서두라고 할 수 있다.

이 그림이 필요한 이유는 심판과 구원의 근거가 율법에 바탕을 둔 그의 속죄함에 있기 때문이다.

성도란 예수님의 속죄함을 믿는 모든 자들이다. 믿음으로 십자가 앞에서 구원을 간구한 자들은 구원을 얻게 될 것이고, 아닌 자들은 심판에 놓이게 될 것이다. 이것이 하나님의 심판과 구원의 방식의 본가지이다 (original branch).

또 다른 천사가 행한 위의 6번의 행위를 살펴보면 예수 그리스도가 어떠한 권세를 가지고 땅에 심판을 행하시는 지를 여실히 볼 수 있다. 메시아는 교회의 머리이자 세상의 영원한 왕이시다.

그는 왕으로서 마지막 때에 그를 반역했던 자들을 처단하고 그의 권위로서 그를 대적했던 모든 자들을 벌하실 수 있는 권한을 하나님께로부터 부여받았다.

모세와 아론을 대적했던 고라와 다단 당의 모습에서 또 다른 천사의 6번 행동의 이유를 추론 할 수 있다.

12지파의 정탐꾼들이 가나안 땅에 다녀온 이후 여호수아와 갈렙을 뺀 나머지 10지파 사람들은 자신들이 광야에서 죽게 되었다고 악평한다. 그 소리를 들으신 하나님은 그들의 믿음 없음을 보시고 광야에서 너희가 40년간 떠돌이 생활을 하게 될 것이라 선언하신다.

이 말을 듣게 된 고라와 다단은 당을 지어 다시 애굽으로 돌아가기를 꾀한다. 모세와 아론의 지도자 됨을 비방하고 자신들도 하나님을 섬기는 자격을 부여받았음을 공표한다.

모세가 하나님 앞에 엎드리자 하나님은 그들에게 명하여 다음 날 아침 향로 250개를 들고 오라 명하신다.

250명은 향로 250개 위에 향을 두고 하나님 앞 회막문 앞에 서있었다. 그때 하나님이 내리신 불로 인해 그들은 불사름을 당한다.

모세는 고라와 다단 당의 가족들과 그와 함께 했던 자들의 장막 주위에서 사람들을 물리고는 만약 하나님이 자신을 세우시지 않았다면 저들의 죽음이 다른 이들의 죽음과 다를 바 없이 죽게 해달라고 기도한다.

만약 그렇지 않고 자신이 정말 하나님께 택함을 받았다면 땅이 입을 벌려 저들이 산채로 음부 속으로 들어가게 해달라고 하나님께 구한다.

과연 모세의 말대로 고라와 다단과 아비람의 장막 주위에 서 있던 자들은 산 채로 땅에 꺼지게 된다. 하나님이 모세를 지도자로 세우셨음을 보이신 것이다.

하나님은 모세에게 명하여 아론의 아들 엘르아살로 하여금 불태워진 향로를 취하여 그 불을 다른 곳에 쏟으라고 명하신다. 하나님은 향단에 접근할 수 있는 권한을 가진 사람들은 오직 아론의 자손들뿐이라는 것을 선언하신다.

하나님은 그 후에 12개의 지팡이에 각 지파의 이름을 적으라 명하신다. 특별히 레위 지파의 지팡이에는 아론의 이름을 적으라 말씀하신다.

이스라엘은 하나님의 명령대로 12개의 지팡이를 언약궤 앞에 두었고 하나님의 말씀대로 그다음 날 지팡이들을 확인하게 된다.

그때 아론의 지팡이에는 살구나무 잎사귀가 나고 꽃이 피고 열매가 맺히는 것을 보여주시며 하나님이 제사장으로 부르신 족속은 오직 아론의 자손들밖에 없다는 것을 확실히 보여주신다. 하나님은 이렇게 아론의 싹난 지팡이를 언약궤 안에 넣어 이 일을 기억하라고 명령하신다.

이 사건을 보여주시는 이유는 간단하다. 하나님 앞에 설 수 있는 대제사장의 자격은 오직 하나님의 택하심 안에서만 가능하다는 사실을 보여주기 위해서다.

우리는 아론의 싹난 지팡이 사건들의 전말이 지금 이 계시록 구절에서 보여주려고 하는 상황과 연관되고 있음을 볼 수 있다.

앞서 우리는 하나님의 침묵하시는 이유에 대한 설명에서 그 침묵의 기간 동안 모든 나라가 연합하여 하나님과 그의 성도들에 대하여 대적하는 일이 있을 것임을 살펴본 바 있다. 지금 이곳에서도 같은 그림을 보여주고 있다.

이 구절은 이와 같은 반역이 하나님을 모르는 자들에 의한 것이 아니라 이스라엘 백성들과 같이 하나님이 어떠한 분인지를 아는 자들에 의해 일어나고 있다는 배경을 설명한다. 하나님의 말씀을 받았음에도 불구하고 하나님을 대적하고 있는 사람들에 의해 일어나고 있다는 것을 보여주고 있는 것이다.

다시 말하지만, 마지막 때의 세상은 하나님의 말씀을 받은 이스라엘화된 세상이다. 그들은 이스라엘처럼 하나님을 알고 율법을 알게 되어 율법 아래 있게 된 이스라엘과 같은 사람들이 되었다.

땅끝까지 복음이 전파되지 않고는 절대 멸망의 짐승의 집권은 일어나지 않는다.

물론 이 전의 세상도 분명 하나님의 심판과 율법 아래 있었다. 그러나 구약 시대의 당시 이스라엘 주위에 있지 않았던 이방인들은 이 법을 알지 못했다(이스라엘 주위에 있었던 이방인들은 이스라엘을 알았고 하나님의 소문을 들었으며 또한 선지자들을 통해 그 나라들에 관해서도 예언하셨다. 따라서 이스라엘 주위에 있었던 이방 나라들은 어찌보면 하나님의 말씀의 영역 안에 있었던 나라들이라고도 볼 수 있다. 그러나 이들이 말씀을 받은 이스라엘이라고 볼 수는 없다).

복음이 알려졌다는 것은 하나님의 계명 또한 알려졌다는 것을 의미한다. 따라서 율법이 말하는 원칙이 모든 세상에 거하는 모든 이들에게 적용되기 시작했다고도 보아야 한다. 율법이 없는 구원은 있을 수 없다. 복음은 오직 율법이라는 법 아래 생겨난 합법적인 구원이기 때문이다.

심판이 없이는 구원도 없다. 유죄를 판단하는 곳이 심판대지만 무죄를 판단하는 곳도 심판대다.

심판의 명분도 구원의 명분도 오직 그 대상이 법 아래 있을 때만 생겨난다. 예수님이 모든 세상에 복음을 전하라고 하셨던 이유는 구원을 위해서이기도 하지만 심판을 위함이기도 하다. 이 둘은 떼려야 뗄 수 없는 관계라는 것을 인식해야 한다.

결국 멸망의 짐승이 일어나 하나님을 반역하고 대적하는 일들은 하나님에 대해 무지한 상태에서 하는 것이 아니라 하나님을 아는 상태에서 일으키는 반역이다. 이 구절은 고라와 다단의 무리들과 같이 모든 교회의 지도자로 세우신 예수 그리스도를 대적하려는 일이 마지막 때에 일어날 것임을 보여준다.

이러한 '하나님을 아는 일'은 그 전에 이스라엘의 주위에 있었던 이방 나라들의 앎과는 차원이 다른 것이다.

예수님 이전 세대의 이방 나라들에 대하여 하나님의 직접적인 간섭이 없었다면 예수님 이후의 복음의 시대는 그의 말씀으로 세상을 거룩하게 하신 이후다.

따라서 A.D 이후 모든 나라들은 예수님의 통치 아래 속해 있고 그의 말씀이 적용된 이후가 될 것이다. 출애굽한 이스라엘과 같이 하나님의 놀라우심과 사랑을 경험한 자들의 세상이 된 것이다.

하나님은 이때 누가 하나님의 진영에 속하는지 누가 하나님을 대적하는 진영에 속하는지를 구분하실 것이다.

대제사장이자 모든 교회와 세상의 왕이신 예수 그리스도를 대적하는 세상은 반드시 올 것이다. 그 세상은 세상의 어떤 나라와 민족과 방언과 족속 중 어느 하나 예외 없이 하나님의 말씀을 받은 상태일 것이다.

영원한 대제사장이신 예수님을 대적하고 계획하고 실행하는 멸망의 짐승은 모든 나라를 모아 전쟁을 계획할 것이다. 하나님의 나팔이 울리는 이유는 이러한 상황을 알리기 위한 하나님의 소리, 선지자들의 선포라는 것을 보여준다.

十 다섯 번째

나팔수들 이야기

나팔수들

나팔을 네 입에 댈지어다
원수가 독수리처럼 여호와의 집에 덮치리니
이는 그들이 내 언약을 어기며 내 율법을 범함이로다
(호 8:1)

나팔을 든 천사들

　이곳에서 사용되는 천사 즉, 앙겔로스는 하나님으로부터 보냄을 받은 존재다. 왜냐하면 하나님께 나팔을 받았고 그 앞에 있었던 존재라는 것을 요한이 증거하고 있기 때문이다.

　그들은 하나님으로부터 나팔을 받았다. 이 사실은 이 사건 속에 내재한 원인을 추측하게 한다.

　이들이 하나님으로부터 보냄을 받았다는 것은 땅에서 일어나는 재앙이 하나님에게서 왔다는 뜻이다.

　그렇다면 하나님은 왜 이런 일이 일어나게 하시는 걸까? 그리고 나팔은 어떤 의미가 있는 것일까? 이것을 알기 위해서는 하나님이 나팔을 천사에게 주신 일의 의도가 무엇인지를 알아보아야 한다.

　이 때문에 우리는 일곱 인봉의 의미를 다시 가지고 와야 한다. 왜냐하면 결국 일곱 나팔의 사건도 일곱 인봉 해제의 일부로 나타나기 때문이다.

　일곱 인봉은 하나님이 구원과 심판을 이루시는 방법이다. 우리는 그 방법을 통해 행하시는 하나님의 의도를 잘 기억해야 한다.

　단순히 나팔의 사건을 통해 재앙을 행하시기 위함이 아니라 그 안에 분명한 목적을 이루시기 위해 이 일을 일어나게 하신다는 것을 인지해야 한다는 것이다.

일곱 인봉의 해제 때 심판은 하나님의 통제 아래 있는 말들의 세력에 의해 일어난다. 이것은 마치 하나님이 유다와 이스라엘 및 온 열방을 심판하고자 하실 때 바벨론을 사용하시고 메대와 페르시아 그리고 그리스와 로마를 통해 심판을 행하신 것과 같은 맥락이다.

바벨론은 페르시아의 고레스에 의해 무너지고 페르시아는 그리스의 알렉산더에게 무너지고 그리스 제국은 로마에 의해 무너졌다. 이와 같은 제국들은 하나님이 때를 따라 심판하실 때 사용하시는 몽둥이들이다. 인봉 해제 때 나타나는 말들은 마치 이와 같은 심판의 도구들을 의미한다.

그러나 마지막 때의 나라는 다니엘의 표현과 같이 그 전과는 다른 열방이고 열국이다.

연합하여 하나님을 대적하는 세력이다. 민주적인 것으로 보이지만 어느 때보다 제국주의적이고 신본정치를 지향하는 열방의 우두머리들이 멸망의 짐승을 앞세우게 될 것이다.

언젠가는 다리오 왕 때와 같이, 느부갓네살 왕 때와 같은 시대가 올 것이다. 크세르크세스의 인장 반지로 유다 민족을 죽일 뻔했던 것처럼, 요한의 시대에 로마의 황제를 신으로 섬겨야 하는 법안을 상정한 것처럼 누구든지 멸망의 짐승의 우상에게 경배하지 않으면 죽임을 당할 때가 올 것이다.

이때는 매우 고통스러운 영적 전쟁 될 것이다. 죽음을 각오하고 맞서야 할 치열한 전쟁으로 다가올 것이다. 이때는 하나님의 침묵의 시기, 하늘의 반 시간과 깊이 연관된 시기다.

따라서 이곳에 등장하는 천사들의 나팔도 이러한 영적 전쟁과 연관하여 그 의미를 알아보는 것이 타당하다고 본다.

나팔의 사건은 하나님의 심판과 구원을 이루시는 방법들이다. 다만 이 속에 숨겨진 하나님의 의도는 열국들이 전쟁을 하려는 의도들과 맞물려 있다는 것을 알고 있자. 하나님은 신중하게 그의 백성들을 구별하시고 구원하시며 신중하게 세상을 심판하실 것이다.

그러므로 역시 천사들이 들고 있는 나팔은 전쟁의 때를 의미한다.

나팔을 든 천사들이 만약 하나님이 보내신 자들이고 나팔을 불었을 때 8장에서 서술하는 재앙들이 벌어졌다면 이는 하나님의 심판이 전쟁을 통해 일어난다는 것으로 볼 수 있을 것이다.

그러나 다시 말하지만, 이러한 나팔의 목적은 오직 성도들의 구원과 세상에 대한 심판이다.

이 목적에 따라 제국의 왕이 세워지고 그들이 온 세상을 군림하는 것이 허락된다. 바로가 왕이었기 때문에 이스라엘 백성이 출애굽 할 수 있었다. 만약 그 왕이 아니었다면 이스라엘은 출애굽이라는 명분을 얻을 수 없었을 것이다. 정말 아이러니하게도 말이다.

짐승의 욕망이 엄청난 고통과 고난을 수반하지만, 이는 하나님이 세상을 심판하실 수 있게 만드는 강력한 명분이다.

일곱 인봉의 해제 중 다섯 번째 인봉 해제 때 하나님이 요한에게 보여주신 장면은 제단 옆에서 탄원하고 있는 피 흘린 성도들이었다.

그들은 세상 권력에 의해 죽임을 당하고 예수 그리스도를 위해 목숨을 건 사람들이다. 세상에 있을 때 하나님의 말씀과 증거를 가지고 살았으나 결국은 세상의 세력에 의해 죽임을 당한 그들이 자신들을 신원하여 주시길 기도하고 간구한다.

이러한 간구는 분명히 또 다른 천사인 예수님이 하나님 앞에 모든 성도들의 기도를 드릴 때 포함되었으리라 믿는다. 따라서 제국의 왕이 된 멸망의 짐승의 집권으로 인해 일어나는 핍박은 오히려 성도들의 신원과 기도에 하나님이 응답하실 수밖에 없는 합당한 명분을 제공하는 계기가 될 것이다.

성경에 등장하는 나팔들의 의미를 살펴보자. 성경에서 나팔은 전쟁을 경고하는 도구로 사용되기도 하지만 선지자들이 외치는 말과 경고를 의미하는 도구로도 나타난다.

'슬프고 아프다 내 마음속이 아프고 내 마음이 답답하여 잠잠할 수 없으니 이는 나의 심령이 나팔 소리와 전쟁의 경보를 들음이로다'(렘 4:19).

'내가 또 너희 위에 파수꾼을 세웠으니 나팔 소리를 들으라 하나 그들의 대답이 우리는 듣지 않겠노라 하였도다'(렘 6:17).

'그 사람이 그 땅에 칼이 임함을 보고 나팔을 불어 백성에게 경고하되'(겔 33:3).

하나님은 이와 같이 선지자들을 통해 앞으로 일어날 심판에 대해 경고하게 하신다. 성경은 하나님이 선지자들에게 미리 알리시지 않고는 결코 일을 행하시지 않는다고 말한다(암 3:7).

선지자들은 하나님이 세우신 파수꾼으로서 그의 백성들을 향해 경고하고 앞에 일어날 일들을 미리 보이고 알리는 자들이다. 선지자들은 나팔수들로서 하나님의 일들을 성도들에게 알려서 피할 곳을 알려주고 대비하게 하는 역할을 감당한다. 앞서 말한 바와 같이 짐승의 집권 시기는 거대한 영적 전쟁의 시대다.

이와 같은 시대에 하나님은 반드시 그의 행하실 일들을 그의 선지자들에게 알리시리라 믿는다.

또 나팔 소리는 전쟁 때, 혹은 하나님의 임재가 있을 때 모이라는 신호이기도 하다. 군사를 소집할 때 군대는 나팔을 울린다. 이스라엘이 광야에서 훈련받았을 때도 하나님은 그의 백성들을 소집할 시 나팔을 불라고 명하신다.

'또 회중을 모을 때에도 나팔을 불 것이나 소리를 크게 내지 말며'(민 10:7).

'셋째 날 아침에 우레와 번개와 빽빽한 구름이 산 위에 있고 나팔 소리가 매우 크게 들리니 진중에 있는 모든 백성이 다 떨더라'(출 19:16).

'너희는 어디서든지 나팔 소리를 듣거든 그리로 모여서 우리에게로 나아오라 우리 하나님이 우리를 위하여 싸우시리라 하였느니라'(느 4:20).

'너희는 유다에 선포하며 예루살렘에 공포하여 이르기를 이 땅에서 나팔을 불라 하며 또 크게 외쳐 이르기를 너희는 모이라 우리가 견고한 성으로 들어가자 하고'(렘 4:5).

'땅에 깃발을 세우며 나라들 가운데에 나팔을 불어서 나라들을 동원시켜 그를 치며 아라랏과 민니와 아스그나스 나라를 불러 모아 그를 치며 사무관을 세우고 그를 치되 극성스런 메뚜기 같이 그 말들을 몰아오게 하라'(렘 51:27).

이와 같이 나팔은 성도들을 소집할 때뿐 아니라 세상에서도 군대를 모을 때 사용된 것을 볼 수 있다.

나팔은 또한 속죄일에 모든 회중을 모을 때도 사용된다.

'일곱째 달 열흘날은 속죄일이니 너는 뿔나팔 소리를 내되 전국에서 뿔나팔을 크게 불지며'(레 25:9).

이 구절에서 나타나는 나팔의 역할은 어쩌면 지금 8장에서 보여주는 장면과 가장 근접한 상황인 것 같다. 또 다른 천사는 모든 성도들을 속죄하는 대제사장으로 나타나고 있다. 그 천사의 행동은 속죄일에 행하는 대제사장의 행위와 같은 것임을 앞서 설명한 바 있다.

하나님의 심판은 오로지 죄가 속하여지지 않은 자들에게만 임하는 것이다. 모든 성도들의 간절한 소원이 응답되지 않은 상태에서 하나님이 심판을 행하신다면 아마도 인류는 전멸하게 될 것이다.

그러나 성도들의 기도와 간구를 따라 예수님은 십자가에서 구원을 행하셨다. 참회하기를 원하는 모든 자들 즉, 그를 믿는 모든 자들은 십자가의 구원을 믿음으로 의로움을 얻어 심판에서 제외될 것이다. 따라서 지금의 나팔은 속죄일에 참회하기를 원하는 모든 성도들을 하나님 앞에 모으기 위한 성격이 강하다고 말할 수 있다.

이 나팔소리는 반드시 당시의 성도들이 모두 들을 수 있게 불려야 한다. 더 정확히 말하자면 들을 귀가 있는 자들은 모두 알아들을 수 있는 소리여야 한다.

고전 14:8절에서 바울은 방언에 대해 말하면서 나팔 소리가 불분명하면 전쟁의 경고에 대해 알아들을 수 없는 것과 같이 기도할 때에 교회의 유익을 위해 예언을 하는 것이 더욱 좋다고 권한다.

　전쟁의 경고를 하거나 사람을 모집할 때는 반드시 사람이 알아들을 수 있는 언어와 말, 소리로 전달해야 한다. 만일 사람들이 알아들을 수 없는 것으로 전달하려 한다면 사람들은 결코 전쟁을 준비하거나 대비할 수 없을 것이다.
　따라서 지금의 나팔 소리 또한 사람들이 알아들을 만한 언어로 전달해야 할 것이다. 그러나 이 말은 들을 귀 있는 자들에게만 들릴 것이다.

　예수님은 하나님의 나라를 전파하시며 들을 귀가 있는 자들은 들으라고 말씀하신다. 예레미야는 어리석은 자들에 관하여 귀가 있어도 들을 수 없는 자들이라고 표현한다.
　하나님이 에스겔을 보내실 때도 말이 어렵거나 말을 못 알아듣는 자들에게 그를 보내는 것이 아니라 언어가 같은 이스라엘에 그를 보내신다고 말씀하신다. 그러나 그들은 귀가 있어도 들을 수 없는 반역하는 족속이라고 말씀하신다.

　여기서 말하는 들을 수 있는 조건이란 하나님의 말씀을 듣고 회개하고자 하는 마음이 그에게 있느냐에 관한 것이다. 하나님의 말씀에 귀를 기울인다는 것은 그 말씀을 받아들이고자 하는 의지가 그 사람에게 있다는 것을 의미한다.

　믿음으로 의로움을 얻는다는 것은 다른 말로 하면 하나님이 지금 그에게 말씀하시는 의미를 받아들여 실제로 행한다는 것을 뜻한다. 하나님의 말씀이 실제 그 삶에서 나타나는 것을 의미하는 것이다.

　'그 아이가 말을 잘 듣는다'라고 표현하는 것은 그 말을 잘 들을 수 있는 귀가 그 아이에게 있는지 없는지를 의미하는 것이 아니다. 그 말을 듣고 아이가 실제 행동에 옮기는 일을 잘한다는 것을 뜻한다.

　마지막 때에 울리는 나팔 소리가 들린다는 것은 하나님의 말씀에 순종하여 돌이킬 의지가 있는 자, 믿음이 있는 자에게만 들리는 특별한 하나님의 메시지일 것이다.

　그러나 그 전에 먼저 나팔은 반드시 누구든 알아들을 수 있는 언어로 불려야 한다. 이것이 선제 조건이다.

　따라서 나팔을 부는 천사 즉, 하나님이 하늘에서 땅으로 보내신 자들은 인간의 언어로 하나님의 말씀을 전하는 선지자들일지도 모른다.

　전쟁의 경고를 하고 마지막 때의 일을 전하며 사람들을 일깨워 하나님의 빛 가운데로 성도들을 소집하기 위해 내는 나팔 소리는 분명 사람이 알아들을 수 없는 소리가 아닌 사람들이 알아들을 수 있는, 특별히 성도들이 알아들을 만한 하나님의 말씀일 것이다.

앞서 나왔던 일곱 교회의 사자의 '사자'도 이곳과 같은 '앙겔로스'라는 단어를 사용한다. 그들은 하나님이 택하시고 세우신 종들 즉, 사람으로서 하나님의 보내심을 받은 자들이다. 마찬가지로 이곳의 '앙겔로스'도 사람이지만 하나님이 보내신 존재들을 뜻한다고 보아도 무리가 없을 것 같다.

종합해 보면, 나팔을 부는 천사들은 심판에 관한 하나님의 말씀을 대언하는 하나님의 사람들을 뜻하는 것인지도 모른다.

말세에

오순절 날 성령의 강림 이후 베드로는 성령의 충만함을 받아 설교를 시작한다. 베드로는 요엘 선지자의 말을 인용한다.

'하나님이 말씀하시기를 말세에 내가 내 영을 모든 육체에 부어 주리니 너희의 자녀들은 예언할 것이요 너희의 젊은이들은 환상을 보고 너희의 늙은이들은 꿈을 꾸리라 그 때에 내가 내 영을 내 남종과 여종들에게 부어 주리니 그들이 예언할 것이요 또 내가 위로 하늘에서는 기사를 아래로 땅에서는 징조를 베풀리니 곧 피와 불과 연기로다 주의 크고 영화로운 날이 이르기 전에 해가 변하여 어두워지고 달이 변하여 피가 되

리라 누구든지 주의 이름을 부르는 자는 구원을 받으리라 하였느니라'
(행 2:18~21).

　요엘의 예언은 '말세'에 관한 것이다. 마지막 때, 마지막 시기에 관한 하나님의 말씀이었다. 그런데 의아한 것은 베드로가 설교했던 시점은 지금으로부터 2000여 년 전이었다는 것이다.

　그런데도 그는 그의 설교 시점을 마지막 때라고 언급한다. 이러한 시간적 개념은 예수님의 말씀에서도 찾아볼 수 있다.

　예수님은 마지막 때에 관하여 제자들에게 이 세대가 지나가기 전에 이 모든 일들이 다 일어날 것이라고 말씀하신다. 예수님의 예언은 분명 마지막 때에 관한 것이었는데 이 시점과 기간에 대해 그분은 '이 세대'가 다 지나가기 전에 모든 것이 일어나리라고 말씀하셨다. 이것은 이 세대가 곧 마지막 때라는 것을 보여준다.

　요엘은 성령의 부어짐이 말세에 일어나지만 동시에 하나님의 심판도 말세에 일어날 것을 예언하고 있다. 그렇다면 이러한 시간의 개념은 어떻게 이해해야 할까.

　베드로는 이에 대하여 주께는 하루가 천 년 같고 천년이 하루 같은 것을 잊지 말라고 말한다(벧후 3:8).

　하나님의 위치에서 시간의 개념은 인간의 것과는 다르다. 하나님은 시간을 창조하신 분이시며 시간의 개념과는 다른 시공간 곧 영원에서 시간의 공간인 지구를 보고 계신다.

천상에서 일어나는 사건들을 보는 요한은 아마도 영원이라는 시공간에서 흐르고 있는 시간의 개념을 정확하게 이해할 수 없었을 것이다. 그는 시간의 공간에 제약을 받는 '사람'이기 때문이다.

이 때문에 예수님이 말씀하신 이 세대, 마지막 때, 말세는 하늘에서는 짧은 기간을 의미할 수도 있다. 그러나 그렇다고 하나님이 이 기간을 인지하고 있는 인간의 시간 개념을 이해하지 못하시는 분은 아닐 것이다. 그분은 시간을 만드신 분이다. 당연히 인간이 시간을 인지하는 방식을 완벽히 이해하신다. 이에 대해 베드로는 한 가지를 더 언급한다.

'주의 약속은 어떤 이들이 더디다고 생각하는 것 같이 더딘 것이 아니라 오직 주께서는 너희를 대하여 오래 참으사 아무도 멸망하지 아니하고 다 회개하기에 이르기를 원하시느니라'(벧후 3:9).

하나님은 한 명이라도 더 구원하시기 위해 이 마지막 세대를 오래 참으신다. 이 말씀은 하나님이 인간의 시간 개념을 정확히 인지하셨기에 하실 수 있는 말이다. 만약 그렇지 않다면 오래 참는다는 개념에 대해 말씀하시지도 않았을 것이다.

하나님은 언제 지구가 멸망하는지, 언제 주님이 오시는 지에 대해 종들에게 정확히 알려주지 않으신다. 어쩌면 하나님은 그의 오시는 때를 늦추고 계시는지도 모른다.

앞서 프롤로그에서 언급한 것과 같이 신랑이 신부를 맞으러 갈 때 오직 신랑의 아버지가 가라고 말하는 시점에만 신랑은 신부를 데리러 갈 수 있다. 아버지가 보고 판단하기에 신랑에게 준비가 다 되었을 때 '가라'라고 얘기하는 것이다.

그러나 이 준비는 신랑뿐 아니라 신부도 완전히 준비되어 있어야 한다. 신랑은 준비가 되었는데 신부가 아직 옷감도 구하지 못했다면 신랑이 데리러 가 봐야 결혼식을 할 수 없을 것이다. 그 아버지는 아마 신랑의 상황도 신부의 상황도 다 점검하고 난 후에야 결혼식의 때를 진행시키지 않았을까 생각해 본다.

그러나 이는 다만 나의 생각이 아니다. 베드로는 하나님의 오래 참으심이 너희의 구원이 될 것이라고 성경에서 분명히 얘기한다(벧후 3:15). 하나님은 분명 오래 참고 계신다.

따라서 우리가 주의 오실 때를 정확히 안다는 것은 불가능하다. 하나님은 한 명이라도 더 구원하시기 위해 오래 참으신다. 그러나 영원히 참으시는 분은 아니라는 것을 성경은 분명히 말하고 있다.

언젠가 신랑과 신부는 서로 만나 결혼식을 해야 하고 신혼집을 차려

행복하게 살아야만 한다. 그것이 교회고 하나님과 그의 백성이 영원히 살아갈 나라의 기반이다.

여기서 우리가 다시 한번 상기해야 할 개념은 인친 자들에 관한 것이다. 인을 받은 자들은 진정한 이스라엘이다. 이들이야말로 진정한 교회이며 온전히 준비된 신부라고 할 수 있을 것이다. 온전히 준비된 사람에게 시점은 중요하지 않다.

언제든 신랑이 오면 맞을 준비가 되어 있다는 것은 그만큼 신랑을 사모하며 기다리는 신부의 마음을 보여주고 있다는 뜻이다. 진짜 신랑을 사랑하는지 안 하는지는 신랑이 오기 전의 신부의 모습이 어떤지를 살펴보면 알 수 있을 것이다.

예수님은 우리의 조건과 능력을 보고 우리를 사랑하시지 않는다. 그는 우리의 허물과 연약함에도 불구하고 사랑하시지만, 중요한 것은 신부가 신랑을 정말로 원해야 한다는 것이다. 진짜 사랑하는 마음을 가져야 한다는 것이다.

신부의 마음이 정말 그에게로 향하고 있는지, 정말 그와 함께하고 싶어 예수님을 기다리는 건지 아니면 단지 예수님이 가지고 있는 것이 탐이 나서인지를 예수님은 보시는 것 같다. 진정한 믿음을 가진 자들이야말로 진짜 사랑을 하는 자들이다.

그러므로 참 이스라엘인이란 거짓이 없이 예수님을 사랑하는 자들이다. 거짓 없는 믿음을 가진 사람들이다. 인침을 받았다는 것은 사람의 마음과 뜻을 보시는 하나님이 정말 예수님을 신랑으로 여겨 마음을 다하는 사람들을 아신다는 뜻이다.

이런 마음을 가진 자들은 하나님의 공의에서 어긋나는 일을 하지 않기 위해 몸부림을 친다. 물론 모든 사람이 죄 가운데 허우적대지만, 최소한 믿음을 가진 자들은 그 죄에서 돌이키기 위해 간구한다. 24장로 중 하나가 흰옷 입은 무리에 대해 '어린 양의 피로 그 옷을 빨아 희게 한 자들'이라고 설명한다.

이것은 그들이 그들의 의로움으로 깨끗하게 그 영혼을 유지한 것이 아니라 오직 예수님의 의로움을 밤낮으로 의지했었다는 것을 보여준다.

그들은 죄에서 돌이키기 위해 매일 주 앞에 나아가 회개하고 참회하며 하나님의 거룩하심을 입은 자들이다. 이 일은 성령께서 인도하시고 그들 안에서 이루신다.

인침을 받은 자들은 하나님의 임재 곧 성령이 함께하는 사람들을 의미한다. 예수님의 의로우심이 그에게 있다는 것을 뜻한다.

동시에 그들을 인도하시는 성령 하나님이 그들 안에 계시다는 것을 의미한다. 이것이 완벽하게 준비된 신부의 모습이다. 그러한 자들이야말로 진정한 이스라엘인들이라고 말할 수 있을 것이다.

베드로나 예수님이 말씀하신 말세는 지금이다. 주의 오심은 가까워지고 있다. 이것이야말로 우리가 참 이스라엘인들로서 살아갈 수 있는 중요한 원동력이리라 믿는다. 주의 오심을 믿고 살아가고자 하는 사람들이 곧 예수님이 인 치신 참 이스라엘인들이 되는 조건이 아닌가 한다.

十 다섯 번째

나팔수들 이야기

03
Chapter

피와 불과 연기

심판의 원인

아모스서의 하나님의 말씀은 다음과 같은 법칙을 발견할 수 있다.

내가 가사 성에 불을 보내리니
내가 두로 성에 불을 보내리니
내가 데만에 불을 보내리니
내가 랍바 성에 불을 놓아
내가 모압에 불을 보내리니
내가 유다에 불을 보내리니

하나님은 이 모든 '불'의 원인이 '죄'라는 것을 말하고 있다. 죄는 반드시 불에 소멸되어야 한다. 이것이 죄를 대하시는 하나님의 방식이자 공의다.

하나님은 택하신 나라인 유대에도 유대 주위에 있던 이방의 나라에도 불을 보내심으로써 그들이 하나님의 통치권 가운데 있음을 보여주신다.

세상을 움직이시고 세상의 주권자를 결정하시며 나라를 심판하시는 이가 하나님이심을 이스라엘이라는 나라를 통해 보여주시는 것이다.

로마서에서 사도 바울은 헬라인 곧 이방인이나 유대인이나 다 죄 아래 있음을 선포한다.

'또한 우리가 알거니와 무릇 율법이 말하는 바는 율법 아래 있는 자들에게 말하는 것이니 이는 모든 입을 막고 온 세상으로 하나님의 심판 아래 있게 하기 위해서'라고 덧붙인다(롬 3:19).

온 세상에 거하는 모든 자들은 하나님의 심판 아래 있음을 바울은 말하고 있다. 모든 사람은 죄의 영향력과 사망에서 벗어날 수 없기 때문이다. 하나님은 이스라엘을 통해 이 문제 곧, 죄에 대해 가르치심으로써 율법이 있든 없든 모든 이들이 이 세력에 잠식당하고 있음을 알려주신다.

하나님이 창세기를 통해 말씀하시고자 하셨던 것은 모든 세상의 시작과 끝이 그의 손에 있다는 사실과 인류에게 왜 예수 그리스도가 필요한지를 가르쳐주시기 위해서다.

인류의 불행과 모든 고난과 사망의 시작은 죄 때문이었다. 창세기는 이 문제가 해결되지 않고는 사람에게는 진정한 자유가 없음을 보여주기 위한 밑그림이다.

다시 한번 강조하자면 죄를 징치하시는 하나님의 공의는 율법 아래의 사람이든 그 외의 사람이든 누구에게나 적용될 수밖에 없다. 이 공의는 반드시 실현되어야 한다.

온 세계를 다스리시는 왕으로서 이 공의가 실현되지 않는다면 그분의 통치는 힘을 잃기 때문이다.

이것은 베드로가 언급한 마지막 때에 대한 하나님의 심판 개념과도 연결된다. 특별히 마지막 세대는 예수님의 복음이 온 세상에 완전히 퍼진 때라고 할 수 있다.

예수님은 공생애 기간에 여러 번 이 세대의 특징에 대해 말씀하셨다.

음란하고 패역한 세대, 믿음이 없는 세대, 한 번 청소되었던 영혼에 일곱 귀신이 들어와 그 전보다 더 상황이 악화된 상태를 들어 이 세대를 비유하셨다.

왜냐하면 마지막 세대는 하나님이 오랜 세월 동안 율법과 선지자들을 통하여 드러내려 하셨던 복음의 주인이신 예수님이 나타난 이후의 세대이기 때문이다.

이스라엘이 이스라엘인 이유는 그들이 하나님의 말씀을 받았기 때문이다. 아브라함과 이삭과 야곱의 하나님이신 그분이 애굽에서 그들을 부르시고 모세를 통해 율법을 주셨다. 이러한 복을 누린 민족과 나라는 오직 이스라엘밖에 없었다.

다시 말하면 하나님은 이스라엘이라는 개념을 세상에 내놓으셨다. 사실 이스라엘이라는 나라의 진정한 의미는 한 혈통이나 한 민족이라는 인종적 지리적 경계에 있는 것이 아니다. 다만 지리적 인종적 경계를 구분하심으로서 하나님의 통치하심이 그의 말씀이 임하는 가운데 있음을 보여주려 하셨다.

이 경계를 통해 하나님은 그들을 훈련하셨다. 이스라엘의 진정한 의미가 무엇인지를 가르치기 위해서는 한 혈통, 한 민족, 한 나라가 필요했고 그들이 이스라엘이었다.

이러한 훈련 과정을 통해 하나님의 말씀이 임했을 때 그들에게 가장 간절해진 소원은 죄에서 구원받는 것이었다.

죄와 싸워 이기는 것이 얼마나 힘든지, 사람의 힘으로 거룩함에 이른다는 것이 얼마나 불가능한 것인지를 아는 자들만이 하나님의 구원을 바랄 수 있다.

이 세상에 이스라엘 사람들만큼 죄에서 자신들을 구원할 수 있는 메시아를 기다리는 사람들은 없었다. 그들은 율법을 지키고자 하였으나 매번 실패했고, 하나님을 배반함으로써 혹독한 징계와 고난을 역사 속에서 받아왔다.

하나님은 선지자를 통해 이와 같은 불가능을 해결해 줄 유일한 사람이자 하나님이신 메시아가 언젠가 올 것을 말씀하셨다. 그들의 율법은 그들을 구원하지 못하였으나 메시아는 대제사장으로, 왕으로, 선지자로 그들의 죄에서부터 건져주실 분임을 보여주신 것이다.

징계와 고난은 그들의 죄가 무엇인지를 깨닫게 했고 거룩함을 소원하게 했다. 그만큼 메시아에 대한 간절함이 이스라엘 사람들에게 있었다.

이것이 이스라엘 민족의 가장 큰 특징이었다. 이스라엘인이라는 개념은 하나님의 말씀을 받은 자들, 메시아를 통해 구원을 염원하는 자들이라는 개념으로 구체화된 것이다.

이방이든 이스라엘이든 모두 하나님의 정죄하심 아래에 있으나 이방은 죄의 심각성과 결과를 알지 못했고 이스라엘은 알았다. 아모스를 썼던 당시 이방은 이스라엘의 이름을 접해 보았다. 어찌 보면 이 아모스라는 선지자로 인해 이방에도 하나님의 말씀이 임했다는 것을 알 수 있다.

예수 그리스도의 복음이 온 세상에 퍼져야 하는 이유는 죄를 깨닫게 하고 그로 인해 일어나는 사망을 이기시는 예수 그리스도를 알게 해야 하기 때문이다.

노아의 시대 때에는 정죄의 개념이나 죄를 지으면 어찌어찌 된다는 율법이 존재하지 않았기에 죄를 지어도 깨닫지 못했다.

이 무지함은 홍수로 나타났다. 결국 깨닫지도 못한 채 종말을 맞이한 것이다.

이스라엘은 이 무지함을 해결하기 위한 하나님의 치트키였다. 오랜 세월 이 작은 민족을 훈련하심으로 율법이 무엇인지를 가르치시고 죄가 무엇인지를 알게 하셨다.

그리고 그분은 그의 선지자와 그 백성의 역사를 통해 이방인들도 하나님의 존재와 말씀에 대해 알게 하셨다.

그들은 의도하지 않았지만, 저절로 그의 말씀이 전파된 것이다.

출애굽 때에 애굽에 남아있지 않고 노예 집단이었던 이스라엘 안에 들어온 애굽인들은 이방인이었지만 하나님의 말씀을 받았다. 그리고 그들이 광야를 헤맬 때 이 이방인들도 이스라엘인들과 동일하게 말씀에 적응하며 살았다.

이스라엘을 통한 하나님의 목표는 다른 민족을 가르치고 나아가 물이 바다를 덮음같이 그의 말씀이 세상을 충만하게 하시는 것이었다.

결국 하나님의 말씀이 목표하였던 메시아이신 예수님이 마침내 나타나셨다. 그때가 바로 예수님의 이후의 시대, 이 세대, 마지막 세대다.

이로 인해 이스라엘은 이제 더 이상 혈육적, 지리적인 상태로 이스라엘이라는 경계를 판단할 수 없게 되었다. 메시아의 통치 시대는 그에 대한 복음이 퍼진 모든 지대와 모든 세상을 그 대상으로 한다.

하나님은 이 시대 이전에도 하나님의 심판을 세상 가운데 행하셨으나 이스라엘 외에 그 원인이 정확히 무엇이었는지를 알 길이 없었다. 그러나 이제는 상황이 달라졌다. 예수님은 그의 제자들을 통해 땅끝까지 복음을 전하게 하셨고 수많은 순교의 피와 복음의 여정을 통해 온 세상을 그의 통치 개념 아래 두게 하셨다.

온 세상을 이스라엘화 시키는 것은 처음부터 생각하신 하나님의 계획이었다. 애초부터 이스라엘을 택하시고 부르신 이유도 제사장의 나라가 되게 하시기 위해서였다. 제사장은 하나님과 백성을 이어주는 다리이자 중보자다,

즉, 이스라엘이 진정한 목적을 달성하려면 결국 모든 세상으로 하여금 하나님을 알게 해야만 했다.

하나님은 온 세상이 하나님을 알고 율법을 알고 죄를 깨달아 회개하게 하시기 위해 이스라엘을 이스라엘이라 부르시고 그들을 택하신 것이다.

예수님은 하나님의 이러한 목적을 완전히 성취하신 분이셨다. 그 목적을 온 세상에 전파하는 것이 사도들의 몫이었고 그 사도들은 이 일을 땅끝까지 이루게 하기 위해 목숨을 바쳤다.

하나님의 나라는 예수님의 시대에 이미 임했다. 복음을 통해, 말씀을 통해 마지막 세대는 이스라엘이라는 영토 안으로 유입된 것이다.

따라서 모든 심판의 원인은 이제 율법에 근거한다. 이것이야말로 계시록을 보는 가장 중요한 관점이 될 것이다.

죄 때문에 하나님의 불이 임하는 것이 그의 말씀에 따른 징계라는 것을 알 수 있는 세대가 바로 마지막 세대다. 따라서 일곱 나팔의 의미도 이와 연결되어야 마땅하다. 나팔은 온 세상 마지막의 마지막 때에 나타나고 불려야 하기 때문이다.

마지막 때의 온 세상은 하나님의 심판이 임하기 위한 이스라엘화 된 세대다. 따라서 구약에 등장하는 선지자들의 선포와 경고의 대상인 '이스라엘'은 이제 그 영역이 확장되어 적용된다.

예수님은 하나님 말씀의 일점일획도 사라지지 않을 것이라고 선포하셨다. 그가 오심으로 옛 언약이 폐해지고 새 언약이 도래했음에도 불구하고 하나님의 말씀은 사라지지 않을 것이라고 분명히 말씀하신 것이다.

이것은 새 언약을 통해 이스라엘화 된 모든 세상에 적용될 하나님의 심판을 위해서 남겨져 있음이 분명하다(벧후 3:7).

이스라엘은 징계를 통해 그들의 허물과 죄를 깨달았다. 심판을 통해 구원을 바라게 된 것이다. 마찬가지로 이제 이 세대는 예수님을 통해 복음을 알고 그 복음을 통해 율법을 알았다. 죄는 율법을 통해 알게 되고 그 깨달음은 회개로 이어지며 그 회개의 마지막 과정은 예수 그리스도의 십자가로 이어진다.

십자가로 가기 위해서는 반드시 죄의 깨달음, 율법이라는 엑스레이가 필요하다. 율법이 없이는 십자가의 의미가 실제로 나타나는 것이 불가능하다.

죄가 무엇이고 그 결과가 무엇인지를 아는 자들에게만 십자가가 필요하기 때문이다. 이제 율법은 복음을 통해 모든 세상에 죄와 그 결과를 드러냈고 그것을 아는 자들이 세상에 채워지게 되었다. 세상은 복음을 통해 율법을 아는 자들의 모임 즉, 이스라엘이 된 것이다.

자, 그렇다면 이렇게 이스라엘화 된 세상은 어떤 모습일까? 우리는 예수님이 계셨던 이스라엘을 통해 이 마지막 때의 상황을 유추할 수 있다. 이 당시 예수님은 이스라엘의 지리적 경계 안에 거주하는 모든 이들을 참 이스라엘인이라고 칭하지 않으셨다.

이스라엘인들이라고 불리는 사람들 중에는 바리새인과 서기관들, 세리와 창기, 예수님의 제자들, 사마리아 여인과 같은 여러 종류의 사람들이 있었다.

그들은 모두 이스라엘인들이었지만 예수님이 칭하시는 참 이스라엘인들은 아니었다.

예수님은 오직 믿음으로 예수님에게 온 자들, 믿음으로 하나님의 나라를 기다리고 간구하는 자들만을 참 이스라엘인들이라 칭하셨다.

마지막 때의 이스라엘화된 세상도 마찬가지일 것이다. 교회를 다니기는 하지만 바리새인들처럼 완고하며 돈을 사랑하고 권력에 취한 자들, 예수님을 믿는다고는 하지만 여전히 회개하지 못한 자들, 말씀은 들었으나 이방인과 같은 사람들이 있는 반면, 말씀이 임하여 열매를 맺는 진정한 하나님의 자녀들과 같은 사람들이 마지막 때에 존재하게 될 것이다.

이러한 여러 종류의 사람들에 대하여 예수님은 씨 뿌리는 비유로 그의 천국을 비유하셨다. 다시 말하지만, 천국은 이미 이 땅에 임했다.

왜냐하면 하나님이신 그가 오셨고 그의 말씀이 이 땅에 임했기 때문이다. 그의 말씀의 씨가 땅에 떨어져 열매를 맺는 이 모든 과정을 우리는 목격하고 있다.

그의 말씀은 생명의 씨앗이고 그 씨앗은 지난 2,000여 년 동안 심어져 열매를 맺기도 하고 없어지기도 했으며 악한 가라지에 의해 해를 받기도 했다. 이러한 세상이 바로 마지막 때의 세상이라고 할 수 있다.

참 이스라엘인들의 경계는 곧 성령의 인치심의 경계다. 계7장에 등장하는 이스라엘 지파 중 인치심을 받은 자들이 바로 진정한 이스라엘인들의 경계라고 할 수 있을 것이다.

그렇다면 이들의 역할은 무엇일까. 앞서 말한 바와 같이 나팔은 전쟁의 경고, 하나님의 임재하심에 대한 경고를 선포하는 소리다. 이 나팔을 부는 천사들은 다름 아닌 하나님을 섬기고 그가 땅에 보내신 사람들이라고 설명한 바 있다.

　나팔을 부는 사람들의 소리는 사람들이 알아들을 수 있는 언어로 선포될 것이다. 귀 있는 자 즉, 믿음이 있는 사람들에게는 허황된 말이 아닌 실제 일어날 하나님의 말씀으로 들릴 것이요, 귀가 있어도 믿지 못하는 자들에게는 그저 미친 소리에 불과할 것이다.

　나팔 소리는 모두에게 들릴 것이다. 그러나 오직 믿는 자들만이 그 소리에 귀를 기울일 것이고 주님의 오실 때를 예비하게 될 것이다.

　어쨌든, 주님이 오신다는 경고의 울림은 마지막 때 이스라엘화 된 세상에 참 이스라엘인들을 통해 울릴 것이다. 에스겔에게 말씀하셨던 예언의 대상은 이제 온 세상으로 확대되었다.

　하나님의 택함을 받은 참 이스라엘인들 중 선지자로서 부르심을 받은 자들은 에스겔과 같이 나팔의 울림과 경고를 그 입술로 선포하게 될 것이다.

말씀의 불

　'보라 내가 예루살렘으로 그 사면 모든 민족에게 취하게 하는 잔이 되게 할 것이라'(슥 12:2).

'그날에 내가 유다 지도자들을 나무 가운데 화로 같게 하며 곡식단 사이에 횃불 같게 하리니 그들이 그 좌우에 에워싼 모든 민족들을 불사를 것이요'(슥 12:6).

'여호와께서 그들 위에 나타나서 그들의 화살을 번개같이 쏘아내실 것이며 주 여호와께서 나팔을 불게 하시며'(슥 9:14).

하나님은 스가랴 선지자를 통해 예루살렘, 유다가 사방의 모든 민족 즉, 예루살렘을 공격하려고 모여든 자들에게 취하는 잔이 되게 하거나 횃불이 되게 할 것이라고 말씀하신다. 이것은 실제로 사람의 모양이 변해서 취하는 잔이 되거나 혹은 횃불이 되는 것은 아니리라 믿는다. 이러한 비유는 모든 세상에 어떠한 사건이 일어날 때 그 원인이 유다나 예루살렘이 될 것이라는 말씀일 것이다.

렘 25:15절에 하나님은 예레미야를 향해 명령하신다.

'너는 내 손에서 이 진노의 잔을 받아가지고 내가 노를 보내는 바 그 모든 나라로 마시게 하라 그들이 마시고 비틀거리며 미치리니'

여기서 우리는 두 가지 사실을 확인할 수 있다. 하나는 예레미야가 하나님의 손에서 진노의 잔을 받아 여러 나라에 마시게 했다는 것, 그 잔을 마신 나라들이 비틀거리고 미치게 되었다는 것이다.

하나님은 비틀거림과 미치는 것이 하나님이 보내신 칼 때문이라고 말씀하신다. 이 말은 여러 나라에 하나님의 심판이 임할 것이고 이것은 예레미야의 입술로 선포된 말씀 때문이라는 것을 알 수 있다.

따라서 스가랴서에 나온 예루살렘의 잔이나 유다의 횃불은 '모든 세상에 경고하시는 하나님의 말씀'이라는 것을 알 수 있다. 스가랴서는 특별히 모든 교회의 모습과 역할에 대해 방대하게 다루고 있다.

교회의 변천뿐 아니라 그 교회가 해야 할 역할과 교회가 당할 수밖에 없는 사건들을 예언적으로 다룬 책이 스가랴서다.

그의 예언은 당시의 상황뿐만 아니라 예수 그리스도 이후의 세대, 마지막 세대에 나타날 교회를 보여주고 있다. 위에서 다룬 그의 말씀은 마지막 때의 교회가 어떻게 하나님의 심판을 전할지를 보여주고 있다.

교회는 분명 하나님의 경고를 전하는 하나님의 사자와 같은 자들로서 마지막 때에 서게 될 것이다.

그러나 이러한 교회의 역할은 이전과 비교해서 특별할 것이 없다. 왜냐하면 하나님은 다른 시대에도 선지자들을 통해 이와 같은 일을 행하셨고 선지자들이 했던 예언이 모든 이방에 그대로 일어나게 하셨기 때문이다.

역사의 마지막은 하나님의 사자들 즉, 교회를 통해, 실제 일어나는 말씀의 권위를 통해 마무리될 것이다. 더 정확히 말하면 전쟁과 재앙에 관한 예언이 하나님의 사람들의 경고를 통해 실제 일어날 것이다.

여기서 우리가 보아야 할 매우 중요한 부분은 마지막 멸망의 때에 멸망할 자들 속에 여전히 하나님의 선지자들이 섞여 살고 있다는 점이다. 하나님은 언제나 그의 패역한 백성들 속으로 그의 종들을 보내셨다.

계 11장에 등장하는 두 증인의 경우도 마찬가지라고 할 수 있다. 다시 돌아가면 앞서 말한 유다에게서 나가는 불들이 두 증인을 통해서도 일어난다는 것을 알 수 있다.

이들이 활동하는 3년 반 동안 요한은 누군가가 그들을 해하려고 하면 그들의 입에서 불이 나와 죽게 될 것이라고 기록한다.

이는 실제로 엘리야 때와 같이 말씀으로 선포하면 하늘에서부터 불이 내려와 사람들을 실제 사를 수도 있고 아니면 그들의 입에서 불이 나와 사람들을 죽일 수도 있을 것이다. 이 두 가지 중 어느 것이든 하나님이 임재하시고 역사하시면 가능한 일이다.

하나님의 말씀이 두려운 이유는 그의 말씀이 한 번 선포되면 반드시 실현되기 때문이다. 만약 하나님이 누군가를 향해 너는 지팡이나 되거나 토끼가 될 것이라고 말하면 그는 반드시 지팡이나 토끼가 될 것이다.

이것은 하나님의 말씀이 가지고 있는 실제적이고도 무서운 힘이다.

이 두 가지의 가정에서 우리가 알수 있는 것은 모두 '입에서 나오는 불'의 진정한 의미가 하나님의 심판의 말씀이라는 점이다. 또한 그 말씀은 반드시 실행될 것이라는 점이다.

하나님의 이 말씀은 성경이 처음부터 보여주는 원칙에 의거한다. 죄의 결과는 죽음이고 그 죄가 사라지고 거룩하게 되는 일은 오직 불로 태워지는 과정을 통해서만 이뤄진다.

이는 우리가 살펴본 또 다른 천사인 대제사장의 속죄의식에서도 찾아볼 수 있다. 하나님이 이 땅을 거룩게 하시는 일은 세상이 끝나는 날까지 이뤄질 것이다.

우리가 복음 가운데 거하면 반드시 하나님의 거룩하심 안에서 의로움을 얻게 되지만 그렇지 않다면 율법에 따라 죄를 없애고 소멸시키는 불의 심판에 속하게 될 것이다.

이것을 선포하게 될 이들은 다름 아닌 하나님의 부르심 가운데서 선지자로 부르심을 얻은 자들, 나팔 부는 천사들이 될 것임을 성경은 보여주고 있다.

이 천사들은 하나님의 사자들로서 하나님 앞에 서 있던 자들, 하나님을 섬기는 자들이며, 더 정확히 말하면, 이 땅에서 아직 호흡하고 육신 안에 있어서 인간의 언어로 하나님의 경고를 할 수 있는 입술을 가진 자들일 것이다.

바울은 이렇게 말한다.

'만일 누구든지 금이나 은이나 보석이나 나무나 풀이나 짚으로 이 터 위에 세우면 각각 공력이 나타날 터인데 그 날이 공력을 밝히리니 이는 불로 나타내고 그 불이 각 사람의 공력이 어떠한 것을 시험할 것임이라'(고전 3:12~13).

어느 시대든 교회는 환란을 지난다. 다니엘의 세 친구와 같이 죄를 소멸하는 불을 지나게 될 것이다. 그 가운데 예수님과 함께하지 않는 자들은 불에 소멸 될 것이요, 예수님의 의로움이 없는 자들에게는 말씀대로 불이 임하게 될 것이다.

나팔이 울리고 난 후 일어나는 모든 일은 세상을 거룩하게 하시기 위한 하나님의 목적 가운데 일어난다. 고라와 다단 당이 들었던 향로를 거룩하게 하신 것과 같이 하나님은 이 세상을 거룩하게 하기 위해 불을 보내신다.

거룩함의 기본 조건은 죄의 소멸이다. 불로 소멸해야만 거룩해진다. 따라서 말씀의 불의 목적은 어디까지나 거룩함에 있다.

하나님은 죄에 대해 분노하시지만 동시에 사람을 구원하시려는 특별한 계획이 있다. 말씀의 불을 통해, 죄를 소멸하시는 과정을 통해 하나님은 그것을 보는 자들로 하여금 두렵고 떨림으로 구원을 얻게 하실 것이다.

이것이 말씀의 불이 나가는 이유이자 목적이다. 또한, 앞서 프롤로그에서도 말한 바와 같이 신랑이 신부를 맞기 전, 신랑과 그의 사람들은 잠자고 있는 동네 사람들을 깨우기 위해 나팔을 분다. 이 나팔은 잠자고 있는 온 세상을 깨우기 위한 역할도 하게 될 것이다.

주님이 오시기 전의 세상은 극심한 죄악으로 더렵혀진 상태일 것이다. 소돔과 고모라가 멸망하기 전과 같이 롯과 같은 의인들은 죄로 인해 괴로워하고 핍박당하게 될 것이다. 그러나 하나님은 아브라함과 같은 자들을 찾으시고 보내신다. 의인들을 찾기 위해 떠났던 아브라함의 간구와 기도를 하나님 앞에 드릴 믿음의 사람들을 통해 마지막 때 일어날 일을 보이고 외칠 자들을 찾으신다.

그들이 바로 나팔수들이다. 그들이 외치는 나팔을 통해 일어나는 재앙의 목적이 멸망이 아니라 구원에 있다는 것을 보여주는 자들이 바로 나팔수들이 될 것이다.

구별

요한은 7장에서 하나님의 천사가 인침을 통해 교회와 세상을 구별하는 장면을 서술한다. 즉, 네 바람이 불기 전, 환란이 오기 전에 인을 가진 천사는 예수 그리스도께 속한 교회의 구성원들의 이마에 인을 친다.

이것은 교회와 세상이 환란 때에 구별되어 환란을 지나게 하기 위해서다.

그런데 첫 번째 나팔부터 일곱 번째 나팔 재앙들의 과정을 보면 인 맞은 자와 인 맞지 않은 자들의 구별은 5번째 재앙에서부터 나타난다.

5번째 재앙에서 나타난 무저갱에서 나온 황충들은 5개월 동안 오직 인 맞지 않은 자들만 해하게 된다.

만약 하나님이 5번째 이전 나팔에서도 교회와 세상을 구별하셨다면 요한을 통해 반드시 기록하게 하셨을 것이다. 그러나 인 맞은 자들과 아닌 자들을 구별하여 재앙이 일어난다는 말은 5번째부터 등장한다.

여기서 나는 잠시 출애굽기 상황을 살펴보려 한다.

모세가 광야에서 40년간 지낸 후 하나님의 부르심을 받고 애굽에서 그의 백성들을 내보내려고 왔을 때 사람들은 그를 믿지 않았다. 하나님이 그를 보내셨다는 것을 믿지 않았을 뿐 아니라 하나님의 능력 자체에 대해서도 의심했다.

왜냐하면 그들은 하나님의 능력을 본 적도 그분을 체험한 적도 없었기 때문이다. 게다가 만약 자신들을 구원하려는 신이 있었다면 400년 동안이나 노예로 자신들을 부려먹은 애굽의 신을 능히 이기고도 남아야 했다.

그러나 그들은 여전히 노예였고 애굽은 강력해 보였으며 상황은 아무것도 변하지 않았다.

이렇게 힘든 고역을 하도록 내버려둔 신이 그 강력한 애굽을 쓰러뜨릴 것이라고 생각하는 노예 신분의 히브리 사람은 아무도 없었을 것이다.

아무리 절망해도, 기도해도 들어주지 않는 하나님, 아무리 부르짖어도 들어주지 않는 신이 이제 와서 나를 믿으라고 말한다면 과연 누가 믿을 수 있을까 싶다. 그래서 어쩌면 하나님 쪽에서도 그들을 참고 인내하셨던 게 아닌가 한다.

하나님은 처음부터 이스라엘과 애굽을 구별하지 않으셨다. 물론 이스라엘과 애굽이라는 진영은 갈렸지만, 재앙은 애굽이라는 지리적 경계 안에 있던 모든 자들에게 적용되었었다.

우리는 지금 여기 나팔 재앙들을 살펴보기 전에 먼저 출애굽 때 있었던 사건들을 면밀히 들여다보게 될 것이다.

그래야만 이 나팔 재앙들의 의미와 목적과 과정이 가진 의미에 대한 인지적 정확도를 높일 수 있을 것이기 때문이다.

모세를 통해 하나님이 일으키셨던 재앙들을 살펴보자.

첫째 재앙: 피 재앙-구분 없음

둘째 재앙: 개구리 재앙-구분 없음

셋째 재앙: 티끌 재앙-구분 없음

*넷째 재앙: 파리 재앙-구분 있음

*다섯째 재앙: 가축 죽음-구분 있음

여섯 째 재앙: 악성 종기-구분 없음

*일곱 재앙: 우박 재앙-구분 있음

여덟 째 재앙: 메뚜기 재앙-구분 없음

*아홉째 재앙: 흑암 재앙-구분 있음

*열째 재앙: 장자의 죽음-구분 있음

놀라운 사실은 열 가지의 재앙 중 하나님이 성경에서 이스라엘과 애굽을 구별했다고 말씀하신 재앙들은 다섯 가지의 재앙뿐이라는 점이다. 이 구별의 차이가 무엇일까?

왜 하나님은 이스라엘을 구원하신다고 말씀하시면서 어떤 재앙은 구별하시고 또 어떤 재앙은 구별하지 않고 이스라엘과 애굽 모두에게 내리신 걸까?

하나님은 애굽에 원하시는 것이 무엇이었을까? 또 이스라엘에게 요구하신 것은 무엇이었을까?

이 열 가지 재앙 중 가장 독특한 재앙은 마지막 재앙인 장자의 죽음이다. 장자의 죽음이 왔을 때 하나님은 유월절을 명하신다.

유월절은 어린 양을 잡아 그 피를 문설주에 바르고 죽음의 영이 그날 밤에 넘어갈 때 그 양을 먹고 밤이 지나가길 기다리는 날이다.

여기서 중요한 것은 누가 하나님의 말씀을 믿느냐다. 하나님의 원칙은 변하지 않는다. 믿으면 구원을 얻을 것이고, 믿지 않으면 심판에 처할 것이다. 이 믿음은 하나님이 말씀하신 것을 듣고 행하는 행위를 포함한다.

예를 들어 내비게이션의 말을 우리가 믿는다면 그 내비게이션이 가르쳐주는 대로 운전대를 돌리겠지만 우리가 만약 그 내비게이션을 믿지 않는다면 우리는 그것이 가르쳐주는 방향대로 차를 움직이지 않을 것이다.

내비게이션을 믿는 이유는 그 기계가 우리가 알지 못하는 길의 정보를 나보다 더 많이 알고 있다고 믿기 때문이다.

기계가 길의 방향과 위치를 아는 만큼 사람이 알지 못하기 때문에 내비게이션의 말을 듣는 사람은 그 기계의 말을 믿고 핸들을 돌린다.

이처럼 믿는다는 것은 다만 말로만 아니라 행위로 나타나야 한다. 어쩌면 열 가지의 재앙은 다만 애굽 사람들에게 기회를 주기 위해서만이 아닌 이스라엘 백성들에게도 믿음의 훈련을 하시고 동시에 하나님이 믿을 만한 분임을 가르쳐주기 위해서가 아니었나 한다.

모세가 처음 바로에게 와서 이스라엘 백성들을 내보내라고 했을 때 바로는 코웃음을 치며 오히려 히브리 사람들에게 더욱 가혹한 명령을 내린다. 그 전보다 두 배로 백성을 혹사시킨 것이다.

그 일로 인해 백성들은 모세를 원망하게 된다. 그의 손에 있던 지팡이가 뱀으로 변해도 그들은 모세를 믿지 않았다. 그가 할 수 있는 것을 애굽의 술사들도 할 수 있었기 때문이다. 게다가 그들의 상황은 더욱 힘들어졌다. 항상 고통스러웠지만 그에 배나 더한 고통이 다가온 것이다.

이러한 고통과 상황들이 백성들의 믿음의 걸림돌이 되었다. 그들은 하나님을 신뢰할 수 없었다. 그럼에도 하나님은 포기하지 않으시고 피 재앙을 일으키신다. 그러나 여기서도 백성들은 믿지 않았다.

애굽의 술사들도 할 수 있는 기적(?)이었기 때문이다. 그 기적은 온 땅에 일어났고 이스라엘 백성들도 물을 마실 수 없어 괴로워했을 것이다.

개구리 재앙 또한 애굽 술사들도 일으킬 수 있었다. 이 재앙 이후에도 그들은 여전히 하나님과 그가 보내신 모세를 믿지 않았다. 아론도 모세를 믿지 않았던 것 같다. 성경은 이렇게 기록한다.

'여호와께서 모세에게 이르시되 아론에게 명령하기를 네 지팡이를 잡고 네 팔을 강들과 운하들과 못 위에 펴서 개구리들이 애굽 땅에 올라오게 하라 아론이 애굽 물들 위에 그의 손을 내밀매'(출 8:5~6).

두 구절을 비교해 보면 아론은 하나님이 모세에게 명령하신 그대로 행하지 않았다. 하나님은 분명히 강들과 운하들과 못 위에 지팡이를 잡고 팔을 펴라 명령하셨다. 그러나 아론은 지팡이를 잡지 않았다. 그는 그의 '손'을 내밀었다고 성경은 기록한다. 하나님이 말씀하신 그대로 행하지 않은 것이다.

그런데도 개구리 재앙은 일어났다. 그러나 이스라엘과 애굽 사이의 구별은 없었다.

이제 세 번째 재앙에 와서 성경은 이렇게 기록한다. 여기서 하나님의 명령은 '네 지팡이를 들어'였다. 그러나 17절에 아론은 '지팡이를 잡고 손을 들어'라고 한다. 영어로는 stretch out your staff 라고 했으나 아론은 stretched out his hand with the staff라고 기록한다.

그들이 행하기는 했는데 여전히 하나님의 명령과는 다르게 행했다는 것을 알 수 있다. 모세 5경 후반부의 반복되는 기록은 '여호와께서 명령하신 대로 되니라'다. 만약 아론과 모세가 똑같이 했다면 그 상황을 똑같이 기록했을 것이다. 그렇게 기록하지 않았다는 것은 똑같이 행하지 않았다는 뜻이다. 따라서 여기서도 그들은 온전히 믿지 않았으나 서서히 믿음이 형성되고 있었던 것 같다.

애굽 술사들이 이와 같이 행하지 못한 것을 통해 그들의 믿음은 확신으로 바뀌었을 수 있다. 그리고 나서 애굽 술사들도 행하려고 하지만 그들은 티끌에서 이(flee)를 내지 못한다.

여기서 어쩌면 이스라엘 백성들은 여호와라는 신이 애굽의 신들보다 더 세다는 것을 확인 했을지도 모른다. 술사들은 더 이상 그 힘을 발휘하지 못하고 하나님이 행하신 것을 그들이 하지 못했음을 보게 된 것이다.

네 번째 재앙인 파리 재앙에서 하나님은 그제야 이스라엘과 애굽 땅을 구분하신다. 여기서 독특한 특징이 나오는데 첫째부터 셋째 재앙까지는 명령하면 곧바로 그 일이 이뤄지는 것이 반복되었다.

그러나 넷째 재앙부터는 하나님이 모세에게 그 일이 '내일' 일어나게 될 것이라고 예언하게 하신다.

하나님이 말씀하신 대로 그 일이 즉시 일어나지 않을지라도 하나님은 반드시 내일 그 일을 일어나게 하실 분이라는 것을 모세도 아론도 백성들도 선행 학습을 통해 배웠고 믿게 되었다는 것을 알수 있다.

만약 믿지 않았다면 모세는 바로에게 예언하지 않았을 것이다. 예언한다는 것은 그 일이 인간이 볼 수 없는 미래에 일어나리라고 믿고 말을 하는 행동이다. 따라서 모세는 이때 하나님이 앞서 세 가지 재앙을 일으키신 것과 같이 이번에도 재앙을 일으키실 것임을 믿고 말했다.

모세의 이러한 믿음은 다섯 번째에도 적용된다. 하나님은 모세에게 기한을 정하여 내일 이 땅에서 이 일을 행할 것이라고 말씀하셨고 실제 그렇게 일어났으며 이스라엘과 애굽의 가축 사이에 구별이 있었다고 성경은 기록한다.

그런데 왜 여섯 번째 재앙에서는 구별이 없었을까. 이유는 알 수 없다.

다만 아는 것은 모든 성경에서 일어나는 사건의 원칙은 믿으면 구별되어 하나님의 구원 가운데 거하지만 믿지 않으면 심판 가운데 처한다는 것이다. 이런 원칙을 따져봤을 때 그들은 분명 믿지 않았다.

또한, 하나님은 여섯 번째 재앙에서 네 번째나 다섯 번째처럼 내일이라는 기한을 말씀하신 후에 재앙을 행하지 않으셨다. 그전처럼 말씀하신 바로 직후에 사건을 일으키셨다.

왜 그러셨을까.

출 7:4절에 하나님은 모세에게 이렇게 말씀하신다. 바로가 너희의 말을 듣지 않을 것이다. 내가 내 손을 애굽에 뻗쳐 여러 '큰' 심판을 행할 것이라고 말씀하시는데 여기서 '큰'에 해당되는 단어로 '가돌'이라는 단어가 사용된다.

이 말은 영어로 'great'이라는 뜻인데 '큰 심판을 행하시겠다'라는 뜻이 된다.

그 전 3절에서 하나님은 사인과 표적을 '많이 행할 것이다'라고 말씀하신다. 하나님은 모세에게 결코 10가지 재앙을 일으킬 것이라고 말씀하신 적이 없었다. 따라서 그들은 그 재앙이 몇 번째까지 이뤄질지 알 수 없었다.

그들은 계속 일어나는 재앙을 보고 있기는 하지만 그래서 믿어보기는 했지만, 이 재앙이 대체 언제까지 지속될까 생각했을지도 모른다.

이 끔찍한 일들이 계속 일어나는데도 바로는 여전히 강퍅했다. 이스라엘은 그가 자신들을 내보내 주지 않는 모습을 보고 어쩌면 다시 한번 낙망했을지도 모를 일이다. 그러한 낙망은 모세와 아론도 마찬가지였을 것이라 짐작된다.

지금 하나님을 믿는 우리들도 세상의 강퍅함이 너무 견고해 보여서 하나님이 계속 사인과 표적을 보여주심에도 불구하고 그를 믿지 못할 때가 있다. 아마도 그들에게도 이런 불신이 있지 않았을까 추측해 보는 바다.

그런데 이 재앙에서 특이한 점은 악성 종기가 애굽의 술사들로부터 시작이 되었다는 것이다. 그들은 애굽에서 신의 권력을 가지고 있던 자들이었다.

그들의 손에서도 모세가 했던 것과 같은 기적이 몇 번 일어났었다. 술사들은 신을 섬기는 사람들이었기 때문에 그 위치와 영적인 권위가 애굽에서 상당했으리라 추측된다.

그러한 자들에게 악성 종기가 먼저 생겨서 퍼져 나가기 시작했다는 것은 애굽의 신(그들이 신이라고 믿고 있었던)이 몰락하고 있다는 강력한 증거였을 것이다.

우리는 일곱 번째 재앙의 현상을 잘 보아야 한다. 이제부터 이스라엘과 애굽을 구별하는 것뿐 아니라 하나님의 말씀을 믿는 자들과 아닌 자들의 구별이 등장한다. 출 9:21은 이와 같이 기록한다.

'여호와의 말씀을 마음에 두지 아니하는 사람은 그의 종들과 가축들을 들에 그대로 두었더라'

여기에서의 구별은 단지 이스라엘과 애굽과의 구별이 아니다. 하나님은 모세에게 애굽 지역에도 사람을 보내라고 명령하신다. '애굽이라는 세상'에서 하나님의 말씀을 믿는 자들에겐 해가 가지 않고, 하나님의 말씀을 믿지 않는 자들에게만 해가 간다는 것을 보여주고 있다. 그리고 26절에 이스라엘 자손들이 있는 고센 땅에는 우박이 아예 내리지 않았다.

여기서 볼 수 있는 구별은 이와 같다.

애굽-1) 하나님의 말씀을 믿는 자들, 2) 믿지 않는 자들과 3) 이스라엘. 이렇게 셋으로 나뉘는 것을 볼 수 있다.

여기서 알 수 있는 사실은 하나님은 이방에게도 자신을 알리기를 원하셨다는 것이다. 출 10:1절에서 하나님은 바로의 마음을 강퍅하게 하시는 이유가 하나님의 표징을 그들에게 보이시기 위함이라는 것을 말씀하신다.

분명히 하나님은 이스라엘뿐 아니라 이방을 위해서도 이 기적을 행하신다는 것을 알 수 있다.

하나님의 심판 안에는 간절함이 있다. 사랑이 있다. 그의 공의를 드러내시고 때론 혹독히 나타내시지만, 그 안에는 하나님의 거룩한 사랑을 조금이라도 알리시고 그들이 자신들의 죄 가운데서 나올 수 있는 유일한 길이 하나님 밖에 없음을 보이고자 하신다.

이 길을 갈 수 있는 유일한 길이 오직 믿음이라는 것을 하나님은 기적의 재앙들을 통해 차근차근 가르치신다.

이 현상들을 글로써 접하는 우리들은 사실 그의 마음을 들여다볼 수 있는 행운을 가진 자들이다. 출애굽의 사건뿐 아니라 계시록에서 일어나는 모든 재앙도 하나님의 사랑 가운데 있다는 사실을 볼 수 있기를 기도해 본다.

여덟 번째 재앙은 이상하게도 구별이 있다는 말이 없다. 재앙이 미친

곳은 애굽의 온 땅이다. 그러니까 이스라엘 민족이 있었던 고센 땅에도 메뚜기가 지나갔다는 것을 보여준다. 왜 그랬을까.

이에 단서는 아마도 출 10:12절과 13절에서 보여주고 있지 않나 한다.

'여호와께서 모세에게 이르시되 애굽 땅 위에 네 손을 내밀어 메뚜기를 애굽 땅에 올라오게 하여 우박에 상하지 아니한 밭의 모든 채소를 먹게 하라 모세가 애굽 땅 위에 그 지팡이를 들매 여호와께서 동풍을 일으켜 온 낮과 온 밤에 불게 하시니 아침이 되매 동풍이 메뚜기를 불어 들인지라 메뚜기가 애굽 온 땅에 이르러…'

하나님의 명령은 '네 손을 내밀어'였지만 모세는 지팡이를 들었다. 이러한 모세의 행동은 이전 재앙, 우박의 재앙에서도 나타난다. 하나님은 9:22절에서 하늘을 향하여 손을 들라고 명령하셨지만 모세는 23절에서 지팡이를 들었다고 되어 있다.

우박 재앙의 목적은 분명하다. 하나님의 말씀을 마음에 두는 자와 아닌 자들을 구별하기 위해서였다. 그리고 우박 재앙 이전 여섯째 재앙에서 이스라엘 백성들 또한 악성 종기의 괴로움을 겪었다. 이 경험은 또 한 번 백성들로 하여금 하나님만을 의뢰해야 한다는 사실을 깨닫게 했을 것이다.

이 깨달음은 그들에게 다시 한번 믿음의 확신으로 다가왔으리라 추측된다. 우박 재앙에서 고센 땅과 애굽의 구별은 혹 백성들의 믿음 때문이 아니었을까.

그러나 여덟째 재앙인 메뚜기 재앙에 구별이 없었다. 여기서 중요한 점은 모세에 대한 하나님의 계획이라고 생각한다. 그는 반복적인 실수를 한다. 손을 내밀거나 손을 들어야 하는데 계속 지팡이를 들고 기적을 행한 것이다.

하나님이 모세에게 주시려고 계획했던 것은 하나님의 율법이었다. 하나님의 말씀이라는 기준을 제공하시고 그것에 대해 철저히 가르치기를 원하셨다.

이 율법이 사람에게 가르쳐주는 것은 '죄는 사망을 낳는다'는 원칙이다. 이것을 배우기 위해서는 율법을 어겼을 때 즉, 하나님의 말씀을 온전히 지키지 않았을 때 어떤 일이 일어나는지를 알아야 한다.

부모는 불이 뜨겁다고 경고하는데 아이가 그것을 무시하고 불에 손을 대었을 때는 반드시 화상을 입게 된다. 아이는 이런 실수를 통해 불의 뜨거움을 배우게 되고 이 경험은 다시는 불에 손을 대지 말아야 한다는 사실을 몸으로 인식하게 한다.

마찬가지로 율법을 어길 시 죽음이 온다는 것을 체험하는 자들은 율법을 어기려는 시도를 무서워하게 된다. 죄의 참상과 결과를 알게 됨으로써 몸과 영혼으로 율법을 익히게 되는 것이다.

여기서 가장 중요한 인물은 모세다. 모세는 이스라엘을 출애굽시켜 하나님의 율법을 받아 가르칠 사람이었다. 이 사람의 행동 하나가 이스라엘의 운명을 좌지우지할 수 있다는 점을 아는 것은 매우 중요하다.

앞서 말 한 바와 같이 장군의 용맹이 군대를 살릴 수도 있고 그의 미련함이 군대를 전멸시킬 수도 있다.

모세의 순종은 곧바로 이스라엘의 승리로 이어질 수 있다는 것을 하나님은 모세에게 가르치셔야 했다. 메뚜기 재앙은 다만 이스라엘 백성들에게 그의 공의와 원칙을 가르칠 뿐 아니라 모세에게도 가르치시기 위한 작업이었다는 것을 추측하는 바다. 이스라엘을 훈련하시는 것 만큼이나 지도자인 모세를 훈련시키는 작업도 중요하기 때문이다.

이제 드디어 흑암 재앙이다. 아홉 번째 재앙에서 하나님은 모세에게 다시 한번 손을 내밀라고 명하신다. 그러자 모세는 하나님의 말씀 그대로 손을 내밀었다고 되어 있다.

모세도 백성들도 하나님의 공의를 배웠고 그것이 실제 삶에서 나타나게 되어 믿음으로 연결되었다는 것을 볼수 있다.

흑암 재앙이 일어나지 않았던 곳은 오직 이스라엘 자손들이 거하는 곳뿐 이었다. 완벽한 구별은 믿음이 행위로 나타났을 때라는 것을 알 수 있다.

열 번째 재앙은 이 믿음이 한 걸음 더 나아가 발전된 형태로 나타나는 때였다. 장자의 죽음이 있을 것이지만 여기에서의 구별은 애굽과 이스라엘의 구별이 없다.

다만 하나님의 말씀을 믿고 행하느냐 아니냐로만 갈린다. 만약 애굽 사람이라고 해도 모세의 말대로 어린 양의 피를 문설주에 바르는 자들은 장자의 죽음을 면하게 될 것이다.

그러나 만약 이스라엘 자손이라고 해도 모세의 말을 따르지 않고 어린 양의 피를 문설주에 바르지 않는 사람들의 장자는 죽게 될 것이다.

유월절의 명령처럼 복잡한 하나님의 명령을 행할 수 있는 믿음이 이제는 이스라엘 안에 생겼다는 것을 알 수 있다. 만약 그 전의 아홉 가지 재앙의 훈련을 거치지 않았다면 그들은 결코 유월절 의식을 행하고 순종하는 믿음을 가질 수 없었을 것이다.

애굽 사람도 이스라엘 사람도 모두 재앙을 겪고 본 사람들이다. 하나님은 이방인인 애굽 사람들에게도 기회를 허락하심으로서 하나님이 누구인지를 배우고 또 그의 말씀에 어떻게 반응해야 하는지를 보이셨다.

유월절은 이러한 과정을 거친 자들 중 믿음으로 행하는 자들에게는 구원이고 믿음으로 행치 않는 자들에게는 심판이라는 것을 보여주는 중요한 날이었다.

이처럼 계시록의 나팔 소리가 울려 퍼지는 날들도 말씀을 마음에 두고 행하는 자들에게는 구원이고 아닌 자들에게는 심판의 날들이 될 것이다.

믿으면 하나님이 행하신다. 믿음으로 행동하기 전에 우리 안에서 일어나는 일은 확신이다. 하나님이 하시면 반드시 이뤄지게 될 것이라는 확신은 들음을 통해 또 하나님이 행하시는 일을 통해 우리 안에 생기게 된다.

그렇게 확신이 들 때 하나님의 말씀대로 행하려는 담대함이 우리 안에 들어오고 이것이 행동으로 이어지게 만든다.

따라서 내 행위의 의로움은 나만의 것이 아니다. 물론 내가 선택이라는 행위를 통해 믿음을 내 안에 이루지만, 그 말씀이 우리 안에서 확신이 되고 그것을 자라게 하시는 이는 하나님이시다. 그 확신이 행동이 되고 그것이 우리를 의롭게 하며 구원을 얻게 한다. 이것이 믿음의 실체고 모습이다.

출애굽 때에도 마지막 때에도 우리는 이러한 믿음의 실체가 필요하다. 하나님의 성령이 우리 안에 강력히 역사하셔서 그의 모습을 보이시고 우리를 자라게 하시며 믿음 안에서 강건하게 하실 것이다.

이 강건함만이 우리를 세상과 구별되게 한다. 이 책을 읽는 모든 이들이 이러한 강건함으로 세상과 구별될 수 있기를 간절히 기도한다.

이렇게 하나님은 마지막 때에도 그의 사람들을 구별하실 것이다. 그러나 이 구별은 환란을 지나가지 않게 된다거나 혹은 세상에 속한 이들이 받는 해를 하나도 받지 않게 된다는 의미가 아니다.

7장에 나온 것과 같이 구별된 흰옷 입은 무리들도 눈물을 흘렸고 뜨거운 것을 지났고 아픔을 통과했다. 하나님이 그들의 눈에서 눈물을 씻기시고 '다시는' 그런 일이 생기지 않도록 지키실 것이라는 말은 그들이 전에 그러한 일들을 당했다는 것을 의미한다.

다섯 번째 인봉이 떼어진 후 나타나는 제단 밑의 성도들도 세상으로부터 환란과 핍박을 받았다. 심지어 죽임까지 당했다. 이것은 그들이 하나님의 말씀과 증거를 가졌기 때문이라고 설명한다.

이 글을 쓰는 요한조차도 그가 밧모섬이라는 유배지에 와 있는 것은 하나님의 말씀과 증거 때문이라고 설명한다.

예레미야도 에스겔도 다니엘도 모두 썩어져 가는 세상 곧, 이스라엘에서 이스라엘 백성으로 거주했고 그에 대하여 심판을 예언했다. 마지막 때의 성도들의 모습도 이와 같을 것이다.

따라서 하나님이 세상과 교회를 구별하시는 이유는 그들을 보호하기 위해서이기도 하지만 궁극적으로 그들을 통해 하나님을 보이시기 위함이다.

하나님은 출애굽 때에도 모세에게 말씀하신다. 강력한 전염병 한 번이
면 끝 날일이지만(출 9:15), 하나님은 굳이 열 가지 재앙을 통해, 또 바로
의 강퍅함을 통해 이스라엘을 출애굽 시키는 것은 애굽에 있는 자들이
하나님의 말씀을 듣고 믿게 하기 위함이라고 강조하신다. 하나님이라는
존재를 알아야 믿을 것이고 들어야 구원을 얻게 될 것이기 때문이다.

하나님은 동시에 교회를 훈련하신다. 하나님 한 분의 의로움으로만 무
장하기를 연습하는 것, 나의 자아와 욕심을 십자가에 매일 못 박아 예수
그리스도로 덧입어 완전한 데로 나아가는 것은 하나님이 처음부터 아브
라함에게 약속하시고 이루고자 하셨던 중요한 목표였다.
그렇게 의로움으로 무장해야만, 공의를 행할 줄 아는 사람이 되어야
만 그들이 세상을 판단하는 것이 세상이 보기에도 천사들이 보기에도
합당한 이치가 되기 때문이다.
하나님의 일은 기이하다. 그저 놀라울 뿐이다. 그의 행하심 안에는 그
의 사랑의 이유와 목적들이 존재한다. 그 깊이와 아름다움을 누가 감히
다 알 수 있을까.

나팔 사건의 공통점

이제 나팔들의 사건을 살펴볼 차례. 첫 번째부터 일곱 번째까지 나팔이 울렸을 때 나타나는 공통적인 특징은 피, 불, 연기의 현상이 있다는 점이다. 혹은 이와 관련된 일들이 일어난다.

행 2:19절의 요엘서 말씀의 인용을 다시 한번 보면,

'내가 위로 하늘에서는 기사를 아래로 땅에서는 징조를 베풀리니 곧 피와 불과 연기로다. 주의 크고 영화로운 날이 이르기 전에 해가 변하여 어두워지고 달이 변하여 피가 되리라.'

요엘은 주의 크고 영화로운 날이 이르기 전에 보이는 일이 피와 불과 연기라는 것을 예언했다. 베드로는 이 말씀을 인용해 요엘이 말했던 '주의 날'이 곧 '예수님이 다시 오시는 그날'이라는 것을 외친다.

이것은 예수님도 예언하신 현상들이었다. 난리와 소문들, 전쟁들에 관한 것들은 피와 불과 연기가 나는 원인이다. 전쟁이 일어나면 불이 일고 연기가 나고 사람들은 피를 흘리게 될 것이다.

여기 나팔의 사건들을 하나하나 살펴보면,

첫째: 피 섞인 우박과 불이 나와 땅에 쏟아진다.

둘째: 불붙는 큰 산이 바다에 떨어져 피가 된다.

셋째: 횃불같이 타는 큰 별이 하늘에서 떨어져 물 샘에 떨어진다.

넷째: 해, 달, 별 삼분의 일이 타격을 받아 어두워진다.

다섯째: 무저갱이 열릴 때 연기가 올라온다.

여섯째: 네 천사의 군대의 말들에서 불과 연기와 유황이 나온다.

일곱 번째 나팔은 후에 다루기로 한다.

이렇게 피와 불과 연기가 땅에 나타나는 이유는 앞서 말한 바와 같이 첫째, 주님의 크고 영화로운 날이 이르기 전에 나타나는 징조를 보이기 위해서다. 둘째, 말씀에 의거한 심판을 위해서다. 이 세상이 하나님의 말씀을 받게 되므로 이스라엘화 된 상태에서 하나님이 말씀에 따라 심판을 행하기 위해서다.

셋째, 이것은 세상이 다시 한번 하나님을 알 수 있게 되는 계기다. 하나님은 이 일을 통해 그를 세상에 알리고자 하신다. 그리고 예수님의 오심을 알려주기를 원하신다.

넷째, 이 일은 예수 그리스도의 교회를 훈련하시는 과정이다. 12장에 보면 요한은 교회가 광야로 도망하게 될 것이라고 말한다. 광야는 교회의 훈련 장소다. 하나님은 세상을 심판을 행하시는 동시에 교회를 구원하시고 훈련하신다.

노아의 때가 그러했고, 롯의 때가 그러했으며 출애굽의 때가 이와 같았다. 언제나 구원은 심판 가운데서 일어난다는 것을 교회는 반드시 기억해야 한다.

 가장 중요한 이유는 무엇보다도 신랑이신 예수님이 마지막 때의 교회 뿐 아니라 세상에 존재했었던 모든 교회를 데리러 오시기 위한 선(先) 작업을 하기 위해서다. 가나 혼인 잔치의 예식에서 설명했듯 신랑의 친구들은 신랑이 신부를 맞이하기 전에 온 동네를 깨우러 다닌다.
 밤이기 때문이다. 깊은 밤 잠들어 있는 자들을 깨워 신부를 데리러 간다는 것을 알리고 신랑과 신부의 때를 예비하게 하려는 일이 나팔을 부는 일이 될 거라 생각한다.

 피와 불과 연기라는 징조는 주님의 때를 알린다. 세상을 깨워낸다. 다시 한번 하나님의 능력이 나타나는 싸인이다. 교회가 훈련받는 때를 나타내고 그들을 깨워 주의 오심을 예비하게 한다. 나팔은 이러한 역할을 하기 위해 소리를 낸다.
 이제 다음 장에서는 나팔 소리로 인해 일어나는 하나 하나의 일들을 살펴보고자 한다. 나팔 사건들로 들어가 보자.

十 다섯 번째
나팔수들 이야기

04

나팔소리들 I

우레, 번개, 음성, 지진

우레, 번개, 음성은 하나님의 보좌 주위에서 일어나는 현상들이다. 하나님의 임재가 있는 곳에는 언제나 이런 현상들을 동반한다.

출애굽기에서 하나님이 시내산에 강림하시는 장면을 보면 우레와 번개가 나고 연기가 피어오르는 것을 볼 수 있다. 하나님이 땅에 임하시는 증거로 우레와 번개가 일어나고 있는 것이다.

계 8장에서 이 현상들이 나타나는 원인은 또 다른 천사의 속죄 제사 때문이다. 성도들의 기도가 열납되고 하나님과 하나님의 백성을 대적하는 자들에 대한 심판을 시작한다는 의미의 속죄제사가 드려진 이후 이 현상들은 '땅에서' 일어난다.

출애굽기를 보면 하나님은 모세에게 마지막 재앙을 말씀하시면서 이 재앙을 행하시는 분이 하나님 자신이라고 말씀하신다.

'여호와께서 애굽 사람들에게 재앙을 내리려고 지나가실 때에'(출 12:23).

'밤중에 여호와께서 애굽 땅에서 모든 처음 난 것 곧 왕위에 앉은 바로의 장자로부터…'(출 12:29).

하나님은 심판하실 때 직접 행하신다. 왜냐하면 그렇게 하실 수 있는 분은 하나님밖에 없기 때문이다.

그 권리를 양도받으신 분이 예수님이시다. 그 증거는 6장에 나온다. 어린 양이신 예수님이 하나님의 손에 있던 두루마리를 직접 받아 인봉을 떼신 사건이 그 증거라 할 수 있다.

마지막 인봉이 떼어짐으로 인해 일어난 일들이 일곱 개의 나팔 재앙들이므로 이 일 또한 예수님을 통해 일어나는 심판 및 구원과 연관될 수밖에 없다.

따라서 하늘에서 일어났던 현상들-우레, 번개, 음성이 땅에서 일어났다는 것은 하나님이 심판하시기 위해 '땅에' 오셨다는 것을 보여준다.

이 일은 하늘에서 시작되었지만, 반드시 땅에서 일어난다. 심판은 땅을 향한 것이지 하늘을 향한 것이 아니기 때문이다. 또 다른 천사가 제단의 불을 '땅에' 쏟았을 때 우레와 번개와 음성이 일어났다.

이 현상은 하나님을 대적하는 반역이 땅에서 일어났다는 것을 의미한다. 또, 지진이 났다는 특징 자체도 이 일이 땅에서 일어나고 있다는 강력한 증거다.

땅의 기초가 흔들리는 현상은 하늘에서는 있을 수 없기 때문이다. 그러므로 땅의 기초가 흔들린다는 것은 하나님의 임재가 땅에 있다는 것을 의미한다.

'내가 내 영광을 여러 민족 가운데에 나타내어 모든 민족이 내가 행한 심판과 내가 그 위에 나타낸 권능을 보게 하리니'(겔 39:21).

하나님의 심판은 반드시 행해질 것이다. 그리고 이 일은 하나님이 직접 하실 것이다. 그런 자격을 갖추신 이는 오직 그분밖에 없다는 것을 성경은 반복해서 보여준다.

'만민 가운데 나와 함께 한 자가 없이 내가 홀로 포도즙 틀을 밟았는데 내가 노함으로 말미암아 무리를 밟았고 분함으로 말미암아 짓밟았으므로 그들의 선혈이 내 옷에 튀어 내 의복을 다 더럽혔음이니 이는 내 원수 갚는 날이 내 마음에 있고 내가 구속할 해가 왔으나 내가 본즉 도와주는 자도 없고 붙들어 주는 자도 없으므로 이상하게 여겨 내 팔이 나를 구원하며 내 분이 나를 붙들었음이라 내가 노함으로 말미암아 만민을 밟았으며 내가 분함으로 말미암아 그들을 취하게 하고 그들의 선혈이 땅에 쏟아지게 하였느니라'(사 63: 3~6).

이사야서에서도 심판하실 수 있는 이는 오직 하나님 즉, 그의 권리를 양도받으신 예수 그리스도 밖에 없다는 것을 보여준다. 하나님의 손에 빠지는 것은 무서운 일이다. 그의 심판은 혹독하고 감당할 수 없는 놀라운 일이며 두려운 일이다.

하나님은 그만큼 죄에 대해 강력하게 대처하신다. 하나님의 공의는 절대 죄를 용납할 수 없기 때문이다.

하나님은 죄인을 용서하시고 사랑하시지만, 죄에 대해서는 결코 타협하지 않으신다. 하나님의 심판은 하나님의 이러한 절대적 입장을 드러내는 현상이다.

'회오리바람 중에 주의 우렛소리가 있으며 번개가 세계를 비추며 땅이 흔들리고 움직였나이다'(시 77:18).

또 다른 천사이신 예수님이 제단의 불을 땅에 쏟았을 때 우레와 번개와 음성과 지진이 났다는 것은 하나님이 심판하실 때가 되었고 그가 심판하러 땅에 오신다는 것을 의미한다.

그러나 우리가 여기서 생각해야 할 중요한 점은 하나님이 그의 존재 자체를 직접 드러내셔서 심판을 행하시지는 않는다는 것이다. 만약 그렇게 하신다면 나팔 재앙, 대접 재앙의 과정도 없이 인류는 전멸하게 될 것이다.

하나님은 심판 속에서 구원을 이루신다. 단 한 사람도 잃어버리지 않기 위해 정확한 판단을 하실 분은 하나님이시다. 구원할 자는 구원하시고 심판할 자는 심판하시기 위해 직접 하시는 것이다.

예수님은 요 6:8절에 보혜사 성령께서 오시면 죄에 대해, 의에 대해, 심판에 대해 세상을 책망하실 것이라고 말씀하신다.

이것은 성령 하나님이 예수 그리스도의 권위와 권세를 가지고 세상을 심판하신다는 뜻이 아닐까 한다. 계 10:11절에 힘센 천사는 요한에게 많은 백성과 나라와 방언과 임금에게 다시 예언해야 할 것이라고 말한다.

이후 11:6절에 두 증인 또한 예언하는 대로 그 일이 세상에 일어나게 될 것을 보여준다. 이것은 모두 성령이 그들을 감동시키심으로 일어나는 현상이다.

계 19:10절에서 대접 재앙의 천사는 요한에게 마지막 환상들을 보여주는데 요한이 그에게 절하려고 하자 그는 요한에게 오직 하나님께 경배하라고 말하면서 예수의 증언은 예언의 영이라고 전한다.

계 22:7절에 천사는 이 두루마리의 예언의 말씀을 지키는 자는 복이 있으리라 하고, 계 22:10절에서 이 두루마리의 예언의 말씀을 인봉하지 말라고 말한다.

그리고 계 22:16절부터 19절에서 예수님은 그의 사자를 보내어 증언하게 하시는데 이 증언은 곧 예언의 말씀이라고 표현하고 있다.

이것은 예수님의 계시는 오직 성령의 증언으로 이뤄진다는 것을 보여준다. 하나님의 사람들이 예언한 대로 이 세상에 심판이 이뤄지는 것은 하나님의 영이 그들에게 임했기 때문이다.

하나님이 직접 심판을 행하신다는 의미는 하나님의 본체 즉, 보좌에 앉으신 이가 직접 땅에 내려와 심판을 행하신다는 것이 아니라 하나님의 영, 예수의 영이신 성령께서 그의 교회 안에 역사하셔서 예언을 통해 심판을 행하신다는 것을 의미한다고 본다.

따라서 나팔을 부는 자들도 하나님의 영이 임하는 '사람'일 가능성이 높다. 어디까지나 교회는 사람이라는 유기체로 구성된 존재이기 때문이다.

하나님의 심판하시는 방법은 오래전 하나님이 그의 사람을 통해 하셨던 그 방식을 여전히 유지하신다. 하나님은 그의 영을 보내셔서 사람으로 하여금 그 말을 듣게 하시고 심판에서 벗어날 기회를 제공하신다.

우레와 번개와 음성과 지진은 하나님의 영이 예수 그리스도의 이름으로 임재하셔서 보좌에 앉으신 이의 뜻을 행하실 것임을 나타내는 징조라고 할 수 있을 것이다. 하나님과 예수님과 성령님은 하나다. 이 거룩한 진리는 영원히 변하지 않는다.

성령의 존재는 보이지 않지만, 하나님 자체이며 그의 능력이시다. 예수님은 성령을 거역한 자에게는 사함이 없음을 말씀하셨다. 그만큼 성령은 하나님의 직접 임재의 모습이자 실체다. 그와 함께하는 자가 교회요, 그가 계신 곳이 성전이자 하늘나라다.

이 땅에 하나님의 나라가 임했다는 것은 그의 영이 임했다는 말과 같다. 성령을 소멸치 말라, 성령을 근심하게 하지 말라는 말씀은 그가 곧 하나님의 나라이며 하나님이시라는 것을 의미한다.

하나님의 존재가 보이지 않는다 해서 소홀히 여기지 말고 그분을 하나님으로 여기고 우리 안의 지성소에서 그를 섬기라는 뜻이다.

심판을 직접 행하실 예수 그리스도의 영은 사랑도 넘치시지만 공의 또한 행하시는 분이심을 인지해야 할 것이다.

1/3

나팔 재앙이 어떻게 이뤄지는지 그 전체적인 그림을 보면 아래와 같다.

땅	하늘	땅(사람)
1. 숲, 수목, 풀 1/3 불탐	4. 해, 달, 별 1/3이 침을 받아 어둡게 됨	5. 무저갱의 황충 재앙 (인 맞지 않은 사람만 해함)
2. 바다, 바다의 생명들 1/3 피가 됨		6. 유브라데에 결박된 천사들이 놓임(사람 1/3을 죽임)
3. 강, 물샘 1/3 쓰게 됨		7. 번개, 음성, 우레, 지진, 큰 우박

위와 같은 도표를 보면 생각나는 그림이 있다.

이 촛대는 하나님이 모세에게 만들라고 명하셨던 지성소 앞 촛대의 모습이다. 계시록 2~3장에 걸친 일곱 교회를 일곱 촛대라고 말씀하시는데 요한에게 보여주셨던 일곱 촛대는 아마도 위와 같은 모습이었을 것이다.

위에서 살펴본 도표는 왠지 위의 촛대 그림을 연상하게 한다. 가운데 몸통은 하늘에 속한 것들을, 그 몸통에서 뻗어 나온 양 옆의 여섯 가지들은 도표의 양 옆에 있는 땅에 속한 것들과 비교된다는 것을 알 수 있다.

바울은 엡 4:16절에서 이렇게 말한다.

'그(예수님)에게서 온몸이 각 마디를 통하여 도움을 받음으로 연결되

고 결합되어 각 지체의 분량대로 역사하여 그 몸을 자라게 하며…'

　예수 그리스도와 교회는 하나다. 언약으로 묶인 한 몸이다. 위의 그림처럼 교회는 예수 그리스도에게 접붙임을 받은 가지들이다. 이로써 하나가 된 유기체가 교회라고 할 수 있다. 이러한 한 몸이 살아가는 영원한 세대가 앞으로 도래할 새로운 나라라는 것을 보여주기 위한 그림이 바로 요한 계시록이다. 그러나 교회가 부활하기 위해서는 반드시 죽음을 거쳐야 한다.

　앞서 말한 바와 같이 예수님이 다시 오시기 전의 세상은 이미 이스라엘화 된 세상이다. 즉, 모든 세상이 하나님의 말씀을 받은 세상, 교회 자체가 된 시대가 온 것이다.
　예수 그리스도가 오신 이후의 세상은 교회 곧, 하나님의 나라가 되었음을 성경은 계속 강조하고 있다.
　우리가 인지해야 할 분명한 사실은 하나님의 나라는 이미 임했다는 것이다.

　예수님이 이 땅에 오신 이후 하나님의 나라는 이 땅에 세워졌고 그 영역이 예수님의 시대로부터 계속 커져 나가고 있다. 훗날 정말 마지막 때가 와서 하나님의 말씀과 복음이 온 세상 한 곳도 빠지지 않고 전파되면 그 모든 곳이 하나님의 나라가 될 것이다. 교회가 될 것이다. 그러나 교회가 새로운 세계로 거듭나기 위해서는 반드시 죽음을 거쳐야만 한다.

그림의 촛대를 보면 꽃받침의 형상이 매 가지의 1/3 위치에 놓여 있다는 것을 알 수 있다. 이 특징들 또한 위 도표에서 말하는 1/3과 서로 연결되고 있다.

먼저 촛대를 보자. 원 가지 양옆으로 나온 줄기들은 각각 양옆으로 세 가지씩 뻗어있다. 이 모습을 세 부분으로 나누면 가운데 원가지가 그 하나, 왼쪽으로 뻗은 세 가지들이 그다음 하나고, 오른쪽으로 뻗은 세 가지들이 그 다른 하나다. 이 구분을 잘 기억하기를 바란다.

또한, 도표도 땅에 속하는 1/3, 하늘에 속하는 1/3, 또 땅에 속하는 (정확히 말하면 사람에 관한 것이라고 본다) 1/3의 모든 것이 어우러져 지구라는 행성의 그림이 완성된다는 것을 보여준다. 이를 창조와 연관 짓자면 땅과 하늘과 사람이 지구의 모든 것을 간략하게 보여주는 구성원이라고 할 수 있을 것이다.

촛대는 곧 교회지만 마지막 때는 곧 이스라엘화 된 모든 세상을 의미하게 될 것이다. 다른 말로 촛대는 곧 세상을 뜻한다고 본다.

그렇다면 1/3이 지니고 있는 의미는 무엇일까. 내가 생각하고 있는 바는 다음과 같다.

첫째, 교회는 반드시 죽음을 지난다는 것이다. 다른 말로 이 세상은 죽음을 지날 것이다. 새 예루살렘, 새로운 세상의 부활은 죽음을 통해 이뤄지기 때문이다.

이와 관련된 성경 구절을 보면, 예수님은 이 세대에 보여줄 수 있는 표적은 요나의 표적밖에 없다고 말씀하신다(마 12:39).

하나님의 말씀을 거역하는 세대에게 보여주겠다고 말씀하신 표적인 요나는 고래의 배 속에서 사흘을 지냈다. 죽음보다 더한 시간을 삼 일 동안 죽은 듯이 보낸 요나의 고난은 예수님의 죽으심과 연결된다.

예수님이 말씀하신 '요나의 표적을 보이신다는 것'은 예수님의 죽으심 곧, 삼 일 동안 무덤에 계셨던 사건에 대한 예언적 말씀이었다. 이는 교회 또한 죽음에 있다가 예수님의 구원으로 인해 살아난다는 것을 의미한다.

예수님처럼 교회도 죽음에 속해 있지 않고 다시 부활하지만, 반드시 죽음을 거쳐야만 한다. 이것이 예수님이 우리에게 보여주기를 원하셨던 표적이라고 생각한다.

촛대의 세 부분, 한 가지 당(per) 세 부분으로 나뉜 모습은 예수님의 삼일의 죽음이 교회의 죽음의 시기를 상징하는 것 같다는 생각을 해 보았다.

두 번째는 하나님이 참 교회를 구별하시고 그 교회를 참되게 하시는 과정이 불과 같은 연단과 환란을 통과하는 데 있다고 생각해 보았다.

슥 13:8,9절에서 하나님은 스가랴를 통해 이렇게 말씀하신다.

'여호와가 말하노라 이 온 땅에서 삼분의 이는 멸망하고 삼분의 일은 거기 남으리니 내가 그 삼분의 일을 불 가운데에 던져 은 같이 연단하며 금같이 시험할 것이라 그들이 내 이름을 부르리니 내가 들을 것이며 나는 말하기를 이는 내 백성이라 할 것이요 그들은 말하기를 여호와는 내 하나님이시리라 하리라'

여기서도 1/3의 개념이 등장한다. 계속해서 말하지만, 스가랴서는 하나님이 두 번째 성전을 건축하기를 독려하시고 특별히 교회의 변천사와 본질적인 것들을 계시하시기 위해 기록된 예언서다. 따라서 이 예언도 교회에 관한 하나님의 말씀으로 봐야한다.

계속 강조하지만, 마지막 때의 세상은 하나님의 말씀을 받은 세상으로 이스라엘화 된 세상이다. 이러한 개념을 위 스가랴서 말씀에 적용해보면 8절의 온 세상 중 삼분의 이는 멸망하고 삼분의 일은 거기 남을 것이라는 말이 무엇인지 짐작할 수 있다.

이 말씀을 지금 계시록의 1/3의 개념과 대입하면 이스라엘화 된 온 세상 중 2/3는 멸망하고 1/3만이 불같은 시험을 통과하여 영원한 부활로 나타날 것을 얘기해 준다는 것이다.

분명히 알아야 할 것은 세상은 멸망할 것이다. 노아의 홍수 시대에 온 세상이 물에 잠긴 것과 같이 세상은 불의 심판으로 다시 한번 심판에 놓일 것이다. 그러나 다니엘의 세 친구처럼 믿음을 가진 자들은 불가운데서도 구원받을 것이다.

스가랴서를 통해 말씀하셨던 2/3의 멸망과 1/3의 연단은 모두 불의 소멸 가운데로 들어가야만 가능한 일이다.

바울은 고전 3:13절에서 '그 날에 각각 공력이 나타날 것인데 그 날이 공력을 밝히리니 이는 불로 나타내고 그 불이 각 사람의 공력이 어떠한 것을 시험할 것'이라고 말한다.

바울의 이 말은 그 날 곧 환란의 날의 불이 그 사람의 영적인 상태를 나타낼 것임을 보여준다는 것을 의미한다고 본다. 바울은 이에 대하여 '누구든지 공력이 불타면 해를 받으리니…'라고 말한다.

다시 말하지만, 구원은 반드시 심판 가운데 행해진다.

하나님은 우리가 시험을 당하지 않게 될 것이라고 말씀하시는 것이 아니라 그 시험을 이기는 힘을 믿음으로 가지게 될 것이라고 말씀하신다. 이러한 법칙은 마지막 환란의 때에도 마찬가지이리라 생각한다.

세 번째는 세상을 구성하는 세 가지 모습이 땅, 하늘, 사람이라는 점이다.

이러한 세 개의 구분은 촛대의 모양이 구분되는 방식과 비교될 수 있다고 본다.

촛대의 첫 번째인 세 가지에 속한 도표의 첫 번째 단락은 우리가 밟고 걸어 다니는 흙으로 된 지대인 '땅'과 그 땅과 분리된 '바다' 그리고 땅 위에 흐르는 '물들'에 가해지는 재앙들이다.

땅, 바다, 물들은 모두 '땅(earth)'에 속한다.

촛대의 두 번째 곧 원가지에 해당하고 도표의 두 번째에 해당하는 '해와 달과 별들'은 정확히 말하면 지구라는 땅에 속한 존재들이 아니다.

이들은 지구 바깥에 거하는 존재들이다. 그러나 이들은 지구에서 볼 수 있고 지구에 매우 지대한 영향을 미치는, 지구에서 볼 수 있는 요소들이다.

지구의 시간을 만들어내고 지구의 중력을 조절하며 지구의 방향성을 결정하는 것이 해와 달과 별들의 역할이다. 이러한 광명체들은 성경에서 이스라엘을 상징하기도 한다. 요셉의 꿈에서 '해'는 이스라엘이라는 12지파의 아버지인 야곱을, '달'은 어머니인 레아를, '별들'은 야곱의 아들들인 12지파들을 상징한다.

이것은 성경에서 교회의 원가지로 나타난다. 이 원가지는 혈통적인 이스라엘을 뜻하기도 하지만 신약에 와서는 하나님이 정하시고 부르신 근본적인 교회 참 이스라엘을 상징한다.

이것은 마치 참 교회가 땅에서 살아가야 하지만 땅에 속해있지 않는 것과 같다. 요한이 밧모섬이라는 땅에 있으나 환상은 천상에서 보는 것과 같은 이치다.

지구에 영향을 미치지만, 지구에 속하지 않은 존재들인 해와 달과 별들은 교회가 어떠한 위치에 속해 있는지를 보여준다.

이들은 공중에 있는 새들과 같이 땅에 거하지만, 하늘을 누비는 하나님의 피조물들이다. 이스라엘화된 세상이지만 여전히 땅에 속한 사람들이 있는가 하면 하늘에 속하여 예수님의 빛을 발하는 자들로 서 있는 참 교회의 구성원들도 있다.

이면적 유대인, 믿음으로 의롭게 된 아브라함의 자손들이 곧 하나님이 처음부터 부르신 교회다. 영적으로는 이러한 믿음의 참 교회가 원가지가 될 수 있다.

야곱의 혈육적인 장자였던 르우벤이 야곱의 첩과 동침함으로써 폐위되고 요셉이 믿음으로 장자가 되었던 것과 같이 원래의 장자였던 아담에게 주어졌던 장자권은 두 번째 아담이신 예수 그리스도에게로 흘러갔다.

마찬가지로 혈육적 이스라엘이 가지고 있던 권한은 이제 이방인이든 유대인이든 예수 그리스도를 믿음으로 장자권을 얻게 된 참 이스라엘에

흘러갔다.

도표의 두 번째 칸, 촛대의 원 가지는 참 이스라엘을 의미한다고 본다. 이 이스라엘만이 불의 연단을 통해 거룩해지고 멸망 가운데서 살아남는 1/3에 속하는 자들이라고 생각한다.

1/3 Ⅱ

도표의 세 번째에 해당하는 황충 재앙과 유브라데에 결박된 천사들, 번개와 우레와 지진의 재앙들을 살펴보자.

다섯 번째 나팔 재앙과 여섯 번째 나팔 재앙의 특징은 땅에서 일어나는 재앙이기는 하되 '사람'이 그 대상이라는 것을 알 수 있다.

'땅의 풀이나 푸른 것이나 각종 수목은 해하지 말고 오직 이마에 하나님의 인침을 받지 아니한 사람들만 해하라'(계 9:4)
'…사람 삼분의 일을 죽이기로 준비된 자들이더라'(계 9:15)
'…사람 삼분의 일이 죽임을 당하니라'(계 9:18)

앞서 나온 나팔 재앙들의 특징은 모두 그 대상이 자연에 있다는 것이다. 물론 이것이 결국 사람을 괴롭게 하는 일이 되겠지만 하나님은 5, 6

번째 재앙에서는 사람이라는 대상을 명확히 하신다.

다만 다른 것은 5번째는 인 맞지 않은 자들과 인 맞은 사람들을 구별하여 심판이 이뤄진다는 것이고 6번째는 구분 없이 온 인류의 1/3이 죽임을 당한다는 것이다.

다섯 번째 황충 재앙은 황충의 떼들이 무저갱에서 나와 인 맞지 않은 자들을 괴롭히는 사건이다. 여기에선 죽음이 없다. 그들은 '무저갱'에서 세상으로 기어 나와 마치 무저갱에서 사람들을 고문하고 괴롭히듯 사람들을 괴롭힌다.

이들은 인 맞은 자와 그렇지 않은 자들을 구분한다.

그다음 여섯 번째 나팔에서 나오는 결박되었던 유브라데강의 네 천사들은 어떠한 존재인지는 알 수 없으나 그들은 누군가에 의해 결박된 존재들이다. 그 결박이 풀어지면 그들이 소유하고 있었다고 생각되는 거대한 군대인 마병대가 나와 전 인류, 사람의 1/3을 죽이게 된다.

잠시 여기서 앞 7장으로 다시 돌아가 보자. 인 맞은 자들이 인침을 받은 사건은 바람을 쥐고 있는 네 천사들이 바람을 놓기 전에 일어난 일이다. 따라서 이 바람이 일으키는 재앙은 '인 맞은 자들의 택함'과 연관되어 있다.

즉, 네 천사들의 바람은 인 맞은 사람들의 택하심 후에 분다는 것을 인지해야 하는 것이다.

이와 연관 지어 5번째 나팔 재앙과 6번째 나팔 재앙의 발생 기점도 인 맞은 자들과 아닌 자들의 구분 전과 후로 나뉜다는 것을 알 수 있다.

다시 말하면 7장의 인을 치신 사건 이후에 바람이 불었다는 것과 5번째 사건 이후에 6번째 재앙 즉, 거대한 전쟁이 일었다는 것은 하나의 그림으로도 해석할 수 있다는 뜻이다.

또한, 5번째 재앙은 1/3에 대한 구분이 없다. 여기서는 인 맞은 자들과 인 맞지 않은 자들의 구별만 있을 뿐이다. 6번째에 가서 다시 1/3의 수가 등장하고 있다.

이것은 교회가 된 세상이 죽음의 시간을 지나간다는 것을 의미하는 것 같기도 하다. 다만 택함을 얻지 못한 자들에게는 더 이상의 기회가 제공되지 않는 죽음이고 이미 택함을 얻은 교회는 불과 같은 시험의 성격을 띠고 있는 죽음이라는 점이 다르다.

뒤에 가서 이 여섯 번째 나팔 재앙에 대해 자세히 다루겠지만 이 사건은 무척이나 많은 의미와 복잡한 사건들이 겹치고 있다.

이 사건은 전쟁이고, 열방 권력들의 이권 다툼이며, 참 교회와 거짓 교회의 전쟁이고, 참 교회의 위기이자 기회다.

1/3은 참 교회의 죽음일 수도 있고 동시에 사람이라고 불리는 모든 이

들에 대한 죽음일 수도 있다. 여기서는 5번째 재앙처럼 구별에 대한 언급이 없기 때문에 누구라도 죽을 수 있는 재앙이라고 생각한다.

중요한 건 참 교회도 이 재앙에서는 죽음을 피해 갈 수는 없다는 것이다. 제단 앞의 죽임을 당한 하나님의 말씀과 증거를 가진 사람들, 13장의 짐승의 권세로 인해 죽임을 당하는 자들 모두 죽는다. 그러나 성경은 이들을 '잔다'고 표현한다.

여기서 매우 핵심적인 개념이 등장한다. 바울은 예수 그리스도를 잠자는 자들의 첫 열매라고 말한다(고전 15:20). 그가 먼저 부활하셨기 때문이다. 나팔이 울릴 때 즉, 예수님이 다시 오실 그때 바울은 잠자는 자들이 먼저 일어나 부활하고 아직 살아남은 자들이 공중에서 주님을 만나게 될 것임을 증거한다.

바울은 데살로니가전서에서 다음과 같이 기록한다.

'주께서 호령과 천사장의 소리와 하나님의 나팔로 친히 하늘로 좇아 강림하시리니 그리스도 안에서 죽은 자들이 먼저 일어나고 그 후에 우리 살아남은 자도 저희와 함께 구름 속으로 끌어 올려 공중에서 주를 영접하게 하시리니'(살전 4:16, 17).

다시 말하면 순교하여 피를 흘리는 자들이 있을 것이고 그 와중에 살아남은 자들이 있을 것임을 바울은 얘기하고 있는 것이다. 12사도들 중 11사도는 모두 순교하여 죽었지만 사도 요한은 끝까지 살아남아 계시록을 쓰고 전했다.

이와 같이 마지막 때의 성도들 중에서도 순교의 피를 흘릴 자들과 끝까지 살아남아 주님이 다시 오시는 것을 볼 자들이 있다는 것을 알 수 있다.

이 때문에 6번째에 등장하는 1/3의 개념은 어쩌면 참 교회의 죽음일 수도 있다는 생각을 해 보았다. 다시 말하지만, 이것은 진리가 아니다. 참고만 해 주기를 바란다.

또 한 가지 이에 더해 6번째 유브라데 강의 천사들이 공격하는 사람들이 참 교회일 수 있다는 근거는 그들이 5번째 재앙을 거쳤다는 것이다.

5번째 나팔 재앙에서는 5달 동안 오직 인 맞지 않은 사람들만 고문을 받았다. 그들의 증오심은 반드시 인 맞은 자들에게 향할 것이다.

이는 전 인류적인 증오와 분노가 일어나는 계기가 된다. 그들은 황충의 재앙 이후 하나님과 예수 그리스도 그리고 그를 따르는 무리를 엄청난 증오를 가지고 바라보게 될 것이다.

나는 이에 근거하여 유브라데의 천사들이 온 인류를 동원해 참 교회를 죽이려는 마음을 심어줄 수도 있지 않을까 추측해 본다. 이에 대해서는 뒤에 가서 더 설명하기로 한다.

이 재앙은 인봉 해제 때 나왔던 첫 번째 흰말 탄자와 붉은 말을 탄자가 연관되어 있다. 그들의 야욕은 온 세상을 차지하려는 것이고 하나님의 자리를 찬탈하려는데 있다.

이들의 목적은 용의 목적과 결탁되어 있고 용은 하나님을 대적하고 그의 교회를 죽이기 위해 세상의 권력자들과 왕들을 사용하게 될 것이다.

요약하면 세 번째 1/3은 세상을 구성하는데 있어 가장 중요한 '사람'을 상징하고 '교회의 죽음'을 상징하며 7장의 바람이 본격적으로 부는 세상의 끝을 나타내고 있다고 생각한다.

7번째 나팔의 재앙은 비로소 끝이 나는 단계로서 여기서 다룰 부분이 아니니 넘어가기로 한다.

다시 말하지만, 이 해석은 완전한 진리가 아니다. 어디까지나 진리는 성경 말씀 그 자체다. 이것은 다만 나의 지식과 그릇에 맞게 성령께서 계시하셨다고 생각되는 부분을 적은 것이다. 이것을 읽는 모두가 스스로 하나님께 구하며 진리를 캐내기를 기도할 뿐이다.

말하고 싶은 것은 우리가 참 이스라엘 인으로 마지막 때에 서 있어야 한다는 것이다. 예수 그리스도의 복음이라는 진리 아래 깨어 근신하며 주의 오심을 기다려야 한다는 것이다. 이것이 우리가 기억해야 할 가장 중요한 진리이리라 믿는다.

또 알아야 할 것은 심판하는 가운데 구원의 길이 열리고 세상의 죽음을 목도하게 된다는 점이다.

땅 곧, 이스라엘 화 된 세상의 몰락과 죽음 속에서 참 이스라엘은 새로운 생명으로 태어나게 될 것이다.

나팔 재앙은 이와 같이 세상의 죽음의 단계를 보여주고 있다고 보면 될 것 같다. 다시 말하지만, 이 또한 나의 해석일 뿐 이것이 진리라고 생각해서는 안 되리라 믿는다.

첫째 나팔

계 8:7절은 아래와 같다.

'첫째 천사가 나팔을 부니 피 섞인 우박과 불이 나서 땅에 쏟아지매 땅의 삼분의 일이 타서 사위고 수목의 삼분의 일이 타서 사위고 각종 푸른 풀도 타서 사위더라.'

이 구절의 헬라어 원문 중 앞부분을 살펴보면,

$\kappa\alpha\iota$(그리고) $\varepsilon\gamma\varepsilon\nu\eta\tau o$(되었다) $\chi\alpha\lambda\alpha\zeta\alpha$(우박이) $\kappa\alpha\iota$(~와) $\pi\upsilon\rho$(불) $\mu\varepsilon\mu\iota\gamma\mu\varepsilon\nu\alpha$(섞였다) $\varepsilon\nu$(~안에) $\alpha\iota\mu\alpha\tau\iota$(피)

이 헬라어를 바탕으로 나팔을 불고 난 후의 현상을 정확히 묘사하자면 이러하다.

'피 안에 불이 완전히 섞여 우박이 되었다'

로 설명할 수 있다. 우박이 내리긴 했는데 그 우박의 형태가 불이고 그 불은 피 안에 섞인 것이며 그것이 우박이 되어 땅으로($\varepsilon\iota\varsigma$) 던져진($\varepsilon\beta\alpha\lambda$ $\eta\theta\eta$-수동태 과거 단수) 모습을 묘사한 구절이다.

여기서 사용된 $\mu\varepsilon\mu\iota\gamma\mu\varepsilon\nu\alpha$(memigmena)는 복수 완료형 수동태다. 그러니까 이 헬라어는 누군가에 의하여 피 안에 불이 섞인 형태가 '이미' 이루어져 우박이 되어 땅에 내렸다는 뜻이다.

그렇다면 과연 피 안에 불이 완전히 섞일 수 있는 가능성은 어디에서 찾아볼 수 있을까.

피와 불이 섞여 우박이 되었다면 그것은 피, 불, 물이 한데 결정체가 되어서 땅에 내린다는 의미다. 우박은 물의 얼음 형태다. 물이라는 액체가 고체화되어 비처럼 내리는 상태가 우박이다.

원문에 따르면 이 우박의 결정체에 불이 붙었고 이 물과 불은 피 안에 이미 완전히 섞여 땅에 내린다는 것이다. 그렇다면 땅에서 증발되어 대기 중에 있던 물의 입자가 고체의 형태를 띠기 전에 피와 섞여야 하고 불이 붙어 땅까지 떨어질 만한 상태로 유지되어 땅에 닿기까지 화염을 유지할 수 있는 물질로 이루어져야 이 일이 가능하다.

여기서 가장 이해할 수 없는 부분은 피가 우박의 결정체가 되기 전에 이미 섞여 있었다는 점이다. 그렇다면 피가 증발되어 대기권에 있어야 한다는 뜻인데 그럴 수 있는 가능성을 어디서 생각해 볼 수 있을까.

지금 말하고자 하는 가설은 온전히 내가 생각한 가설이다. 그저 참고만 해주기를 바란다.

어쩌면 이런 일은 핵폭탄이 터졌을 때 발생할 수 있지 않을까 한다. 다시 말하지만, 이것은 어디까지나 온전히 나의 생각이고 가설이다.

하나님은 이 외에도 다른 어떤 방법을 통해서라도 이 일을 하실 수 있다. 그러나 내가 이 가설을 생각한 이유는 앞서 언급한 일곱 인봉의 첫째 말 탄자가 전쟁을 하려는 사람이기 때문이다.

사람의 피나 동물의 피가 증발될 가능성은 두 가지다. 자연적으로 발생한 엄청난 폭발로 사람이나 동물 자체가 불의 기운을 통해 순식간에 증발되어 버리거나 아니면, 앞서 말한 바와 같이 핵이 터지는 경우다.

피 자체는 액체이지만 그 피를 소유하고 있는 존재는 고체다. 따라서 피가 대기 중에 기체화되어 머무는 일은 고체 상태의 육체가 증발되는 경우밖에 없다.

만약 그게 아니라면 대기 중에 피가 기체화될 정도로 많은 피가 대량의 액체 상태로 있어야 하는데 이러한 곳은 매우 드물 것이다.

따라서 공기 중에 피가 기체화되어 떠다녔다는 것은 피를 가진 존재들이 뜨거운 열에 의해 순식간에 증발되어 기체화 되는 가설이 합당할 듯하다.

마치 고체 상태인 드라이아이스에 열이 가해져 액체 상태를 거치지 않고 기체화되는 것과 같은 원리다.

이와 같은 원리로 육체들도 그에 상응하는 뜨거운 열이 임했을 때 기체화될 수 있을 것이라고 본다.

이러한 일이 자연발생적으로 생길 가능성은 없을까. 예를 들어 화산폭발과 같은 거대한 폭발로 인해 이뤄질 가능성도 있다. 그러나 지금 우리가 살펴보는 계시록의 장면을 설명하기엔 연관성이 부족한 가설이다.

왜냐하면 앞서 말한 바와 같이 이 모든 심판의 시작은 멸망의 짐승이 자신의 욕심을 이루기 위해 많은 이들을 희생시키는 전쟁을 의욕적으로 행하는 시점부터이기 때문이다.

심판의 도화선은 멸망의 짐승이 자신의 권력을 온 세상 위에 두려는 계획이 실제 실행되었을 때다. 따라서 피와 불이 한데 섞여 우박처럼 내릴 수 있는 가능성은 핵무기가 터졌을 때라는 것이 더욱 가까운 가설이 될 수 있다.

핵폭탄이 터지면 어떤 일이 일어날까.

1961년, 러시아가 실험했던 50Mt 급의 핵폭탄은 당시 폭발 구름이 높이 60km, 반경 40km에 달했다. 100km 바깥에 서 있는 사람도 3도 화상을 입었다고 한다. 이것이 만약 우리나라에 떨어진다고 가정하면 서울 경기 지역의 크기가 순식간에 증발하게 된다.

코발트 탄의 경우 상공 100미터에서 폭파될 시 순간 태양의 1,000배 정도 되는 열을 발생시켜 폭발 지역의 모든 것이 녹아 증발한다. 만약 그곳에 있던 모든 것이 증발되어 기체화된다면 어떻게 될까.

핵무기를 정말 전쟁의 목적으로 사용할 것이라면 이 폭탄은 반드시 사람이 사는 지역에 떨어지게 될 것이다. 이기려고 하는 나라를 차지하기 위해서는 중요 거점을 치는 것이 중요하다.

이러한 중요 거점은 절대 아무도 가지 않는 불모지나 시골이 아닐 것이다. 많은 사람들이 모여 있는 도시가 될 가능성이 크다.

그 도시 중에서도 매우 중요한 거점이 될 도시에 핵이 떨어질 것이다. 그 도시가 차지하고 있는 중요한 지리적, 경제적, 문화적 위치를 쳐서 무너뜨린다면 그 나라를 이기는 데 결정적인 역할을 할 것이기 때문이다.

따라서 거대한 열을 일으킬 원인이 핵무기이고 그것이 정말 어딘가에 떨어진다면 그곳은 도시일 가능성이 많다.

만약 이 폭탄이 도시에 떨어졌을 경우를 상상해 보자. 도시에는 수많은 사람, 최소 1,000만에서 2,000만 명의 사람들이 살아가고 있다. 거기엔 동물들과 식물과 건물과 차들이 있을 것이고 그것들이 기체화된다면 계시록의 장면처럼 우박 속에 피가 완전히 섞여서 불이 붙은 형태로 내릴 가능성이 있다.

우박의 알갱이 안에는 피뿐 아니라 차에 있던 기름과 같은 화학성 물질 즉, 불이 쉽게 붙어 화염을 일으킬만한 물질도 섞여 있을 수 있기 때문이다.

다음은 해군사관학교 자료 중에서 발췌한 글이다. 핵이 터지게 된다면 일어날 수 있는 일들을 가상으로 적은 글이다. 이 재앙을 이해할 수 있는 글인 것 같아 가지고 와 봤다.

서울에 1메가톤급 핵폭탄이 떨어지면

1Mt 규모의 핵폭탄이 터졌을 경우의 시나리오입니다.

1Mt으로 정한 건 일반적인 전략핵폭탄의 기본 크기이며, 말 그대로 전략핵폭탄인 만큼 도시들을 겨냥하고 있기 때문이죠.

오후 1시 서울시 중구 서울시청 상공(2,500 고도)에 1Mt 전략핵폭탄 직격.

1. 열복사

서울 시청을 중심으로 반지름 약 3km의 거리의 모든 것이 폭발과 동시에 "증발"합니다.

경복궁, 서울역, 을지로, 종로, 동대문, 연세대학교, 숙명여대, 용산구청, 북한산 국립공원 일부가 태양의 약 1000배의 열로 약 1에서 2초간의 빛의 방출로 인해 불에 타는 것이 아니라 순식간에 "증발"해버립니다 피해자들은 자신이 죽는지도 핵폭발이 일어났는지도 느낄 수 없습니다.

그냥 밝은 빛이 카메라 플래쉬 터지듯 반짝한 후 동시에 "증발"합니다. 그리고 이 지역은 폭발에 의한 화구를 생성하게 됩니다.

그와 동시에 전자장 펄스(EMP)에 의해 서울 및 기타 인근 도시의 모든 전자 장비 및 자동차 심지어 여러분의 손목시계까지 모두 작동을 멈춥니다.

또한, 약 7~9km 떨어져있는 서울시립대, 성산대교, 동작대교, 국립묘지, 반포 고속버스터미널, 미아삼거리, 동덕여대, 서대문 시립병원, 서부시외버스터미널 등의 모든 가연성으로 이루어진 모든 것이 엄청난 열로 인해 폭발의 중심지가 증발함과 거의 동시에 타기 시작하며, 주위의 모든 사람들도 같이 타들어 가기 시작합니다.

이 지역의 사람들은 3도 화상을 입게 되고 노출부위가 25%가 넘는 사람들은 몇 초 뒤 절명하며, 거의 이 지역의 대부분인 운 나쁜(?) 노출 부위 25% 미만의 사람들은 약 1분 뒤 후폭풍이 다가올 때까지 고통 속에서 기다리게 됩니다.

2. 후폭풍

폭심지부터 약 3km의 불덩이가 생기며 엄청난 양의 산소를 태우게 됩니다. 그리고 모자라는 산소를 주위에서 흡수하기 시작하는데 불타고 있는 폭심지 주변의 건물들이 산소를 빨아들이는 속도에 못 견디고 대부분 폭심지 안쪽을 향해 붕괴합니다.

그리고 몇 초 뒤 시속 1,000km로 산소를 팽창시키는데 속도는 점점 느려져서 25초 뒤에는 약 시속 400km 속력의 후폭풍이 동대문, 연세대, 숙명여대, 용산구청 등에 도착하게 되고, 그리고는 1분 뒤에는 시속 350km의 속력의 후폭풍이 약 7~9km 떨어져 있는 서울시립대, 동작대교, 반포 등지에 도착하게 됩니다.

후폭풍은 약 진도 7의 지진의 파괴력으로 도시를 덮치는데, 지상의 모든 90% 이상의 건물은 이 충격으로 파괴되고 모든 건물 파편이나 유리 파편은 조각조각 나서 이 부근 사람들의 몸을 총알처럼 관통하여 살상하게 되며, 더욱이 파편 분 만아니라 이 바람에 직접 노출되게 되면 사람의 몸도 두 동강이 납니다.

또한, 엄청난 열을 포함하므로 인근의 아스팔트 도로들이 부글부글 끓게 됩니다.

약 2~3분 정도 경과 하면 후폭풍은 과천시청, 정부종합청사, 서울랜드, 중부 고속도로 입구, 카톨릭 병원, 김포공항, 도봉산, 광명시청, 송파구, 부천,

역곡, 태릉선수촌, 구리시, 미금시, 행주산성에까지 도달하며 이 지역 역시 처음 지역 지역보다는 덜하지만, 후폭풍으로 인한 건물 붕괴, 화재 등을 일으키며, 이로 인해 피해 속에서 겨우겨우 생존해 남아 건물 밖으로 도망쳐온 생존자들에겐 화재선풍(화재를 동반한 회오리 바람)이라는 또 하나의 재앙이 덮칩니다.

제가 오후 1시로 시간을 정한 이유는 이 시간대에 일반적으로 불을 많이 사용하기 때문에 핵폭발 시에 더 큰 피해를 내기 때문입니다. 직접적인 후폭풍의 범위는 말씀하시는 분마다 가지각색인데 약 반경 30km의 건물들을 파괴할 수 있다고 생각하시면 됩니다.

결국 최악의 경우를 생각해 보면 후폭풍이 인천, 의정부, 수원까지도 도달하여 건물을 파괴할 수도 있습니다.

3. 선 낙진 피해

엄청난 후폭풍으로 인해 차량, 인간, 건물 파편 등이 공중으로 날아가는데 약 2~3km 정도의 높이까지 올라갑니다.

그 뒤 후폭풍의 영향으로 폭심지 멀리 떨어지는데 피해 예상지역은 인천, 안산, 수원, 용인, 동두천, 심지어 강화도까지 날아갑니다.

대부분의 선 낙진은 눈처럼 떨어지는 뿌연 재인데, 앞서 언급한 차량, 인간, 건물 파편 등도 많은 양이 같이 떨어집니다. 선 낙진들은 엄청난 방사능을 띤 오염물질들인데 처음 열복사 내지 선 낙진에 노출된 사람은 2주 내지 길게 6개월 안에 사망하게 됩니다.

4. 후 낙진 피해

작고 가벼운 먼지 크기의 재들은 더 높이 올라가 바람을 타고 더 멀리 뿌려지게 됩니다. 서울에서 터졌을 시 후 낙진은 무역풍을 타고 일본까지 가게 됩니다.

5. 결과적으로 종합했을 때

1차 열복사 및 2차 후폭풍에 의해 서울의 모든 80~90%의 건물파괴 및 서울 인구 천만 명 중 약 200만 명은 찍소리한 번 내보지도 못하고 즉사, 약 2백만 명은 고통 속에서 몸부림치다 사망 그리고 약 300만 명은 2주 내지 6개월 안에 사망하게 될 것이며 교통 마비, 수돗물 중단, 전기 중단, 의료기관 및 의료 요원의 부족 속에서 사망자는 더욱더 늘어날 것입니다.

또한, 인근 주변 도시 인천, 수원, 동두천, 의정부 등은 열 복사 및 후폭풍에 의한 직접 피해는 그나마 서울보다는 좀 덜 할 테지만 선 낙진 피해로 인해 죽어가는 사람은 서울 못지않을 것이며 전체적인 피해 역시 약 60% 이상의 인구가 직, 간접적인 피해로 6개월 안에 사망할 것입니다.

간단히 계산했을 때 우리나라 인구 중 천만에서 천이백만 명 정도가 사망할 것입니다. 그분만 아니라 수도권 붕괴로 우리나라는 당장 후진국이 되겠죠.

방사능 피해로 인해 사망하는 사람의 고통은 말로 다 표현할 수 없을 정도로 처참하며, 핵전쟁 후를 표현한 TTAPS 보고서에서는 이를 산자가 죽은 자를 부러워하는 세상(The quick envy the dead)라고 표현했습니다.

말 그대로 살아남은 사람들은 살아남아 있는 자신의 운명을 저주하며 죽음을 고통 속에서 기다리는 시간만이 있을 뿐입니다.

이렇게 발생한 핵폭발은 반드시 거대한 상승기류를 형성하게 될 것이다. 그것은 적란운과 비슷한 형태로 우박이 형성되기 가장 적합한 구름의 상태다. 땅에서 데워진 공기가 빠른 속도로 수직하여 증발된 공기가 높은 대기권의 차가운 지대와 만나게 되면 그 증발된 기체는 얼게 될 것이다.

이것은 바깥으로 뻗어나가는 공기에 실려 중력에 의해 땅으로 내려가게 된다. 이것이 선 낙진 곧, 큰 우박들이 되어 땅에 떨어질 가능성이 높다. 만약 이 우박들에 불이 닿게 된다면 기름과 피가 섞인 그 결정체에 불이 붙어 땅에 떨어질 가능성을 생각해 볼 수 있을 것이다.

어디까지나 이것은 가설이다. '이것이 반드시 이렇게 될 것이다'와 같은 진리라고 생각하지 않기를 바란다. 첫째 나팔이 불린 후 나타나는 현상이 핵무기 사용이라고 생각하는 이유를 정리하자면 아래와 같다.

1. 심판은 멸망의 짐승이 온 세상을 삼키려는 욕망으로 인해 시작되고 그 일은 전쟁을 통해 이뤄진다.

2. 피가 완전히 섞여서 우박의 결정체가 될 수 있는 경우는 엄청난 고열로 사람의 육체나 동물의 육체에 닿아 기체화될 때밖에 없다.

3. 땅의 1/3에 해당하는 지대를 한순간에 연소시킬 수 있는 정도의 화염을 낼 수 있는 도구는 핵폭탄밖에 없다.

히로시마 원폭에서 살아남았던 증인들의 말에 의하면 우레와 번개와 음성과 지진과 같은 현상들이 핵 폭파 당시 일어났었다고 증언한다. 이 현상은 또 다른 천사가 제단의 불을 땅에 쏟았을 때 일어난 일과 같은 현상이다.

이후로 일어나는 두 번째, 세 번째, 네 번째 현상들도 이러한 핵무기 사용에 의한 현상이라는 가능성을 배제할 수 없다. 그러나 확실하게 당부하는 말은 이것은 어디까지나 가설일 뿐이라는 점이다.

가장 가능성 있는 것을 추론하여 말하고 있는 것일 뿐 이것은 내가 완전히 이 현상들을 해석한 부분이라 말하기 어렵다.

하나님은 핵무기 외에도 다른 사건들을 통해 얼마든지 이와 같은 일을 행하실 수 있는 전능하신 분이다. 그러나 다만 바로의 강퍅함이나, 애굽에서 섬겼던 신들의 형상을 통해(개구리, 뱀, 이-flee와 같은) 그 땅을 심판하신 전력을 고려해봤을 때 이런 일이 있을 수 있다는 것을 추측할 뿐이다.

하나님의 심판은 어디까지나 인간이 알아들을 수 있는 이해력 안에서 시행된다. 이 때문에 하나님은 인간이 사용하는 것을 통해 심판을 이루셨다.

따라서 인간이 만든 무기인 핵폭탄이 하나님의 심판 가능성에서 배제할 수 없기에 이런 가설을 두고 추측해 본다.

또 우리가 알아야 할 것은 하나님은 인간의 어리석은 선택을 이용해 승리하시고 심판하신다는 점이다. 홍해를 향해 끝까지 진군하는 바로의 선택을 이용해 이스라엘이 완전히 구원을 얻게 하신 것과 같은 이치다.

하나님은 멸망의 짐승이 집권하는 것을 허락하시지만 결코 그것을 기뻐하셔서 허락하신 것이 아니다.

누가 하나님의 진영에 있는지 누가 사단의 진영에 있는지를 보시기 위해, 그의 나라에 속할 자들을 구별하시기 위해 사단의 마지막 발악을 허락하시는 것뿐이다.

사단의 계략은 이미 하나님이 읽으신 전략이다. 하나님은 과거와 현재와 미래의 주권자이시다.

사람이 어떠한 선택을 하든 그 선택에 대한 미래가 어떻게 그려질지 아시는 것이다. 그 선택과 그 뒤의 선택들이 낳을 무한한 가능성들은 그가 다 예측하시는 부분이다.

예를 들어 우리가 커피숍을 갈지 혹은 집에 갈지를 고민하다가 결국에 선택하게 될 두 개의 길 속에서 일어날 모든 일을 다 예측하신다는 것이다.

이 두 개의 길 속에서 일어날 또 다른 선택의 무한한 가능성을 하나님은 다 예측하실 수 있다.

중요한 것은 인류의 마지막은 결국 사단이 미혹한 그 길로 가게 된다는 점이다. 안타깝게도 사단의 제국은 이렇게 스스로 결정하는 인간의 의지에 의해 세워진다. 이것은 하나님의 나라도 마찬가지다.

인간은 그만큼 중요한 권력을 쥐고 있는 존재다. 우주 전체의 운명을 결정하는 중심에 서 있는 것이다.

하나님은 우주라는 세계에 일어날 결국을 마치 영화를 보듯 보고 계시며 그 가운데 놓인 교회가 어떠한 선택을 하면 완전한 승리를 할 수 있는지를 말씀하고자 하신다.

그 승리의 장면과 그 과정을 그려놓은 책이 요한 계시록이다. 이 과정에서 하나님은 다만 세상을 심판하실 뿐 아니라 그의 성도들을 훈련하시고 그의 거룩한 백성으로 거듭나게 하시는 일을 동시에 진행하신다.

하나님은 안타까워하신다. 그의 의도는 진정한 이스라엘만을 구원하시기 위함이 아니다. 하나님은 이 세상이 교회를 통해 하나님을 알고 그의 마음을 알아서 한 명이라도 더 구원을 얻기를 바라신다.

모든 승리가 하나님의 손에 있다는 이 사실은 교회로 하여금 끝까지 인내하게 할 수 있는 용기와 힘을 얻게 한다. 그러나 또 한편으로는 이 세상이 교회가 지나는 고난의 과정을 통해 하나님을 알게 되어 마지막 시간이라도 구원을 얻게 하고자 하신다.

144,000이라는 완전한 인치심의 시간이 오기 전에 그는 교회가 제사장의 역할을 해주길 기대하신다. 그러나 언젠가 그 시간은 끝날 것이다. 우리는 더 이상 일하는 자들이 아닌 파수꾼으로서 전쟁을 경고하고 교회로 하여금 예수님의 다시 오심을 기다리는 신부로서 서서 기다리는 때가 올 것이다.

땅, 나무, 풀

나팔 재앙을 보는 우리는 앞서 6장과 7장이 설명했던 전체적인 그림을 더 가까이 가서 자세히 본다고 생각해야 한다. 계속 말하지만, 하나님은 전체적인 맥락을 먼저 얘기하시고 그다음 세세한 것들을 설명하신다. 그래야만 이해할 수 있기 때문이다.

앞 7장을 보면 하나님의 사람들이 이마에 인침을 받기 전에 네 천사가 땅의 사방의 바람을 붙들어 땅, 바다, 각종 나무에 불지 못하게 했다고 기록한다.

7장의 '땅 사방의 네 바람'은 명백히 하나님의 심판 도구다. 그 바람이 부는 곳 즉, 땅과 바다와 수목들이 있는 곳은 심판받을 곳이지만 하나님은 그의 백성을 구별하실 때까지 기다리신 후 네 바람이 부는 것을 허락하신다.

그렇다면 7장의 땅, 바다, 나무들은 무엇일까? 첫째와 둘째 나팔 재앙에서 태워지는 땅과 바다와 나무들일까?

만약 이렇게 해석한다면 인을 맞는 사건 즉, 이제 더 이상 인을 맞는 사건이 일어나지 않게 되는 때는 첫째 나팔 재앙 전에 이뤄져야만 한다.

나팔 재앙의 전체 사건은 이미 인을 맞은 자들과 아닌 자들이 있는 상태에서 일어나야만 하는 것이다. 그러나 하나님이 구별하셨다고 말씀하신 재앙은 오로지 5번째 나팔 재앙뿐이다.

여기서 우리가 인지해야 할 사실은 하나님이 이마에 인을 치시기까지 인을 맞을 사람들은 점진적으로 생긴다는 것이다. 하나님은 구원받을 자들을 조금이라도 더 얻기 위해 심판의 때를 늦추신다. 그러나 반드시 마지막은 오는 법이다.

7장의 144,000은 이제 더 이상 인을 맞는 일이 생기지 않는다는 것을 의미한다. 그러나 그 이전엔 성령이 임하셔서 그들에게 인을 치는 작업은 계속 이뤄진다고 보아야 한다.

나는 7장에서 다루는 땅, 바다, 나무들과 8장의 첫째 둘째 나팔 재앙의 땅, 바다, 나무들과는 다른 의미일 것이라고 생각한다.

왜냐하면 7장의 바람을 잡고 있는 천사들은 땅의 네 모퉁이에 서 있기 때문이다. 이것은 이 천사들이 지구라는 행성의 모든 곳을 주관하고 있다는 것을 의미한다.

나팔의 재앙이 부는 곳은 전 세계 중 1/3의 지점이다. 이 말은 아직 2/3는 살만한 곳임을 보여준다.

그러나 7장의 네 바람은 세상의 모든 곳이 끝장이 나게 할 만한 심판의 바람이다. 이 바람이 분다는 것은 더 이상 구원의 기회가 없다는 뜻이다. 왜냐하면 그 바람은 인을 맞은 자들이 생기고 난 이후에 불기 때문이다.

또한, 8장에서 불태워지는 땅과 나무와 풀들의 특징 중 특히 풀은 계시록에서 '푸른 풀'라고 표현하고 있다. 이것은 이 풀들이 의미하는 바가 세상의 실제적인 세력과 번성을 나타내고 있음을 의미한다.

인 재앙에서 나오는 청황색의 말도 푸른색으로 이 또한 앞서 설명한 바와 같이 세상의 세력을 의미한다. 마찬가지로 8장의 푸른 풀들은 언젠가 쇠하고 사라질 세상의 세력들을 의미한다고 보아야 한다.

그렇지 않았다면 요한은 풀을 설명할 때 굳이 푸른 색을 언급하지 않았을 것이다.

그리고 7장의 인 맞은 자들의 수가 실제적 숫자가 아닌 상징적인 숫자라는 것을 감안하면 네 개의 바람도 단순히 한 번에 부는 바람이 아닌 세상에 행하시는 전체적인 심판의 모양을 단순화하여 보여주신 것이라고 생각한다.

따라서 7장의 네 바람은 태풍이나 자연재해와 같은 단순한 바람이 아닐 것이라 여겨진다.

다니엘서의 하늘에서부터 오는 네 개의 바람은 하나님의 심판 도구인 각 시대의 제국을 의미한다.

바벨론, 메대와 바사, 헬라, 로마로 각 시대를 지배하는 거대한 제국의 힘을 이용해 하나님은 온 세상을 심판하셨다.

나는 이러한 원리가 여기에서도 적용되리라 추측해 본다. 이와 같이 7장의 네 개의 바람도 단순히 땅과 바다를 파괴하는 종류의 바람이 아닌 심판의 도구가 되는 나라들을 상징하는 것이 아닌가 한다.

또한 이 바람은 반드시 누군가의 허락하에 불 수 있다. 심판의 권한이 있는 누군가가 네 천사들에게 명령해야만 바람이 불 수 있는 것이다. 앞서 말한 바와 같이 심판은 오직 하나님만이 그 시기와 때를 결정하시고 행하실 수 있다.

살후 2:7절에서 바울은 불법의 비밀이 이미 활동하였으나 지금 막는 자가 있어 그중에서 옮길 때까지 할 것이라 기록한다. 바울의 말에 따르면 불법은 있으나 그것이 이 세상에 완전히 적용될 때까지는 아직 막는 자가 있다는 것을 알려준다. 이 불법이라는 것은 무엇일까.

바울은 불법의 사람이 행하는 일에 대해 언급한다.

'…불법의 사람 곧 멸망의 아들이 나타나기 전에는 이르지 아니하리니 저는 대적하는 자라 범사에 일컫는 하나님이나 숭배함을 받는 자 위에 뛰어나 자존하여 하나님 성전에 앉아 자기를 보여 하나님이라 하느니라'(살후 2:4~7).

불법의 사람이 목적을 이루는 과정은 앞선 제국들과 같이 '이기고 또 이기려고 하는 것'이다. 첫째 인봉이 떼어지고 첫째 생물이 '오라'라고 했을 때 나타난 권력자, 활을 가져 전쟁을 계획하는 자, 이기고 또 이기려고 하는 욕망을 가진 자가 나타난다.

분명한 것은 멸망의 아들이 정말로 3년 반을 집권하게 될 그때를 위해 그는 전쟁을 실제 일으킨다는 것이다. 그의 세력을 통해 전쟁을 일으키고 결국 온 세상을 장악하게 될 것이다.

그는 하나님의 자리를 찬탈하려는 마음으로 모든 수단과 방법을 써서 교회를 멸절하려 할 것이고 그것을 정당화할 것이다. 이것이 그가 행하는 불법이 될 것이다.

다니엘은 작은 뿔 그러니까 마지막 때에 나타날 멸망의 아들의 모습에 대해 설명한다.

'내가 그 뿔을 유심히 보는 중에 다른 작은 뿔이 그 사이에서 나더니 첫 번째 뿔 중의 셋이 그 앞에서 뿌리까지 뽑혔으며 이 작은 뿔에는 사람의 눈 같은 눈들이 있고 또 입이 있어 큰 말을 하였더라'(단 7:8).

이것은 불법의 아들이 왕좌를 차지하는 과정을 보여준다. 불법의 아들이 이기려고 하는 존재는 다만 하나님과 교회뿐 아니라 다른 제국들이며 세력들이다. 다니엘이 보았던 마지막 넷째 짐승은 로마(제국주의)와 헬라(문화)를 전제로 한 글로벌화 된 세상일 것이다.

그때에 세력을 잡는 존재들은 정치적 경제적 권세를 가지고 있는 권력자들, 보이지 않는 거대한 세력들이다. 꼭 열 명이라서가 아니라 10이 상징하는 세상에 속한 '모든' 권력자들의 세력을 상징적으로 보여준 것이리라 생각한다.

다니엘서에 따르면 작은 뿔 즉, 불법의 아들은 이러한 세력들 틈에서 자라나고 그는 앞선 세 개의 뿔을 뿌리까지 뽑고 나서야 비로소 그 자리를 차지하게 된다. 이것은 세계를 지배하고 있던 세 왕, 열 왕의 약 1/3에 해당하는 세력을 끊어버리고 그가 자기 욕망의 자리를 차지하게 될 것으로 추측된다.

열왕은 세상을 지배하는 연합 세력이지만 그들은 어디까지나 자신들의 이익을 위해 연합할 뿐이다. 그들은 이익을 위해 사단과 손을 잡고 불법의 아들을 내세울 것이다.

이 과정에서 어떤 세력들은 그를 찬성할 것이고 어떤 세력들은 그를 달갑게 생각하지 않을 것으로 추측된다. 그 한 사람이 세워짐으로 인해 이득을 보는 자와 아닌 자들이 생기기 마련이기 때문이다.

여기서 이용당하는 쪽은 어쩌면 불법의 아들이 될 수도 있을 것이다. 그의 야욕을 이용해 한쪽 세력의 걸림돌을 제거하는 것이다. 열왕들은 멸망의 아들에게 가장 높은 자리를 제공하고 대신 멸망의 아들은 세 왕들을 제거하는 것에 동의할 것이다.

여기서 제거당하는 왕들의 세력이 약 1/3에 해당하는 세 왕들이라고 다니엘서는 말한다. 이러한 왕들의 세력의 기반은 어디서부터 올까.

그것은 땅에 있는 그들의 자산에서부터 올 것이다. 그들이 가지고 있는 땅의 세력들, 식량을 제공하는 열매의 근원인 나무들, 풀들, 해산물들이 나올 수 있는 바다와 물의 근원을 없앤다면 세 왕들을 제거할 수 있는 승산은 얼마든지 있다.

이러한 그들의 계획을 보여주는 기록이 이곳 8장이 아닐까. 하나님이 그 왕들을 심판하시는 동시에 세상에 거하는 자들에게 경고하시고 또 교회를 훈련하시는 것이 아닐까.

어쨌거나 이것은 나의 추측일 뿐이다.

또 다니엘의 환상에서도 하나님은 바벨론의 왕인 느부갓네살을 거대한 나무로도 비유하신 바 있다. 다니엘서 뿐 아니라 다른 곳에서도 나무는 왕의 세력, 우상의 세력으로 나타나곤 한다.

'들의 모든 나무가 나 여호와는 높은 나무를 낮추고 낮은 나무를 높이며 푸른 나무를 말리고 마른 나무를 무성하게 하는 줄 알리라 나 여호와는 말하고 이루느니라 하라'(겔 17:24).

'그 죽임 당한 시체들이 그 우상들 사이에, 제단 사방에, 각 높은 고개 위에, 모든 산 꼭대기에, 모든 푸른 나무 아래에, 무성한 상수리나무 아래 곧 그 우상에게 분향하던 곳에 있으리니 내가 여호와인 줄을 너희가 알리라'(겔 6:13).

'하나님의 동산의 백향목이 능히 그를 가리지 못하며 잣나무가 그 굵은 가지만 못하며 단풍나무가 그 가는 가지만 못하며 하나님의 동산의 어떤 나무도 그 아름다운 모양과 같지 못하였도다'(겔 31:8).

이스라엘 백성들이 우상을 섬길 때 사용된 장소도 나무 아래였다. 나무는 성전을 짓는 재료로도 사용되지만, 우상을 만드는 재료이자 장소로도 사용된다. 하나님은 이러한 세력을 불로 태우심으로써 땅의 세력을 약화시키신다. 동시에 세상의 문화에 젖어 있던 교회로 하여금 회개하게 하고 돌이키게 하는 일을 행하신다는 것을 알 수 있다.

이것은 앞서 설명한 풀의 경우도 마찬가지다.

'악인들은 풀 같이 자라고 악을 행하는 자들은 다 흥왕할지라도 영원히 멸망하리이다'(시 92:7).

'그러므로 모든 육체는 풀과 같고 그 모든 영광은 풀의 꽃과 같으니 풀은 마르고 꽃은 떨어지되'(벧전 1:24).

풀은 인간의 강한 세력을 나타내는 동시에 하나님의 영원하심과 대조되는 허무한 인간의 세력을 보여주기도 한다. 하나님은 풀과 같은 세력을 제거하심으로서 잠자는 자들을 깨우시고 동시에 마지막에 일어나야 할 심판을 진행하신다.

기억하라. 불법의 아들은 전쟁을 행하고 그로 인해 무너지는 나라들에는 심판을 행하시며 그의 잠자는 교회는 그로 인해 깨어나게 될 것이다.

하나님은 한 가지 일을 통해 많은 일들을 동시에 진행하신다. 마지막 때는 모든 이들이 졸며 자는 밤이다. 슬기로운 다섯 처녀도 어리석은 다섯 처녀도 다 자고 있었던 밤이었다. 밤은 패역하고 음란하고 영적으로 어두워진 때다.

교회는 깨우시고 구원하시기 위해, 세상은 심판하시기 위해 나팔은 소리를 낼 것이다.

어쨌든 첫 번째 나팔은 땅의 세력들 1/3을 초토화시키는 것을 예언할 것이다. 멸망의 아들은 그 방법으로 피가 섞인 불붙는 우박을 내릴 수 있는 핵폭탄을 사용할 가능성이 많다 (이것은 오롯이 나의 추측일 뿐이다). 전쟁 도발의 의도, 1/3이라는 거대한 지형의 파괴는 핵이라는 무기를 이용할 때 가장 효과적이고 짧은 시간 안에 이뤄낼 수 있기 때문이다.

이 땅과 나무와 풀들의 불사름은 교회가 된 세상이 죽음으로 가는 첫걸음이자 방주가 거의 완성되고 있는 시점이 될 것이다. 모두가 이 나팔 소리를 들을 수 있는 귀를 가질 수 있길 기도한다.

불붙는 산

'그러므로 주 여호와께서 이와 같이 말씀하시니라 보라 나의 진노와 분노를 이곳과 사람과 짐승과 들나무와 땅의 소산에 부으리니 불 같이 살라지고 꺼지지 아니하리라 하시니라'(렘 7:20).

'여호와의 말씀이니라 온 세계를 멸하는 멸망의 산아 보라 나는 네 원수라 나의 손을 네 위에 펴서 너를 바위에서 굴리고 너로 불 탄 산이 되게 할 것이니'(렘 51:25).

렘 7:20절의 말씀은 우상을 섬기는 이스라엘 백성들에게 하신 말씀이다. 땅의 세력을 불태우는 이유는 그들이 우상을 섬겼기 때문이다.

실제의 형상 즉, 목재나 금속으로 혹은 돌로 어떤 형상을 만들어 섬기든, 탐심으로 인해 하나님보다 그것을 앞세우든 그것은 하나님이 보시기에 우상이다.

앞으로 나타나는 멸망의 아들도 다른 어떤 신도 아닌 세력의 신, 강한 신을 섬긴다고 되어있다. 실제 나타난 형상은 아닐지라도 이것은 가장 강력한 우상으로서 그 어느 때보다 위험한 우상의 형상이라고 할 수 있다.

'그 대신에 강한 신을 공경할 것이요…'(단 11:38).

모든 신들 위에 자신을 높이는 일, 하나님 위에 자신을 올리려는 욕망은 어쩌면 그에게만 속한 일이 아니라 인간 모두에게 열린 위험한 악이다. 선악과를 먹은 이후로 인간은 이러한 위험에 언제나 노출되어 있다.

마지막 때에 온 인류가 멸망의 아들의 집권에 동조하는 것은 인류가 죄를 지은 이후 이러한 욕망이 모든 사람에게 존재하기 때문이라고 생각한다.

하나님은 예레미야를 통해 이러한 우상숭배를 벌하시기로 작정하셨다고 말씀하신다. 그 위에 불이 쏟아지는 이유는 하나님의 진노와 분노 때문임을 보여주신다.

따라서 나팔 소리로 인해 일어나는 불붙는 우박은 하나님의 분노 때문이다. 마찬가지로 두 번째 나팔 소리의 사건인 불붙는 산이 바다에 떨어지는 일도 하나님의 진노로 인해 나타난다고 볼 수 있을 것이다.

하나님은 소멸하시는 불이다. 이 불은 죄를 태울 수 있는 불이며 그의 거룩하심을 지키는 불이다. 불이 타는 시내 산, 하나님의 강림 때에 일어나는 연기나 불의 형상들은 모두 하나님의 거룩하심이 임할 때 나타나는 현상이다.

이때 하나님의 거룩하심을 입은 자들은 불타지 않을 것이요, 거룩하심 안에 거하지 않는 자들은 그 불에 소멸하게 될 것이다.

렘 51:25절에서 하나님은 바벨론을 멸망할 산이라고 칭하신다. 하나님은 이 나라를 불붙는 산이 되게 하실 것임을 예언하게 하신다. 이것은 바벨론이라는 제국을 응징하시는 방법이었다.

멸망한 산이라고 칭하신 바벨론이 불붙는 산이 된다는 것은 바벨론이라는 제국이 불에 탄다는 것을 의미한다.

'보소서 마병대가 쌍쌍이 오나이다 하니 그가 대답하여 이르시되 함락되었도다 함락되었도다 바벨론이여 그들이 조각한 신상들이 다 부서져 땅에 떨어졌도다 하시도다'(사 21:9).

그렇다면 하나님은 거대하고 강력했던 바벨론을 어떻게 불사르실 수 있었던 것일까. 그것은 그 다음 제국인 매데와 바사의 등장 때문이었다. 매데와 바사가 바벨론을 점령하는 과정을 통해서 바벨론은 무너졌고 불에 탔다.

따라서 이 마지막 때에도 불붙는 큰 산이 바다에 떨어진 사건은 어쩌면 바벨론과 같은 거대한 제국의 멸망일 수도 있다고 본다. 멸망의 아들은 전쟁을 통해 권좌를 차지할 것이고 거기에 걸림돌이 되는 제국을 쓰러트리려 할 것이다.

앞으로도 여러 번 다루겠지만 계시록에서 '바다'는 '보이는 세상'을 의미한다. 다니엘서에서 나타난 네 바람들도 바다에서 나타났었다. 제국의 나타남은 결코 드러나지 않는 영적인 지대에서 일어나는 일이 아니다.

물론 그 제국을 영적으로 컨트롤하는 세력들이 있지만 제국은 어디까지나 '드러난' 세상에서 나타난 확실한 세력들이라고 할 수 있다.

미국이나 러시아, 프랑스나 독일, 영국과 같은 세력이 드러난 나라들이 제국의 모습이자 세상이다. 이것을 바다로 상징할 수 있다. 로마, 바벨론, 페르시아와 같은 나라들이 실제 나타났었던 세계였던 것과 같다.

계 13장의 짐승도 이와 같이 바다에서 출현한 세력이다. 멸망의 아들은 누구나 다 알게 되는 제국과 나라의 중심이며 사람이다. 왕은 드러나는 존재로서 사람들이 보지 못하는 존재의 지배 세력이 아니다.

따라서 불붙는 큰 산이 바다에 떨어졌다는 것은 바벨론과 같은 큰 제국이 보이는 세상에서 멸망하게 된 사건을 의미한다고 볼 수 있다. 모든 사람이 알고 있던 그 나라, 그 제국이 무너지는 것을 목격하게 되는 일이 일어날 수 있다는 것을 이 구절에서 예언하고 있는 것이다.

큰 제국의 멸망은 모든 사람에게 놀랄만한 기삿감이 될 것이다. 불붙는 큰 산이 바다에 떨어지는 것은 사람들이 거대했다고 생각했던 나라가 무너지는 사건일 것 같다는 추측을 해 본다.

그리고 실제로 지리상 바다는 한 나라를 유지시킬 수 있는 중요한 자원이다. 역사적으로 항구 도시는 크게 번성했었고 지금도 그러하다. 이는 성경에서도 언급한 바 있다. 큰 항구 도시였던 두로의 멸망을 예언할 때도 두로라는 나라의 멸망을 아무도 예측하지 못했을 만큼 그 나라는 무역을 통해 큰 부를 축적했고 그 지리적 이점을 이용해 나라가 유지되고 있었다.

그런데 만약 바다 자체가 오염되고 되고 바다를 다니게 하는 항구 자체가 파괴된다면 아무리 많은 부를 가지고 있어도 그 나라의 부를 유지하기란 어려울 것이다.

이 멸망을 통해 짐승은 자신의 권좌를 차지할 방법을 강구해 내고 이때 전쟁을 통해 나라의 근간까지 뿌리 뽑히는 세 개의 제국은 그들의 부의 근원을 잃어버리게 되는 것이 아닐까 추측해 본다.

이 재앙의 현상적인 특징은 바다의 삼분의 일이 피가 되고 바다의 피조물들 중 삼분의 일이 죽고 배들의 삼분의 일이 깨어지는 것이다.

피가 된다는 것이 과연 정말 바다에 피가 번진 건지 아니면 피와 같은 색으로 변한다는 건지 우리는 알지 못한다.

다만 이와 같은 일이 발생했을 때 바다의 피조물들이 생명을 유지할 수 없을 것이라는 점은 명확하다.

또한 전 세계를 누비는 배들 중 삼분의 일이 깨어진다는 것은 경제적인 큰 타격이 발생할 수 있는 가능성을 예측하게 한다.

배는 예로부터 무역의 큰 도구였다. 아무리 비행기가 발달되었다고 해도 비행기는 운송비의 가격 때문에 지속적인 운반 도구로 사용하기 힘들다. 이 시대는 이제 각 나라 회사들이 내수를 통해서만 이익을 발생시키지 못한다.

마지막 때의 세상이 글로벌화된 것을 생각하면 큰 사업을 벌이는 회사들은 상품을 다른 나라로 수출하여 이득을 취한다. 따라서 한꺼번에 대량으로 물건을 실어 운반하면서도 비행기보다는 운반비가 저렴한 배를 이용할 수밖에 없을 것이다.

이러한 운송 수단의 선택은 물건의 가격으로 책정되는 데 큰 역할을 한다. 동시에 한 회사뿐 아니라 각 나라의 재정을 결정짓기도 하는 중요한 경제적 가치를 지닌다.

또한 바다의 피조물은 더 근본적으로 나라의 어업과 연관된다. 각종 해산물을 공급하는 중요한 자원이 바다에서부터 나는데 만약 핵무기가 바다에서 터졌다고 가정한다면 터진 곳뿐 아니라 그 주위로 번지는, 상상도 할 수 없는 반경에까지 방사능에 오염되어 바다의 생물들을 먹을 수 없게 될 것이다.

이는 그 나라의 운명을 결정할 수도 있는 중요한 요인이다. 바다로 인해 얻어지는 경제적 이익으로 나라를 운영했던 제국일수록 바다의 오염은 제국의 파멸로 이어질 수 있다. 특히 무역이 성행하는 나라나 도시에서 항구가 파괴되는 것은 치명타다. 게다가 배들의 삼분의 일 정도가 파괴된다는 것은 상상할 수 없는 경제적 가치가 한순간에 공중 분해된다는 것을 의미한다.

따라서 이 예언은 전 세계가 심각한 인플레이션으로 들어갈 수도 있다는 것을 말해주기도 한다. 이 일에 앞서 땅에서 터진 핵폭발로 인해 수많은 경제적 발생이 끊긴 데 이어 엎친 데 덮친 격으로 바다에서 일어난 이 전쟁의 참해는 수많은 사람들을 기아와 괴로움으로 몰아넣을 것이다.

멸망의 아들이 바다를 파괴함으로 얻을 수 있는 또 다른 이득을 생각해 본다면 이것이다. 우주의 시스템을 통해 여러 나라에 공격을 가할 수 있는 큰 나라의 무기들을 무력화할 수 있다는 것이다.

잠수함, 항공 모함과 같이 미사일이나 초고속 제트기를 탑재한 바다의 군함들은 위성으로 적군의 공격을 감지 받는다고 해도 기능을 제대로 발휘할 수 없을 것이다.

또 이에 앞서 만약 땅을 폭격했던 핵무기가 우주를 관할하는 땅의 관제 시스템을 무력화시킨다면 바다의 무기들은 적진의 어느 곳에 미사일을 쏴야 할지 알 수 없게 될 것이다. 그 모든 정확한 경도와 위도는 모두 위성을 통해서만 알 수 있기 때문이다.

땅의 컨트롤 타워를 무력화시키고 거기에 더해 바다의 공격 시스템 자체를 무너뜨리면 공격을 받는 제국은 상대와 싸우는 일이 어렵게 될 것이다.

　이러한 일들을 계획하고 정말 실행하는 자가 앞서 우리가 살펴보았던 첫 번째 인을 뗄 때 등장했던 흰말 탄자와 붉은 말을 탄자들이 될 것이다.

　그 뒤에 나왔던 세 번째 인 떼심과 네 번째 인 떼심에서 나타나는 인플레이션과 죽음들은 아마도 이와 같은 나팔 소리의 재앙으로 인해 일어나는 전쟁의 결과가 아닐까 한다.

　불붙는 산은 큰 대국의 멸망일 수 있다. 이 멸망은 핵으로 인해 일어나고 그 대국은 바다의 경제권, 군사력과 깊은 연관이 있을 수 있다.

　해상 세력을 갖춘 나라치고 세계를 지배하지 않았던 나라는 없었다. 따라서 큰불 붙는 산이 떨어진다는 것은 핵이 떨어지는 장면을 묘사하는 동시에 절대 무너질 수 없을 것이라고 여겼던 큰 나라나 제국이 무너지는 것을 의미할 수도 있다는 것이 나의 추측이다.

　이 또한 나의 추측이니 진리라고 생각하지 않기를 바란다.

✝ 다섯번째 나팔수들 이야기

05
Chapter

나팔소리들 II

큰 별

이제 세 번째 나팔 소리를 알아볼 차례다. 이 사건의 의미에 대해 알아보려면 우선 이곳에 등장하는 큰 별이 무엇인지를 알아봐야 할 것이다.

분석해 보자면,

1. 하늘에서 떨어진다.
2. 횃불같이 탄다.
3. 큰 별이다.
4. 별의 이름이 쑥이다.
5. 강물과 여러 물 샘에 떨어진다.
6. 물들이 쓰게 된다.

첫 번째로 우리가 알 수 있는 점은 첫째 나팔과 두 번째 나팔에서는 없던 지리적인 위치가 등장한다는 것이다. 사실 불붙는 큰 산이 바다로 떨어지는 현상, 우박이 땅에 떨어지는 현상 모두 '하늘에서'부터다.

굳이 '어디에서'라는 표현을 넣지 않아도 우박과 불붙는 산이 떨어지는 현상은 하늘에서 떨어지는 것이 자연스럽다.

그런데 왜 여기서는 '하늘'이라는 지리적 위치를 삽입한 것일까.

나팔 재앙의 처음 현상은 '우박'으로 다음 현상은 '불붙는 산'으로 세 번째는 '별'로 표현했다. 이것은 하나님의 심판 현상의 의미를 함축적으로 보여주기 위한 단어이자 형상이라고 생각한다.

성경의 모든 단어 하나, 하나는 하나님의 메시지다. 그 어느 것도 의미 없는 단어가 없는 책이 성경이고 특히나 계시록은 모든 단어가 매우 상징적이고 함축적이어서 한 마디 한 마디에 많은 메시지를 함유하고 있다.

따라서 여기서 사용된 단어 '하늘'이나 '별'은 특별한 의미를 지니고 있다 생각한다(거듭 말하지만, 이 모든 해석들은 결코 완전하지 않다. 이 책에서 기록하고 전하는 나의 생각들이 다 옳다거나 완전하다고 생각하지 않기를 바란다. 중요한 것은 심판이 있을 것이며 그 심판이 하나님의 복음 가운데 그의 사랑하심과 그의 언약을 완전히 성취하시는 일을 위해 일어나는 현상들이 여기에 있다는 점을 인지하는 것이 가장 중요하다).

별은 과연 어떤 형상을 나타내기 위한 상징일까? 이것을 알아보는 것은 세 번째 나팔 재앙의 의미를 알 수 있는 중요한 단서가 될 것이다.

이 나팔 재앙의 또 다른 특징인 물 샘을 쓰게(bitter) 만드는 현상은 사람들의 괴로움으로 이어진다. 이로 인해 많은 사람들이 죽게 된다고 성경은 기록한다. 이 현상은 왜 일어나는 것일까. 분명한 것은 이 현상들이 하나님의 심판 중 하나이며 교회와 세상을 일깨우는 목적이 있다는 것이다.

성경에서 물이 쓰게 되는 현상은 출애굽기 15:22절에서 볼 수 있다. 이스라엘이 홍해를 건넌 후 그들은 삼 일 동안 물을 먹지 못했고 겨우 물이 있는 곳을 만났으나 물이 써서 마시지 못해 모세와 하나님을 원망하게 된다.

홍해를 건넌 후 그들이 처음 겪은 일이 마라의 사건이었고 그다음 곧바로 '광야' 곧, '하나님이 양육하시는 곳'으로 가게 되었다는 것을 기억하자.

이스라엘은 이 사건으로 인해 하나님을 원망한다. 그럼에도 하나님은 이 물에 한 나무를 던지게 하심으로 물을 달게 하신다.

또한 이들이 엘림에 이르렀을 때 이스라엘 백성들이 충분히 물을 먹을 수 있는 물샘 12과 종려나무 70그루를 보여주신다.

이것은 매우 상징적인 사건이었다. 우리가 세상에 살면서 생수의 근원이신 하나님을 버림으로 세상에서 그 목마름을 해결하려고 하지만 세상에서 주는 물은 먹으면 또 목을 마르게 할 뿐이다.

그러나 예수님이 주시는 생수는 영원히 목마르지 않게 할 생명의 물이다. 하나님은 이것을 말씀하시기 위해 출애굽 한 이스라엘 백성에게 이 사건이 일어나게 하신 것이리라 믿는다.

　계시록에 나타난 물이 쓰게 된 사건은 이와 같이 교회가 영원한 나라로 들어가기 전의 교회의 상태를 보여주기 위함이 아닌가 한다.
　마라의 샘을 쓰게 함으로써 진정한 생수를 원하게 되는 것과 같이 쓴 쑥이 들어간 물로 인해 생명의 물을 찾게 되는 일이 여기에서도 일어난다고 본다.
　그리고 이스라엘이 이 사건 이후로 광야에 들어가 양육의 때를 거친 것과 같이 마지막 때의 교회 또한 광야의 때로 들어간다는 것을 보여주는 사건이 세 번째 나팔 재앙의 의미인 것 같다.
　이는 영원한 생명이신 예수 그리스도의 나라가 곧 도래할 것을 알려주는 중요한 사인(sign)이자 심판의 일환이리라 믿는다. 동시에 교회가 반드시 광야의 때 곧, 환란의 때를 지나야 한다는 사인이기도 할 것이다.

　이러한 의미를 인지한 상태에서 별이 떨어졌다고 하는 장소인 하늘의 의미를 다시 살펴보자. 큰 별은 하늘에서부터 떨어졌다. 이는 혹 이 별이 하늘에 속해있던 존재를 나타내기 위해서 굳이 '하늘'이라는 지리를 표기한 것이 아닌가 한다. 그렇지 않다면 굳이 하늘에서부터 이 별이 떨어졌다고 표현할 필요가 있었을까.

성경에서 별은 몇 가지 존재로 나타난다.

첫째로 예수 그리스도. 그는 '광명한 새벽별'이라고 자신을 소개하신다(계 22:16). 또한 민 24:17절에서는 야곱에게서 나오는 한 별에 대해 발람이 예언하는데 이는 예수 그리스도를 상징한다. 다른 하나는 교회. 요셉의 꿈에서 이스라엘의 아들들은 '별'로 나타난다. 또 하나는 계명성이라고 불린 사단의 존재. 그는 원래 하늘에 속한 천사였으나 변질되어 사단이 되었다.

여기서 말하는 별은 이 셋 중 하나일 것이다. 그렇다면 이 큰 별이 가지고 있는 각 상황과 조건들을 살펴 이 셋 중에 어느 존재가 큰 별의 존재인지를 보아야 할 것이다.

분명한 것은 세 번째 나팔 소리 때 이 별이 하늘에서 땅으로, 물 샘으로 떨어졌다는 것이다.

그리고 요한은 그 별이 횃불과 같다고 묘사한다. 성경에서 횃불의 형상 또한 몇 가지로 나뉜다. 첫째 성령님. 보좌 앞으로 일곱 등불은 마치 횃불 같다고 묘사하고 있다. 두 번째 네 생물. 에스겔은 그들을 마치 횃불과 같이 타오르는 형상으로 묘사하고 있다(겔 1:13).

이사야서에서는 예루살렘의 구원이 나타나는 것을 마치 횃불이 나타나는 것과 같다고 묘사한다(사 62:1). 스가랴서에서는 유다 두목들이 나무 가운데 화로 같고 곡식단 사이에 횃불 같게 할 것이라고 예언한다. 그들이 그 좌우에 둘러싼 모든 국민들을 사르게 될 것이라고 말한다(슥 12:6).

특히 스가랴서의 예언은 '그날'에 일어날 일을 예언하고 있다. 이곳의 그날은 마지막 심판의 때로서 교회를 통한 하나님의 메시지가 실제 일어나 불의 심판을 이루게 된다는 뜻일 것이다.

앞서 말한 바와 같이 교회는 단지 어떤 곳으로 도망하여 숨는 존재들이 아니다. 세상에 하나님의 메시지를 전하고 그들의 영혼을 깨우는 자들로 서게 될 것이다.

이 모든 조건들을 종합해 보면.

1. 큰 별이다, 횃불이다-하나님의 불의 심판을 전하는 자들이다, 2. 하늘에 속해 있었다, 3. 하나님의 약속의 나라인 가나안을 향해 가는 이스라엘의 여정과 비슷한 과정을 지난다.

이와 같은 조건을 가진 존재는 하나다. 예수 그리스도의 부르심을 입은 교회다.

이 별은 하늘에 있었으나 떨어졌다. 떨어졌다는 것은 그 권세가 깨어진 것과도 연결될 수 있다. 짐승의 집권에 방해가 되는 요소, 짐승이 전쟁으로 세계를 점령하는 과정에서 장애물이 되는 존재는 다름 아닌 진정한 예수 그리스도의 교회일 것이다.

그리고 여기서 더욱 중요한 개념이 있다. 여기서 등장하는 별의 존재는 다른 별에 비해 '크다'. 하나님은 아브라함에게 복을 주실 때 그의 자손이 '큰' 민족을 이루게 될 것이라고 말씀하시는데 이는 야곱 곧, 그의 교회를 의미한다.

이 교회는 예수님이 오시기 전까지는 이스라엘이라는 나라, 민족의 경계 안에서만 해석되었으나 이제는 믿음으로된 모든 아브라함의 자손들을 의미한다고 보아야 한다. 따라서 이 큰 별은 예수 그리스도의 교회 자체를 의미한다고 본다.

하나님은 교회를 보호하시기도 하지만 동시에 이들을 통하여 하나님의 소리를 외치게 하신다. 다시 말하지만, 이 세상은 이스라엘화 되었다. 온 세계는 하나님의 말씀을 이미 받았다.

하나님이 이스라엘을 깨우치기 위해 물을 쓰게 하신 것과 같이 영원한 생명의 물을 제하고 세상의 물을 택한 자들에게 깨우치게 하기 위해 이곳에서도 물을 쓰게 하신 것이 아닐까 한다.

교회는 하늘에서 떨어졌다. 다른 말로 그 권세가 깨어졌다고 볼 수도 있을 것이다. 그러나 그들은 영원한 하나님의 나라로 들어가게 될 약속을 보게 될 것이다.

그리고 이 나팔의 재앙들은 교회도 예수님처럼 무덤의 삼일과 같은 과정이라고 말한 바 있다. 따라서 성도의 권세가 깨어지는 일은 반드시 교회가 지나야 할 사건이다. 여기서 인내하고 믿음으로 기다리는 자들은 영원한 하나님의 나라를 맛보게 될 것이다.

짐승은 자신의 욕망을 위해 세상의 제국들도, 땅의 세력들도, 교회도 무너뜨리려 하지만 교회는 결코 영원한 죽음에 속하지 않을 것이다.

그들의 인내와 믿음은 영원한 가나안인 하나님의 성으로 들어가게 할 것이고 반드시 승리할 것을 이곳에서 다시 한번 확인할 수 있다.

이제 교회는 마라의 쓴물 사건이후 출애굽의 때와 같이 광야로 들어가게 될 것이다. 성도들의 권세는 반드시 깨어지고 죽음과 같은 시기를 지나게 될 것이다.

그러나 예수 그리스도는 마지막 때에 모세와 같이 그의 교회를 인도하실 것이고 양육하시고 보호하실 것이다.

출애굽 때에는 모세였으나 그보다 더욱 신실하고 전능한 하나님이신 예수님이 우리 앞에 서서 가시며 불 기둥과 구름 기둥으로 교회를 보호하시고 능히 그 시간들을 지나게 하실 것이다(히 3:2~4).

쓴 쑥

세 번째 나팔 재앙에서 나타난 큰 별의 가장 큰 특징 중 하나는 그 이름이 쑥이라는 점이다. 헬라어로는 $\alpha\psi\iota\nu\theta\iota\nu$(압신티온)이라는 말로 영어로는 쑥과의 식물을 지칭하는 wormwood를 사용한다.

이 별이 물 샘에 떨어졌을 때 나타나는 현상은 물이 쓰게 된다는 점이다. 그리고 그로 인해 사람들이 죽음까지 이르게 된다고 말한다.

사람들이 물을 먹고 죽음에 이르게 되는 원인인 이 쓰게 되는 현상이 무엇인지는 아마도 지금 사용된 '압신토스'라는 말에서 찾아볼 수 있을 것이다.

다시 상황을 정리해 보면, 짐승은 전쟁을 일으키고 그 전쟁은 핵무기를 사용하여 일으킬 가능성을 앞서 언급한 바 있다.

나팔이 예고하는 순서에 따르면 그는 처음에 땅을, 그다음은 바다를, 그다음은 물샘과 강물을 파괴한다. 이것은 인간이 살아가는 데 있어 가장 필수적인 요건을 파괴하는 행위다.

땅을 파괴한다는 것은 인간의 식량과 인간이 살아갈 수 있는 기반을 파괴한다는 뜻이다. 바다를 파괴한다는 것 또한 인간이 먹을 수 있는 식량 및 경제 체계를 파괴한다는 뜻이다.

그다음 물샘과 강물을 공격한다는 것은 인간이 생명을 유지할 수 있는 기본적인 자원인 물을 파괴한다는 뜻이다.

이 파괴의 목적은 오로지 짐승 스스로가 권좌에 오르기 위해서다.

모든 세상을 하나의 정치 체계로 통합시키고 거기에 반하려는 세력들을 제거하기 위해 그 나라 혹은 제국의 기반이 되는 기본 공급원들을 끊어버리면 그 나라는 망할 수밖에 없다.

만약 한 나라의 수도를 공급하는 공급원에 독을 풀게 된다면 어떤 일이 일어날까. 생각만 해도 끔찍한 지옥이 펼쳐질 것이다. 그리고 만일 첫째 나팔, 두 번째 나팔, 세 번째 나팔이 모두 핵무기를 사용한 결과라면 이 물에 독이 들어가는 것은 자명한 일이다.

방사능에 오염된 물은 그것 자체가 독이 될 것이다. 핵무기의 사용으로 인해 오염된 세상이 가져다주는 끔찍한 참상을 우리는 역사 속에서 목격한 바 있다.

이에 더하여 생각할 수 있는 가능성은 짐승은 단지 핵무기만 사용할 수 있는 사람이 아니라는 점이다. 그의 목적을 위해서라면 핵무기뿐 아니라 끔찍한 참상을 만들어내는 화학 무기도 사용할 것이다.

독을 푼다는 것은 다른 말로 사람을 죽일 수 있는 화학 재료를 사용한다는 말이다. 따라서 이 물샘에 떨어진 큰 별의 형상을 가진 횃불은 어쩌면 핵무기가 아닌 화학 무기일 가능성도 있다.

확실한 것은 이는 분명 짐승의 의도 때문에 일어난다는 것이다. 그의 계략은 이미 하나님께 드러났고 알려진 바 되었다. 그가 교회를 죽이려는 이유는 아마도 짐승이 계획하는 바를 교회가 미리 말해버렸기 때문일 것이다.

따라서 여기서 나타난 현상은 앞서 나온 두 가지 불의 재앙의 연속적인 반응이라기보다는, 물샘과 강물에 '의도적으로' 물을 쓰게 만드는 물질을 던졌다고 봐야 한다.

우박, 산, 큰 별의 함축적이고도 상징적인 의미가 하나님의 심판의 의미를 전달하는 단어이기도 하지만 실제로 일어날 사건으로도 봐야 한다. 계시록을 보는 매우 중요한 관점은 각각의 사건 안엔 사건이 뜻하는 상징과 실제적인 현상이 포함되어 있다는 것이다. 만약 모든 것이 상징적이기만 하다면 어떤 누구도 이 말씀을 이해할 수 없을 것이다. 정말 불과 연기와 피가 일어날 것이다. 명확한 이적과 표적은 나팔의 소리 그 자체라는 것을 알아야 한다.

전쟁은 실제 일어날 것이고 짐승은 그 전쟁을 통해 자신의 권세를 높이려 하는 일을 세상에 행할 것이다. 다시 강조하지만, 이 단어들과 사건, 형상들을 오로지 상징적으로만 해석하는 것도 위험한 해석이라는 것을 말해주고 싶다.

마지막 때에 세상은 예수님의 예언처럼 반드시 멸망할 것이다. 심판은

행해질 것이고 핍박도 실제 일어나며 지구라는 행성이 무너지고 영원한 하나님의 나라도 실제 우리 눈앞에 나타나게 될 것이다.

다시 돌아가서 만약 짐승이 제국들을 멸망시키기로 작정했다면 의도적으로 물샘에 독을 풀기 위한 계획을 실행할 가능성은 얼마든지 있다.

영화 '야곱의 사다리(1990년 작품)'는 베트남전에서 사용된 화학 무기 BZ가 가져다주는 현상의 참혹함을 다룬 영화다. 이 일이 정말 실제 일어났는지 아니면 누군가를 음해하기 위해 허황된 이야기를 꾸며댔는지는 모르지만 이러한 일은 얼마든지 일어날 수 있는 가능성이 있으리라 본다.

인간의 기술력은 화학 재료들의 여러 방식의 융합으로 얼마든지 사람으로 하여금 환영에 시달리게 할 수 있다. 마약이 성행하는 이유는 현실이 아닌 환영 속에서 황홀함을 겪게 하는 화학 작용이 가능하기 때문이다.

영화에서 베트남 전에 참전한 군인들은 서로 잔인하게 죽인다. 이것은 BZ라는 화학 무기의 환각 작용 때문이었다. 내가 이것을 다루게 된 계기는 '환각 작용' 때문이다. '압신토스'와 '환각 작용'이 연결되어 있음을 발견했기 때문이다

이곳 8장에서 사용된 헬라어 '압신토스'는 술 '압생트'의 어근이라고

할 수 있다. 술 압생트는 쑥을 증류한 증류수로 도수가 매우 세서 19세기에 많은 예술가들이 이 술을 먹었다고 한다.

이 술이 성행할 때 사람들은 환영을 보고 폭력을 행사하거나 심지어는 사람을 죽이는 일도 일어났다고 하는데 이것이 확실한 근거가 있다고는 할 수 없다.

그러나 도수가 높은 술을 많이 마시면 아무래도 마약처럼 환영을 볼 수 있는 가능성도 있지 않을까 한다. 그래서 당시 사람들은 이 압생트를 초록 악마의 술이라고 칭하기도 했다.

그때 프랑스 정부는 압생트로 인해 많은 범죄가 일어나자, 이 술을 제조하지 못하게 하는 법을 제정할 정도였다.

이것이 완벽하게 압생트라는 술로 인해 일어난 것이 아니라고 할지라도, 이 술을 금지할 정도면 이 술의 영향력이 아예 없었다고는 볼 수 없다.

이 때문에 '압생티즘'이라는 신조어도 생겨났는데 이 말은 분별력의 약화, 충동 조절 장애, 분노, 흥분, 발작, 환각의 부작용을 통틀어 지칭하는 단어가 되기도 했다.

내가 말하고자 하는 것은 꼭 압생트의 환각 작용이 쓰게 된 물을 마심으로 일어난다는 뜻이 아니다.

다만 짐승의 의도가 제국의 세력을 파괴해 자신의 권좌를 확고히 하려는 목적에 따라 물샘 자체를 오염시켜서 어떤 방식으로든 사람들을 죽게 만들려는 계획이 있다는 것을 말하고자 함이다.

이 오염이 별의 이름인 '쑥'과 연관되어 있다면 오래전 화학 무기로 사용되었던 BZ나 '압신토스'라는 헬라어에서 유래된 압생트의 환각 작용과 비슷한 현상이 물을 마신 사람들에게 일어나지 않을까 추측할 뿐이다. 이것도 어디까지나 나의 의견일 뿐이며 이에 너무 집착하지 않기를 바란다.

확실한 것은 짐승은 자신의 세력에 반하는 제국의 세력을 무너뜨리기 위해 반드시 생명의 근원이 될 수 있는 물을 의도적으로 오염시키려는 계획을 실행하게 될 것이라는 점이다.

짐승의 계획을 실행하는 인 재앙의 두 번째 말인 붉은 말이 나타난 경우도 전쟁을 통해 서로를 죽이게 만든다고 되어 있다. 어떤 방식으로든 서로를 죽이게 만드는 일을 통해 짐승은 권좌를 차지하게 될 것이다.

짐승은 이 과정으로 큰 별의 세력인 교회를 무너뜨려 자신의 신적인 권세를 공고히 하려고 할 것이다. 이 모든 일을 함축적으로 보여주는 단어가 쑥이며 횃불처럼 하늘에서 떨어지는 큰 별이라고 보는 바다.

'횃불처럼 떨어지는 큰 별'이라는 단어에서 추론할 수 있는 중요한 사실 하나는 스가랴 12:6절에서 볼 수 있다. 스가랴 선지자는 앞으로 나타날 유다 족속이 모든 민족을 사르는 횃불과 같을 것이라고 예언한다. 이 것은 예수님의 교회가 앞으로 예언하는 모든 일들이 실제로 일어나 하나 님의 심판을 이룰 것임을 보여준다.

하나님의 말씀이신 예수 그리스도는 떨어진 횃불처럼 하늘에서 땅으로 내려오셨다. 그의 권세도 한때는 깨어지는 것 같았으나 그는 부활하시고 승천하셔서 그의 영원한 나라의 왕으로 하나님의 보좌 우편에 앉으셨다. 말씀은 하늘에서부터 땅으로 임한다.

하늘에 속해 있으나 땅에 임하여 그 말씀이 실제 일어나는 일이 성경에서 기록하고 보여주는 사건들이라는 것을 기억하기 바란다.

이 말씀을 전하는 통로가 교회다. 세례 요한이 예수 그리스도를 전하는 '소리'로 부르심을 받은 것과 같이 교회 또한 예수 그리스도를 비추는 등불로 부르심을 받아 그의 말씀을 전하는 '소리'로 이 땅에 존재한다.

세례요한은 자신은 빛이 아니지만 빛을 전하는 도구라고 확증한다. 마찬가지로 마지막 때의 선지자 곧 나팔수들은 예수 그리스도라는 빛을 발하는 등불이다. 이것이 큰 별의 형상이자 본질이라고 할 수 있을 것이다.

교회는 반드시 마지막에 그 권세가 깨어질 것이나 결코 그 세력은 소멸되지 않을 것이다. 교회는 하나님의 권세 아래에서 예수 그리스도의 인도하심을 따라 마지막 때를 통과할 것이며 오직 믿음을 가진 자들만이 진짜 가나안 땅인 예수 그리스도의 나라에 들어가게 될 것이다.

쓴 쑥 ‖

쑥은 성경에서 어떤 의미로 사용되었을까? 쑥에 관련된 구절들을 찾아보면,

'독초와 쑥의 뿌리가 생겨서'(신 29:18), '음녀의 입술은…쑥 같이 쓰고'(잠 5:3~4), '쑥을 먹이며 독한 물을 마시게 하고…'(렘 5:19), '나를 쓴 것들로 배불리시고 쑥으로 취하게…' (애 3:15), '고초와 재난 즉 쑥과 담즙을…' (애 3:19), '정의를 쑥으로 바꾸며…' (암 5:7), '쓸개를 음식물로…' (시 69:21) 등이다.

이 구절들을 통해 알 수 있는 쑥이 상징하는 바는 이스라엘 백성들의 교만함, 불의함, 우상숭배 등을 통해 일어나는 결과를 의미한다고 본다. 이것은 이스라엘의 음행 그러니까 영적인 간음, 우상 숭배와 깊은 연관이 있다.

그리고 특별히 여기 세 번째 나팔 재앙과 연관된 쑥의 의미는 더더욱

음행과 연관이 있을 듯하다.

왜냐하면 계속 설명한 것처럼 이 나팔 재앙이 일어나고 있는 시점은 온 세상이 하나님의 말씀을 받은 상태이기 때문이다. 따라서 전 세계적인 현상이 곧 교회에 일어난 현상이라고 보아야 한다.

이 때문에 쑥이라는 쓴 물이 나타나는 현상은 음녀와 연관된 것이어야 한다. 성경에서 음녀의 실체는 하나님을 알았으나 하나님을 배반한 성읍들이다(겔 16:3, 30).

특별히 이 쓴 쑥과 관련해서 살펴볼 구절은 민수기에 나오는 의심하는 소제에 관한 규례다. 민 5:11~31절은 아내의 간통이 의심되는 남편과 아내에 대해 제사장이 해야 할 절차를 자세히 설명한다.

이 절차는 남편이 아내에 대하여 간통했다는 의심이 들 때 그것을 확인하는 절차다. 아내가 다른 남자와 통간을 했다는 의심은 들지만 물증이 없는 상태에서 남편은 아내를 데리고 제사장 앞으로 나아간다.

남편은 보리 가루 1/10 에바를 제사장에게 소제로 내어준다. 이것을 의심의 소제, 기억의 소제라고 부른다.

그 여인은 여호와 앞에서 그 소제물을 그의 두 손에 두고, 제사장은 토기에 물을 담아 성막 바닥의 티끌을 취해 물에 넣은 후 저주의 말을 쓴 두루마리를 그 물에 빨아 넣는다. 이때 여자는 머리를 푼 채 저주의 맹세를 한다.

제사장은 소제 한 움큼을 취해 제단 위에 불사르고 그 후에 여자는 토기에 있는 쓴 물을 마신다. 이때 만약 여인이 남자의 의심대로 간통했다면 그녀의 배는 붓고 넓적다리가 마르게 되어 백성 가운데 저줏 거리가된다. 하지만 만약 간통한 일이 없다면 여인은 잉태하게 된다.

성경은 남편을 두고 간통한 여인을 음녀라고 정의한다. 정말 음녀라면 저주를, 아니라면 잉태하게 되는 과정을 그린 곳이 민수기 5장의 장면이다.

더 깊이 들어가 영적인 음녀에 대한 정의가 정확하게 드러나는 곳은 에스겔서다.

겔 23장은 사마리아를 음녀 오홀라로 예루살렘을 오홀리바로 비유한다. 이들은 하나님이 택하시고 부르셨지만 하나님을 버리고 이방 신들을 섬긴 이스라엘을 나타내고 있다. 사마리아는 북이스라엘의 수도고 예루살렘은 남유다의 수도다.

이 두 수도는 모두 이스라엘의 대표하는 성읍이지만 하나님은 그 두성읍 모두 우상으로 가득 찼다고 말씀하시면서 이것을 음녀의 행위와 비유하신다.

성경에서 성읍은 딸, 여인으로 비유되기도 한다. 바벨론이나 두로와 같은 큰 성읍들도 시온, 예루살렘과 같이 딸로 표현하고 있다. 성읍은 인간이 문명을 생성하고 유지하는 장소를 의미한다.

딸 다시스, 딸 시돈, 잊어버렸던 기생 너여(두로), 처녀 딸 바벨론과 같은 표현들은 모두 당대의 유명했던 성읍들을 지칭하고 있다.

이들은 모두 절대로 멸망하지 않을 것 같았던 견고한 성읍이었고 화려한 문명을 형성하고 있던 절대 세력들이었다. 이러한 성읍에 대한 표현은 앞서 두 번째 나팔 재앙의 큰 불 붙는 산의 의미와도 이어지고 있다 (큰 불 붙는 산-절대 무너지지 않을 것 같았던 제국의 몰락을 의미).

다시 한번 얘기하지만, 세상은 반드시 하나님의 말씀을 받은 이스라엘이 되어 있을 것이다. 따라서 이 세상에 존재하는 문맹의 성읍들은 예루살렘처럼 하나님을 알고 섬기는 성읍과 같이 되어 있으리라 추측된다.

이를 다시 민수기 5장의 '쓴 물'에 적용해 보면 마지막 때의 세상 어느 곳에든 하나님의 말씀은 마치 의심의 소제를 드릴 때의 두루마리를 빤 쓴 물처럼 온 세상에 퍼져 있게 될 것이다. 우리가 기억해야 할 것은 이 소제 의식 안엔 두 가지의 길이 있다는 점이다. 하나는 생명의 길이고 다른 하나는 사망의 길이다.

이 의심의 소재가 나타내는 두 가지의 길은 성경의 변하지 않는 원칙에 의한 것이다. 하나님의 말씀을 순종하면 살 것이고 순종하지 않으면 죽을 것이다.

이러한 원칙이 단지 쓴 물의 의미 안에도 존재할 뿐이다. 율법이 말하는 대로 간통의 죄가 있다면 저주가 임하고 그렇지 않다면 오히려 잉태한다. 이러한 원칙은 모든 구원이 심판 가운데 있다는 원칙과 동일하다.

노아의 때가 그러했고, 롯의 때가 그러했으며 출애굽을 할 때도 마찬가지였다. 하나님의 말씀과 그 의로우심 안에 있는 자는 살고 그렇지 않는 자는 심판을 받게 될 것이다.

지구가 끝날까지 이 원칙은 결코 변하지 않을 것이다. 하나님의 보좌가 영원히 견고한 이유는 그의 공의가 모든 세상에 영원히 적용되는 영원한 법이기 때문이다.

따라서 어쩌면 의심을 받는 여인이 받을 쓴 물에 관한 의식은 단지 당시 혹은 앞으로 율법을 들을 이스라엘의 의심 받는 여인들을 위한 의식만이 아니라 앞으로 일어날 모든 교회에 적용되기 위한 밑그림이 아니었을까 한다.

'여호와께서 말씀하시되 이는 그들이 내가 그들의 앞에 세운 나의 율법을 버리고 내 목소리를 순종하지 아니하며 그대로 행하지 아니하고 그 마음의 완악함을 따라 그 조상들이 자기에게 가르친 바알들을 따랐음이라.

그러므로 만군의 여호와 이스라엘의 하나님께서 이와 같이 말씀하시니라 보라 내가 그들 곧 이 백성에게 쑥을 먹이며 독한 물을 마시게 하고'(렘 9:13~15).

또 하나님은 렘 23장 15절에 선지자들에게도 독한 물과 쑥을 먹이겠다고 말씀하시는데 여기에서 나오는 선지자는 사마리아의 거짓 선지자들을 의미한다.

'…그들은 간음을 행하며 행악자의 손을 굳게 하여 사람으로 그 악에서 돌이킴이 없게 하였은즉… 그러므로 만군의 여호와 내가 선지자에 대하여 이같이 말하노라 보라 내가 그들에게 쑥을 먹이며…'(렘 23:14-15).

하나님이 징벌하시는 선지자들은 하나님이 보내신 선지자들이 아닌 거짓 선지자들, 자기의 욕심으로 하나님을 이용하는 사람들을 뜻한다.
앞서 일곱 교회의 서신에서 스스로 선지자라고 하는 여자 선지자인 이세벨은 두아디라 '교회 안에' 속한 여자였고 많은 종들을 꾀어 가르치는 어쩌면 많은 능력을 행할 줄 알았던 거짓 선지자였다.

'자칭 선지자라 하는 여자 이세벨을 네가 용납함이니 그가 내 종들을 가르쳐 꾀어 행음하게 하고 우상의 제물을 먹게 하는도다'(계 2:20).

분명한 건 이세벨은 교회 바깥에 있는 사람이 아니라 교회 안에 거하는 사람이었다는 사실이다. 그는 종들을 가르쳐서 꾀어 우상의 제물을 먹게 할 정도로 설득력이 있었던 여자였다.

앞서 설명한 바와 같이 이스라엘이라고 해서 다 이스라엘이 아니라 그 안에는 거짓 선지자, 거짓 형제, 거짓 그리스도인들이 있다.

참 이스라엘인들은 이들에 의해 핍박을 받게 될 것이며 환란을 지나가지만, 하나님의 택하심을 따라 종말에는 영원한 구원을 얻게 될 것이다.

분명한 것은 마지막 때에 이세벨과 같은 거짓 선지자들이 일어나 참 하나님이신 그리스도 예수를 배척하고 교회로 하여금 하나님을 대적하게 만들 것이라는 사실이다(계 13장). 이 일이 일어나는 장소가 곧 마지막 때의 예루살렘이 될 가능성이 높다고 본다.

예수님이 돌아가신 곳, 선지자들의 피가 예로부터 흘려진 성읍은 다름 아닌 예루살렘이다. 예수님은 선지자가 예루살렘 바깥에서는 죽는 법이 없다고 말씀하셨다. 이것은 앞으로 나타날 선지자들 또한 예루살렘에서 죽을 것임을 예언하신 말씀이기도 한 것 같다.

그 확실한 예가 11장에 나타나는 두 증인이다. 그들은 삼 년 반의 기간 동안 하나님의 말씀을 증거하고 놀라운 표적들을 행하다가 마지막에 짐승과의 전쟁으로 죽임을 당한다.

이때 성경은 그들의 시체가 큰 성 길에 있을 것이고 그 성은 영적으로는 소돔이고 애굽이라고 불리며 이 성은 곧 저희 주 예수 그리스도께서 십자가에 못 박히신 곳이라고 기록한다.

이와 비교하여 계 17장에 등장하는 음녀는 성도들의 피와 예수의 증인들의 피에 취해 있다고 되어 있다.

결정적으로 계 18:24절은 선지자들과 성도들과 및 땅 위에서 죽임을 당한 모든 자의 피가 이 성 중에서 보였다고 기록한다.

음녀의 취한 피, 성 중에서 보인 피는 모두 어느 성읍에서 희생된 성도들과 선지자들의 피(blood)고 이곳은 예루살렘이 될 가능성이 크다.

쓴 물은 모든 교회 즉, 마지막 세상에 임하는 하나님의 심판의 물이라고 본다. 여인의 간음 여부를 알아보는 일이 실제 이 세상에, 복음이 완전히 퍼진 마지막 세상에 임하게 된다는 것이 나의 추측이다.

마지막 때의 예루살렘은 하나님의 말씀은 임하였으나 에스겔서에 나왔던 오홀리바와 같이 간음한 여인과 같은 성읍이 되어 있을 가능성이 있다.

이러한 성읍들 안에 있는 모든 자들 중 믿음의 사람들은 믿음으로 인해 살게 될 것이다.

그러나 기억하자. 성도의 권세는 깨어진다. 이 일은 반드시 멸망의 짐승이 서지 못할 곳에 앉아 스스로를 하나님이라고 부르는 일이 생긴 후에 일어날 것이다.

하나님은 이때 침묵하실 것이고 성도들은 속수무책으로 잡히거나 죽임을 당할 것이다. 그러나 하나님은 영원히 승리하신다. 이 환란을 성도들로 하여금 믿음과 인내로 승리하게 하시리라 믿는다.

타격을 받아

네 번째 나팔 재앙은 하늘의 권능들에 문제가 생기는 장면을 보여준다. 하늘의 큰 권능들, 해, 달, 별들은 이 세상이 평온하게 돌아가기 위한 매우 중요한 피조물들이다.

이 존재들은 시간을 만들어낸다. 낮과 밤의 기준을 정하고 날씨를 조절하며 지구의 기온을 정하고 중력을 만들어낸다. 계절을 바꾸기도 하며 식물을 자라게도 하고 바다의 경계선을 구분 짓게도 한다. 별들은 지구의 방향을 구분하는 나침반과 같은 역할을 하기도 한다.

이 세상의 세력이 아무리 강해 보여도 만약 지구의 환경을 결정짓는 이 빛의 존재들이 타격을 받는다면 그들은 아무것도 할 수 없을 것이다.

해, 달, 별들은 빛을 발산하지만 진짜 빛은 아니다. 진짜 빛은 오직 예수 그리스도 한 분뿐이다. 창조 때에 처음 나타났던 그 빛, 해나 달이 비추는 빛이 아닌 빛의 존재는 창조된 빛이 아니라 원래부터 있던 빛이 '있게' 된 경우다. 성경은 이 빛이 예수 그리스도라고 말한다.

그 뒤에 창조된 빛은 하나님이 그 빛으로 인해 창조하신 것으로 세상을 향한 징조가 되고 계절을 이루게 하는 도구로 '창조된' 피조물들이다.

이러한 존재들의 의미와 역할은 교회가 무엇인지를 보여주는 지표와 같다. 하나님이 교회를 세상에 두시는 이유는 예수 그리스도의 빛을 비추게 하시기 위해서다. 진짜 빛을 담아 빛을 발하는 도구인 해, 달, 별 처럼 살아가는 존재가 교회라고 할 수 있다.

교회는 진정한 빛이 세상을 돌아가게 하고 그 빛이 사람들로 하여금 무언가를 이루게 만든다는 것을 알려준다. 사실 세상 모든 사람들은 그 진리를 알고 있지만 그것이 너무나 당연한 존재였기 때문에 그 소중함과 필요를 느끼지 못하고 있다.

그러나 그것이 막상 사라지면 이 세상의 어떠한 피조물들도, 아무리 강한 사람도, 그 어떤 지혜자도 아무것도 할 수 없다.

해와 달과 별이 삼분의 일만 타격을 받게 된다는 점은 하나님의 긍휼하심이 여전히 세상 가운데 있다는 것을 보여준다. 나팔 소리는 앞서 말한 바와 같이 세상을 깨우기 위한 소리다. 이제 주님이 곧 오실 테니 깨어라, 준비하라는 메시지다.

또한 해와 달과 별의 삼분의 일이 침을 받는다는 것은 교회가 삼분의 일만큼 소리를 낼 수 없다는 것을 의미하는 것 같다. 해와 달과 별은 교회를 상징하고 있기 때문이다.

그들은 이 세상에서 분명히 보이지만 지구라는 땅에 속하지 않고 하늘에 속한 존재다. 그러나 세상에 영향을 미치고 세상을 움직이는 존재다. 이 세상에 교회가 없다는 것은 진정한 빛을 비추는 빛이 발산될 수 있는 도구가 없다는 뜻과도 같다.

따라서 하나님의 음성을 듣고자 하지만 들을 수 없다는 것은 교회가 소리를 낼 수 없다는 것을 의미하기도 한다. 짐승이 집권하는 핍박의 시대는 이와 같이 교회가 소리를 낼 수 없는 시기라는 생각이 든다. 이것이 하나님이 침묵하시는 반 시간, 반 때와 그 의미가 연결된다고 본다.

야곱이 에서를 만나기 전 그는 그의 소유물과 가족을 처음엔 두 떼로 나눈다. 그리고 그는 다시 네 떼로 나누게 되는데 첫째와 둘째, 세 번째 무리는 에서에게 줄 예물이었고 마지막 떼는 자신의 가족들이었다. 양떼와 종들이 먼저 건너고 야곱을 제외한 가족들이 건너가게 한 다음 야곱은 홀로 남아서 천사와 씨름하게 된다.

교회가 지나갈 마지막 때의 시기를 나누면 다음과 같다.

7년- 전 삼 년 반, 후 삼 년 반
후 삼 년 반- 한 때, 두 때, 반 때

다니엘서와 계시록은 이 시기를 한 때와 두 때와 반 때로 나누어 기록한다. '때'라는 것은 시기와 'time(시기)'을 의미하고 있다. 이것을 이렇게 나누는 이유는 한 때와 두 때와 반 때가 각각 시기가 변하기 때문이 아닐까 한다.

이것도 다만 추측일 뿐이다. 그러나 분명한 것은 하나님이 이렇게 굳이 시기를 나누신 것은 한 때에서 두 때로 두 때에서 반 때로 넘어갈 때 상황이 달라지는 무언가가 있기 때문이라고 생각한다.

만약 마지막 때를 야곱의 씨름이 있기 전 상황과 연관 지어 보면, 처음에 두 떼로 나눈 것은 전 삼 년 반과 후 삼 년 반을, 그 다음 네 때는 1. 전 삼 년 반, 2. 후 삼 년 반의 한 때, 3. 후 삼 년 반의 두 때, 4. 후 삼 년 반의 반 때로 생각해 볼 수 있지 않을까 한다.

이렇게 야곱의 도망과 에서의 군사들이 이곳의 시기들과 맞물려 생각하는 이유는 야곱이야말로 교회였기 때문이다. 그들이 교회라는 몸을 (body) 형성하는 상황에서 그들은 진퇴양난이었다.

야곱의 목적은 하나였다. 가족을 안전하게 지켜 하나님이 약속하신 곳으로 가는 것. 그러나 자신을 향해 몰려오는 에서의 세력과 싸워서 이길 수 없는 상황이라는 것을 야곱은 누구보다도 잘 알고 있었다.

에서가 몰고 오는 400명은 모두 에서와 같이 들에서 사냥하고 훈련받은 자들이 올 것임을 알고 있었던 것이다.

양이나 치고 살아왔던 야곱은 자식들과 네 명의 아내들과 함께였다. 사냥에 능숙한 에서와 상대한다고 했을 때 야곱의 가족들은 싸움의 대상은커녕 도리어 약점이 될 것임을 알고 있었을 것이다.

그는 싸움을 모면해야 했고 그들의 세력을 어떻게든 피해야만 했지만 절대 피할 수 없는 싸움이었다. 그 때문에 야곱은 어떻게든 마지막 보루에 가족과 아이들을 두고 앞은 에서가 공격하더라도 가족을 막아서는 방패 역할을 어찌어찌할 것이라 기대했을 것이다.

야곱은 자신만 홀로 요단을 건너지 않고 밤에 앞의 네 떼로 하여금 얍복 나루를 건너게 한다. 그리고 홀로 남아 천사와 씨름하게 된다.

이때 야곱은 환도뼈를 다치게 되고 마침내 야곱에서 이스라엘로 이름이 바뀐다.

야곱의 가족은 하나님이 계획하신 나라 이스라엘의 기반이었다. 야곱의 이름이 이스라엘로 바뀌고 난 후 비로소 교회의 원가지들이 완벽하게 탄생한 것이다.

아브라함의 가지에서 이삭이, 이삭의 가지에서 나온 야곱의 가지로 종착된 하나님의 약속은 12지파라는 이스라엘 민족으로 마침내 교회를 형성하게 되었다.

우리가 지금 살펴보고 있는 야곱의 상황은 어쩌면 마지막 때의 교회가 직면해야 할 상황과 매우 비슷하다고 느껴진다. 하나님의 영원한 나라는 코앞에 다가왔지만, 짐승의 세력들은 공격해 오고 교회는 위기를 맞는다.

한 때와 두 때와 반 때의 시간을 거쳐 밤의 시기를 지나 야곱이 이스라엘로 바뀐 것과 같이 땅과 하늘과 예루살렘도 새로운 모습과 이름을 얻게 될 것이다(계 3:12, 계 21:1).

예수님은 마지막 때 이 짐승의 세력이 나타나면 도망가라고 말씀하신다. 그것과 맞서 싸우라고 말씀하시는 것이 아니라 도망치라는 것이다.

나는 이때 교회가 절대 짐승을 이길 수 없기 때문에 도망치라고 말씀하신다고 생각한다. 이 또한 싸움의 전략이리라고 믿는다. 전쟁에서는 맞서 싸워야 할 때가 있으면 후퇴하여 피해야 할 때도 있다.

도망을 명령하시는 이유는 앞서 말한 바와 같이 마지막 때에 일어날 짐승이 그 권세에 마음껏 취해야 하는 시기가 반드시 있어야 하기 때문이다. 이것을 도리어 승리로 바꾸실 정확한 타이밍을 기다리고 계시기 때문에 하나님은 이 시기를 허용하신다. 반 시간의 침묵이 있는 이유도 이것 때문이다.

따라서 교회는 이때 도망쳐야 하는데 이러한 도망이 마치 이스라엘이 처음 생겼을 때처럼 네 번의 때와 연관 지을 수 있지 않을까 하는 생각이 든다.

처음에 두 떼로 나눈 것은 전 3년 반과 후 3년 반으로, 그다음 네 떼로 나눈 것은 후 3년 반의 한 때, 두 때, 반 때로 연관될 수 있다고 본다. 그다음 성도의 권세가 깨어지는 일은 천사와 씨름했던 야곱이 환도뼈를 다치게 된 사건과 연결되는 것 같다.

환도뼈를 다치는 큰 고난이 있었으나 결국은 이 때문에 에서 안에 있던 야곱에 대한 적개심이 약화된다는 것을 알 수 있다. 야곱을 죽이려는 마음을 가지고 있었으나 그가 저 멀리서 절뚝거리며 걸어오는 모습을 본 에서의 마음에는 굳이 야곱이라는 절름발이를 잡기 위해 400명을 데리고 올 이유가 있었을까 하는 의구심이 들었을 것이다.

그러나 상대방은 이 때문에 싸워야 할 대상의 실체를 파악하지 못하게 된다. 절뚝거리는 야곱의 뒤에 하나님이 있다는 것을 알지 못하게 되는 것이다.

성도의 권세가 깨어지는 이유는 짐승의 교만함 때문이다. 성도들을 깨뜨림으로 인해 그 뒤에 계신 하나님을 무시하게 되는 오류를 범하게 되기 때문이다. 하나님이 침묵하시는 이유도 그들이 스스로 그 오류에 빠지게 하기 위함이라는 것을 우리는 기억해야 한다.

야곱의 가족들과 그 떼가 얍복 나루를 건넌 때는 '밤'이다. 어두울 때 그곳을 건너는 이 장면은 마치 교회가 세상이 가장 어두울 마지막 때 환란의 시기를 지나는 것과 비슷하다. 이 시기를 지나야만 비로소 야곱이 이스라엘이 된 것처럼 마지막 때의 교회도 온전한 교회로 거듭날 것이다.

후에 이스라엘의 가족은 벧엘에서 모든 이방 신상을 버리고 하나님만 섬기기로 작정하고 자신들을 정결하게 한다. 가나안 땅으로 들어가기 위해 여리고 성을 점령하려 했던 여호수아의 군대들도 그 전에 할례를 행함으로써 스스로 정결케 했다.

이와 같은 일은 마지막 때의 이스라엘에게도 일어날 것이다. 완전한 나라로 들어가기 전의 전쟁은 인침을 받은 이스라엘이 온전하고 정결하게 되어 흰옷을 입은 자들로 서서 하나님의 나라에 들어가게 되는 과정이다.

교회의 마지막 때의 싸움은 야곱의 때처럼, 여리고 성의 전투처럼 인간의 힘과 계략이 아닌 온전히 하나님의 도우심과 역사하심으로 승리할 것이다.

따라서 해와 달과 별들이 빛을 잃은 것은 두 가지 측면에서 살펴봐야 한다. 첫째는 실제적인 현상으로서의 측면이다. 이 일은 단지 상징적인 묘사가 아니다. 분명히 말하지만 실제로 해와 달과 별들은 삼분의 일 타격을 받아 빛을 내지 못할 것이다.

계시록은 하나님이 그렇게 하실 것임을 여기서 확실히 보여준다. 왜냐하면 이것이 정말 일어날 때 사람들은 하나님을 인정하게 되고 이것을 보고 예수 그리스도의 오심에 대한 징조로 해석할 수 있기 때문이다.

다시 말하지만, 만약 이 일을 상징적으로만 해석한다면 큰 오류를 범하게 된다. 하나님은 이 세상을 창조하실 뿐 아니라 무너지게도 하실 수 있는 분이시다.

이것이 우리가 하나님을 믿는 중요한 근거다. 실제 이 일이 일어나지도 않는데 이 글을 기록한다는 것은 앞뒤가 맞지 않는다. 세상이 알아들을 수도 없는 말로 선포하는 것은 어떤 누구도 깨우치게 할 수 없기 때문이다.

이 글을 읽는 모든 이들은 성경에 기록한 이 일이 실제로 일어난다는 것을 정말로 믿어야 한다. 이것이 우리가 마지막 때에 진정한 교회로 거듭날 수 있는 첫 번째 믿음의 조건이라는 것을 기억하기를 바란다.

그럼에도 불구하고 이 모든 일에는 상징적인 의미가 있다. 야곱이 이스라엘이 되기 위해 거쳐야 했던 에서와의 싸움이나 여호수아의 군대가 가나안 땅에서 마주한 여리고 성의 싸움은 마지막 때 교회가 지나야 할 때와 시기의 모습과 비슷하다.

야곱의 환도뼈가 나간 것, 여호수아의 군대가 할례를 받아야 했던 사건 등은 마지막 때의 교회가 환란을 지나면서 그 권세가 깨어지는 것과 깊은 연관이 있다.

하나님의 침묵이나 교회의 권세가 깨어지는 것은 결코 세상에서 패배했다는 뜻이 아니다. 하나님이 그 악에 대해 아무런 조치도 취하지 않겠다는 의미가 아니다.

이러한 시기는 일종의 전략이라는 것을 앞서 누누이 설명한 바 있다. 나팔소리도 일종의 전략이다. 출애굽 때 열 가지 재앙이 일어난 것과 같이 나팔 소리도 마지막 때 사람들을 일깨우기 위한, 동시에 하나님을 선택할 수 있는 기회를 제공하기 위한 수단이다.

또 동시에 교회를 훈련하시는 방법중 하나다. 교회는 고난을 통해 그 속에서 역사하시는 예수 그리스도의 피로 그 영혼이 깨끗함을 입게 될 것이다.

하나님은 고난당하는 자들과 함께하신다. 고난을 주는 자들은 대적하시고 고난을 당하는 자들과는 함께 하신다. 따라서 교회가 고난을 당한다는 것은 그 가운데 하나님이 함께하신다는 것을 의미한다.

진정한 교회의 가장 큰 특징은 세상으로부터 고난 당한다는 것이다. 이것이 없다면 교회는 잘못된 길을 가고 있다고 해도 과언이 아니다. 그 어떤 믿음의 선진들도 고난 당하지 않고 믿음을 지키는 자는 없었다.

믿음은 고난 가운데 증명된다. 이것이 교회인지 아닌지를 구분하게 만드는 중요한 상황이며 여건이라는 것을 성경은 반복해서 얘기하고 있다.

한 가지 더 중요한 점은 마지막 때의 이 고난의 시기는 반드시 온전한 부활을 위한 시기라는 것이다. 부활을 위해서는 죽음의 시기를 지나야 한다.

죽음의 시기가 없는 부활이란 있을 수 없다. 마지막 때 교회의 부활은 새 예루살렘이라는 완전한 가나안 땅에서 나타날 것이다. 마침내 성경이 그토록 얘기하고 실현하려고 했던 모든 예언과 예표들이 실제 일어나고 이뤄지는 것이다.

이것을 보는 자들은 역사상 가장 큰 고난의 시기를 맞이하게 될 테지만 그만큼 놀라운 기적을 볼 수 있는 복을 누리는 자들이 될 것이다.

마지막 교회는 홍해의 사건과는 비교할 수 없는, 출애굽의 기적과도 비교할 수 없는 놀라운 일들을 눈으로 목격할 것이다. 어쩌면 하나님의 전능하심을 실제 볼 수 있는 가장 큰 행운을 가진 자들이 마지막 교회일지도 모르겠다.

실제적 현상

앞의 세 나팔의 사건들은 모두 핵폭발이거나 화학 무기의 공격이라는 실제 사건들을 예측하게 한다. 첫 번째 나팔은 핵폭발로 인한 땅의 세력 즉, 중심 도시들을 파괴한다.

두 번째 나팔은 핵으로 해양 세력들을 파괴함으로써 나라의 경제력을 약화시킨다. 세 번째는 화학 무기로 인간이 살아가는 데 있어 가장 중요한 공급원인 식수를 끊는다(이것은 오로지 내가 생각한 가설일 뿐이다. 이것이 반드시 이렇게 일어날 것이라고 생각하지 않기를 다시 한번 강조한다).

위와 같은 일들은 꼭 여기서 내가 말한 시나리오가 아니더라도 비슷하게 일어나리라고 본다. 멸망의 짐승은 자신의 집권을 위해 반대 세력들을 반드시 제거하려 할 것이기 때문이다.

한편으론 시기가 마지막으로 다다를수록 교회는 더더욱 핍박당할 것이다. 왜냐하면 교회가 예언하는 대로 진짜 그 일이 이뤄지기 때문이다.

하나님의 말씀을 대언하는 자들이 일어나 '이러이러하게 일이 일어날 것이다'라고 외쳤는데 그 일이 실제 일어난다면 사람들은 하나님을 경외할 것 같지만 그렇지 않다.

계 11장에 등장하는 두 증인들은 마지막 때에 그들이 예언하는 대로 지구 곳곳에 재앙이 일어난다. 그러나 사람들은 그들을 극렬히 미워한다. 그 증거는 11장 10절에 나타난다.

3년 반 동안 예언하던 두 선지자가 죽게 되자 세상은 그들의 시체를 치우지도 않고 3일 동안 거리에 내버려둔다. 그뿐 아니라 그들의 죽음을 너무나 기뻐한 나머지 나라와 나라들은 서로 선물을 주고받기까지 한다.

하나님의 말씀을 전하는 자들의 말로는 예나 지금이나 앞으로나 같을 것이다. 그들은 괴로움을 당하고 세상으로부터 미움을 당할 것이다.

하나님이 말씀으로 대언하게 하신 선지자들의 마지막은 모두 다 그런 건 아니지만 순교로 삶을 마무리했다. 그러나 그들은 결국 죽음을 이기고 부활하여 영원한 영광을 얻게 될 것이다.

요한계시록의 첫 장은 요한 자신도 하나님의 말씀과 증거로 인해 밧모 섬에 갇혀 있음을 피력한다. 하나님의 편에 서 있는, 예수 그리스도의 교회 안에 속한 모든 자들은 고난을 당할 수밖에 없음을 강조한다.

내가 의도해서 일으킨 고난이 아니라 어쩔 수 없이 당하게 되는 고난, 그러나 하나님의 길 위에서 하나님과 함께 동행하는 자가 그 선택으로 인해 당하게 되는 이 일은 그들의 영광이 될 것이다.

어쨌든 결론은 마지막 때가 가까우면 가까울수록 핍박의 시기는 다가오고 성도들의 권세가 깨어지는 때는 다가온다. 이 사실을 기억하고 살아간다면 우리는 영원한 것을 준비할 수 있을 것이다.

해와 달과 별들의 1/3이 해를 받는 일은 이와 같은 영적인 의미를 담고 있다. 그러나 지금 다루고자 하는 건 실제 해와 달과 별들이 정말 해를(harmness) 받느냐다.

사실 이것은 거의 불가능할 것처럼 보인다. 왜냐하면 지금 우리가 보고 있는 이 피조물들은 지구가 아닌 우주에 떠 있기 때문이다. 과연 해와 달과 별들을 치는 일들이 가능한가?

여기서 해와 달과 별을 친다는 것은 그 존재들이 직접적인 침을 받았다는 것이 아니라 우리의 눈에 보이는 빛이 차단되었다는 뜻이 될 수도 있을 것 같다.

우리가 보는 일식이나 월식, 해가 검게 되고 달이 피가 되는 현상들은 우주의 시스템 속에서 일어나는 현상이다.

이는 달이나 별, 해 자체가 어떤 변화가 생겼다는 의미가 아니다. 다만 자전의 주기에 의해 적절한 시기를 맞아 월식과 일식이 일어나고 대기권의 변화로 달의 빛이 변한다는 것을 의미한다.

과학이 발전하고 천체의 진실을 알게 된 이때 우리는 성경에서 말하는 침, 1/3의 어두워짐은 이런 의미가 될 수도 있을 것 같다는 생각을 해 본다.

만약 지구를 차지하고 있는 땅의 1/3이 핵의 공격을 받고 바다의 1/3이 핵으로 인해 파괴된다면 그 후에 일어나는 핵겨울은 대기권을 덮고 해를 가리게 될 수도 있을 것이다.

사도행전에서 베드로가 예언한 '해가 어두워지고 달이 피가 되리라'는 말은 분명 이곳 해와 달과 별이 침을 받아 1/3이 어두워지는 것과 연관된 말일 것이다.

이 일은 반드시 일어날 것이다. 베드로의 예언, 요엘의 예언은 반드시 이뤄질 것이다. 이 징조가 나타날 때 주의 영화로운 날이 오리라고 성경은 예언한다. 이 예언은 해와 달이 어두워지는 이 일들이 주의 오심이 오기 전에 일어나는 징조라는 것을 말해준다.

나팔 사건 또한 하나님의 심판의 일환이며, 징조이며, 전쟁의 양상이고 무엇보다도 예수 그리스도의 다시 오심의 징조라고 할 수 있다.

하나님의 심판이지만 제국의 야욕이 작용하고 그 과정에서 전쟁이 일어난다. 멸망의 짐승은 자신이 원하는 권좌 곧 신의 자리에 자신이 앉아 모든 세상을 발 아래 두려고 하는 욕망에 사로잡혀 있다. 이 과정에서 그는 수단과 방법을 가리지 않을 것이다.

그와 그를 동조하려는 세력들은 핵무기도 화학 무기도 그것을 통한 우주권의 파괴도 서슴지 않을 것이다.

나는 이러한 일이 일어날 것을 그저 추측하고 예상하는 것뿐이다. 내가 여기에 기록한 대로 핵무기나 화학 무기를 통해 반드시 이런 방식대로 전쟁이 일어날 거라고 생각하지 않기를 바란다. 다만 이러한 일이 가능하다는 것이다.

권위 있는 미래학자인 조지 프리드먼의 '100년 후'라는 저서에서 그는 미국의 우주 군사 시스템을 배틀 스타라고 칭한다(조지 프리드먼, '100년 후 248p). 만약 미국과 다른 국가 간의 전쟁이 난다면 상대의 국가는 미국의 우주 시스템을 선제공격할 것이라고 가정한다(264p). 그만큼 미국이 개발하려는 우주적 군사 시스템이 가속적으로 개발되고 있다는 뜻이다.

그는 미국이 역사상 유례 없는 해양권을 장악하고 있다고 밝힌다. 실제 그러하다. 현재 미국의 허락이 없이는 어떤 바다도 마음대로 갈 수 없기 때문이다. 이러한 통제권을 가지기 위해서는 우주의 시스템을 통해 정보를 보내고 위성을 통해 감시해야만 한다.

유명한 이지스함도 위성의 정보 전달력이 아니면 무용지물이다. 따라서 미국이나 러시아, 혹은 다른 강대국들이 위성을 통해 우주의 지리를 차지하는 것은 지금 이 시대에 나라의 군사력을 강화시키는 중요한 부분이라고 할 수밖에 없다.

그 때문에 미국과 같은 경우 경제 제재, 군사 제재를 위해서 반드시 위성을 확보하는 것이 필요하다. 이는 단지 미국뿐만이 아닌 다른 강대국들도 마찬가지의 입장이다.

조지 프리드먼의 말에 의하면 러시아는 아무리 땅이 넓어도 고립된 위치에 있다고 한다. 왜냐하면 바다의 통제권을 미국이 장악하고 있기 때문이다.

아래로는 중국과 몽골의 평야가 가로막고 있고 옆으로는 유럽 국가들이 그들의 길을 막는다. 러시아의 땅은 너무 춥고 넓으며 쓸모없는 불모지가 많다.

그나마 가능성이 있는 유럽의 반대쪽도 미국이 사버린 알래스카 때문에 막혀 있다. 따라서 러시아가 살 수 있는 길은 위성을 띄워 우주권을 장악하는 것이다.

이와 같이 강대국들은 시대가 변하고 과학이 발전함에 따라 우주의 장악력을 무시할 수 없게 되었다.

특히 군사적으로 위성들은 반드시 필요한 정보 전달의 도구다. 전쟁에서 이기는 가장 중요한 요인이 정보 파악이다. 적의 상태가 어떤지, 어떤 것을 계획하는지를 안다면 전쟁은 이기는 것이나 다름없기 때문이다.

첩보와 보안을 강화하고 간첩이 활동하는 이유도 전쟁의 상황을 정확히 앎으로써 어디에 공격해야 할지를 결정하기 위해서다.

따라서 상대 국가의 정보 수단인 위성을 무력화시키는 것은 어쩌면 그들이 해야 할 최선제 공격 중 하나일 수 있다.

만약 러시아가, 미국이 혹은 중국이 상대 국가의 군사력을 약화시키기 위한 방안으로 위성 콘트롤 타워를 파괴하거나 무너뜨린다면 어떨까?

위성은 모든 통신 수단의 필수 요건이다. 지구 반대편에 있는 사람과 통화를 할 수 있고 구글맵으로 어디든 찾아낼 수 있는 건 위성 때문이다.

그러나 만약 이번엔 위성 자체를 파괴한다면 러시아가 고립되거나 미국의 해상 세력에 타격을 줄수 있지 않을까.

그로 인해 정보의 전달력이 크게 떨어져 각각 적국에 혼란을 주게 될 수도 있을 것이다. 해와 달과 별을 친다는 것은 우주의 세력을 건드린다는 뜻이다. 위성의 파괴 혹은 위성 콘트럴 타워의 파괴는 어쩌면 이렇게 우주의 시스템을 실제 파괴한다는 의미도 될 수 있을 것 같다는 추측을 해본다(이 또한 나의 추측일 뿐이다).

어쨌든 해와 달과 별들의 어두움은 각 강대국의 이권 다툼으로 인한 우주 전쟁 및 앞선 나팔 사건들로 인한 연기, 핵겨울 등으로 인한 여파 때문일 것으로 보인다.

여기서 우리가 알 수 있는 건 아무리 인간의 기술이 발달해도 해와 달과 별들은 없앨 수 없다는 것이다. 아니 오히려 그것들을 파괴하려고 한다면 제국들끼리 싸우기도 전에 세상은 먼지 한 줌이 되어버리고 말 것이다.

태양계가 무너지는 일은 세상의 말미, 완전한 하나님의 나라가 도래하기 전에 일어날 것이다. 이 일은 앞서 우리가 살펴본 일곱인 재앙 중 여섯 번째에 나타난다. 하늘이 떠나가고 산과 섬이 사라지는 현상들은 아예 지구의 기존 시스템이 파괴되는 현상을 보여준다. 이 상태에서는 전쟁도 싸움도 있을 수 없다.

달이 파괴되면 자기장이 무너지고 해가 파괴되면 온도가 급강하하고 자연히 지구의 궤도도 사라져서 위성들도 하늘에서 떨어질 것이다.

중력이 망가지면 버티고 있던 산들도 떠나가며 바다에 숨겨져 있던 지면도 무너질 것이다.

이때 인간이 할 수 있는 건 아무것도 없다. 그럼에도 불구하고 하나님이 1/3의 침을 허락하신 건 여전히 기회를 주고 있다는 뜻이다.

우리가 기억해야 할 것은 전쟁 때문에 해와 달과 별들의 빛은 차단할 수 있지만 해와 달과 별들은 건드릴 수 없다는 점이다. 이것은 곧 세상이 아무리 강해도 하나님의 자녀들은 건드릴 수 없다는 것을 보여주는 현상이기도 할 것이다.

十 다섯번째

나팔수들 이야기

화를 외치는
독수리

독수리의 외침

8장의 마지막 장면은 첫째, 둘째, 셋째, 넷째 나팔 소리가 울린 후 나타나는 독수리의 외침이다. 이 독수리의 특징은,

1. 큰 소리로 외친다.
2. 공중에 날아간다.
3. 세 번의 화를 경고한다.
4. 한 마리다.

세 번의 화의 특징은
1) 땅에 거하는 자들에게 임하는 것이다
2) 세 천사가 불게 될 나팔소리와 연관된다.
3) 화는 총 세 번 일어난다.

우리가 살펴봐야 할 독수리의 특징 중 가장 먼저 눈에 띄는 특징은 그 존재가 '공중'에 있다는 점이다. 이 독수리는 공중에서 날아가면서 땅을 향해 외친다.

이 특징은 매우 중요하다. 왜냐하면 그의 위치는 곧 그가 어디에 속해 있는지를 보여주기 때문이다. 요한은 독수리가 '하늘에서' 날아다닌다고

기록하지 않는다. '공중에서' 날아다닌다는 표현을 쓰고 있다.

'공중'을 뜻하는 헬라어 $\mu\varepsilon\sigma\sigma\nu\rho\alpha\nu\eta\mu\alpha$'(misuranema)는 'midst of heaven'으로서 계 14:6절의 공중에 날아가는 천사의 공중, 계 19:17절의 공중에 나는 새들의 공중에 속하는 단어다. 이 단어는 오로지 계시록에서만 사용된 단어다.

우리가 익히 알고 있는 엡 2:2절 '공중 권세'의 '공중'은 '공기(air)'를 뜻하는 '$\alpha\eta\rho$'다. 여기서 사용하는 '공중'과는 다른 의미다. 계 14:16, 19:17절의 '공중'은 '하늘의 중간 지점'을 의미한다.

이러한 공중은 매우 독특한 지리적인 위치다. 공중은 분명히 이 세상, 지구에 존재하는 공간이지만 땅이라고 불리는 뭍에 있는 곳은 아니다.

계 14:6절의 영원한 복음을 가지고 있는 천사의 위치인 공중과 계 19:17절의 마지막 전쟁 후 시체를 먹는 새들의 위치도 공중인 것으로 보아 이곳에서 말하는 '공중'은 하나님께 속한 세력의 지대라는 것을 알 수 있다 (물론 모든 곳은 하나님의 소유다. 그러나 나는 엡 2:2절의 공중 권세와 이곳의 공중을 비교하고자 한다).

교회는 분명 이 땅에 거하고 살아가는 존재지만 교회의 소속은 하늘이라고 성경은 기록한다(빌 3:20).

교회는 세상을 살아가기는 하되 이 땅에 잠시 머물러 나그네처럼 있다가 죽음 이후에는 영원한 소속지인 하늘로 간다.

이러한 개념을 적용해 보면 공중에 나는 독수리가 날아다니는 곳인 공중은 지구라는 땅에 거하기는 하지만 땅에 속하지 않는 삶을 사는 '교회의 거주지'를 상징하는 것 같다.

이 독수리가 땅에 거하는 자들에게 '화'가 임하게 될 것이라고 경고하는 것도 독수리가 그 화가 미치지 않는 다른 곳, 그보다 더 높은 곳에 있다는 것을 말해준다.

성경의 '화'(woe)는 하나님의 진노가 내려지는 자들에게만 일어나는 현상이다. 예수님이 말씀하셨던 '화 있을진저'의 '화'도 회개하지 않고 마음이 교만한 바리새인들에게 던진 저주의 말씀이었다.

하나님은 이스라엘 백성들에게 화와 복을 너희 앞에 둘 테니 너희가 선택하라고 말씀하신다. 화든 복이든 두 가지 현상의 공통적인 부분은 이 두 가지는 반드시 '사람'에게 임한다는 것이다. 또한 반드시 '하나님의 말씀을 받은 자들'에게 임한다.

화는 하나님의 말씀을 아는 자들이 하나님의 말씀을 어긴 경우에 일어나는 저주다. 이 저주를 피할 수 있는 유일한 방법은 예수 그리스도의 피에 우리의 죄를 씻는 것이다. 우리가 회개하고 십자가의 공로로 그 죄에서 자유로워진다면 우리는 그 화를 피할 수 있을 것이다.

그러나 자신이 죄인임을 깨닫지 못하고 회개하지 않는다면 영원히 이 저주에서 빠져나올 수 없을 것이다. 이 공의는 영원한 원칙이다. 이는 이로, 피는 피로 갚아야만 하는 죄의 대가는 공의가 이뤄지는 중요한 과정이다.

이러한 공의의 과정과 결과는 하나님의 말씀을 받은 백성들에게 임한다. 앞서 말한 바와 같이 이 세상은 이미 모든 민족에게 말씀이 임한 상태가 되었다.

따라서 화와 복에 대해 선택할 수 있는 이스라엘화 된 땅에 사는 자들은 스스로 화와 복을 선택할 수 있게 되었고 이에 따른 말씀의 결과가 삶에서 나타날 수 있게 되었다.

바리새인들에게 하신 말씀이 마지막 때의 바리새인들과 같은 자들에게 임하고 참 이스라엘인들에게 하신 말씀이 마지막 때의 참 이스라엘인들에게 임하게 되는 것이다.

독수리가 외치는 화는 공중이 아닌 땅에 거하는 자들에게 임한다. 이것은 이 화가 땅에 속한 사람들 즉, 하나님의 나라에 속하지 않고 땅에 속하여 호흡하며 거하는 모든 자들에게 임하는 현상이라는 것을 말해 준다.

인을 맞은 참 이스라엘인들에게는 임하지 않을 것이요, 인을 맞지 않고 땅에 거하고 땅의 생각으로 살아가고 땅에 속한 자들에게는 '화'가 미칠 것이다.

따라서 이 독수리의 외침은 공중에 거하는 독수리가 이 마지막 때에 화를 입지 않는 참 이스라엘, 참 교회라는 것을 더욱 입증해 주고 있다.

그렇다면 왜 독수리일까. 왜 마지막 때 화를 외치는 교회가 독수리라는 동물로 나타난 것일까?

성경에 나타난 독수리를 살펴보면,

'내가 애굽 사람에게 어떻게 행하였음과 내가 어떻게 독수리 날개로 너희를 업어 내게로 인도하였음을 너희가 보았느니라'(출 19:4).

'마치 독수리가 자기의 보금자리를 어지럽게 하며 자기의 새끼 위에 너풀거리며 그의 날개를 펴서 새끼를 받으며 그의 날개 위에 그것을 업는 것 같이'(신 32:11).

'오직 여호와를 앙망하는 자는 새 힘을 얻으리니 독수리가 날개치며 올라감 같을 것이요 달음박질하여도 곤비하지 아니하겠고 걸어가도 피곤하지 아니하리로다'(사 40:31).

하나님은 독수리가 자신의 새끼를 양육하듯 그의 백성을 양육하신다고 말씀하신다. 독수리는 때론 바벨론과 같이 심판의 도구로 사용되는 나라의 모습으로 비유되기도 하고, 가증한 새의 종류 중 하나로 나타나기도 하지만 이 구절의 문맥상 독수리는 하나님이 보호하시는 교회의 모습에 가깝다고 할 수 있다.

계 12:14절에서 교회로 비유되는 여자는 광야로 도망갈 때 큰 독수리의 두 날개를 받았다고 기록한다. 그 이후로 여자는 광야에서 한 때 두 때 반 때 동안에 양육을 받는다고 되어있다. 이것은 출애굽 한 하나님의 백성들이 양육을 받은 것과 비슷한 양상이다.

하나님의 양육은 단지 그의 백성들을 보호하시거나 구원하시는 것에서 그치지 않는다. 하나님은 그의 백성들의 믿음을 굳게 하시고 그 믿음 안에서 행동하는 자들로 자라게 하신다. 그의 목표는 그들을 완전하게 하는 데 있다.

아브라함에게 약속하신 바와 같이 그의 자손들로 하여금 의와 공도를 행하게 하려는 중요한 목적이 있다(창 18:19). 교회는 단지 세상의 권력에 굴복한 도망자들이 아니라 세상의 권세를 두려워하지 않고 하나님의 나라를 전파하고 하나님의 뜻을 전하는 중보자들이다.

마지막 때의 교회는 지금껏 성경에서 한 번도 보지 못했던 교회다. 왜냐하면 하나님의 약속의 복음이 온전히 성취된 예수 그리스도의 탄생과 죽음, 부활, 승천 그리고 이제 재림의 날에 그를 맞이하게 될 완벽에 가까운 신부로서의 모습을 지니는 교회이기 때문이다.

지금껏 하나님이 그토록 말씀하시고 꿈꾸셨던 온전한 예수 그리스도의 교회가 드디어 세상에 나타나게 된 것이다. 이러한 완전함을 위해서는 반드시 훈련이 필요하다.

앞서 말했던 십사만 사천의 사람들은 하나님의 때에 세상에서 훈련을 받은 완전한 수의 사람들이라고 얘기한 바 있다. 이것은 마지막 때의 교회뿐 아니라 세상에 존재했던 모든 교회에게 임하는 원칙이다.

다만 마지막 때의 교회는 교회 안에 적용되는 모든 원칙, 모든 하나님의 꿈이 최종적으로 나타나는 단계인 만큼 그 이전에 어떠한 교회보다 완전할 것이다.

독수리의 양육 방식은 매우 독특하다. 독수리는 그의 새끼를 반드시 가시로 만든 둥지에 낳는다. 그리고 절벽 낭떠러지에 그 둥지를 튼다고 한다. 그래야만 새끼는 태어난 후 둥지에 안주하지 않고 바깥으로 나가려 하고 나가서 살아남기 위해 날기를 힘쓰기 때문이다.

독수리의 위대함과 힘은 거대한 날개를 펴서 공중에 날아오르는 데 있다. 그의 가장 큰 능력은 나는 것이다. 독수리의 부리와 발톱에도 능력이 있지만 무엇보다 독수리가 독수리인 이유는 그 어떤 새보다 더 높이 날아오를 수 있다는 데 있다.

이렇게 나는 능력이 얼마나 큰지 독수리는 심지어 태풍이 불 때에도 오히려 태풍의 위력을 이용해 그 바람을 타고 날 수 있다고 한다. 태풍을 두려워하지 않고 태풍을 뚫어낼 수 있는 유일한 동물인 독수리는 이 때문에, 교회에 비유되기도 하는 것 같다.

하나님의 백성이 하나님의 백성인 이유는 교회가 예수 그리스도로 인해 하나님의 자녀가 되었기 때문이다. 교회는 그의 아들과 딸로서 부름을 받아 이 세상에서 잠시 고난을 받으나 결국에는 날아오를 자들로서 하나님의 뜻을 전하고 하나님의 기업을 이어받을 자들로 나타난다.

독수리의 새끼가 반드시 독수리로 자라듯 교회는 진정한 참 이스라엘, 진정한 하나님의 아들들로서 나타나게 될 것이다. 교회의 모든 구성원은 예수님이 말씀하신 것과 같이 신과 같은 존재로 나타날 것이다(요 10:34).

우리는 이 믿음을 가지고 마지막 때를 준비해야 한다. 하나님의 능력이 우리 안에서 역사하셔서 그의 자녀들을 자녀답게 만드시고 독수리의 날개로 날게 하실 것을 믿어야만 한다.

마지막 때의 전쟁은 이스라엘 백성들이 가나안 땅에 들어가 여리고 성을 점령하는 것과는 비교할 수 없을 만큼 치열할 것이다. 그의 백성은 온 세상을 대상으로 싸워야 한다.

그때의 세상은 그들의 힘을 다해 예수님의 교회를 무너뜨리고자 할 것이다. 그러나 하나님은 그의 백성들을 보호하실 것이고 거기에 더 나아가 이기게 하실 것이다.

뒤에 가서 설명할테지만 계 17장에서 요한을 데리고 광야로 가서 다른 환상을 보여주는 일곱 대접 천사 중 한 명은 마치 신과 같은 모습으로 나타난다. 요한은 그의 모습이 너무나도 신과 같아서 그에게 경배하려고 하지만 천사는 '나에게 경배하지 말고 오직 하나님께만 경배하라'고 말한다.

나는 이 천사가 마지막 때에 일어난 교회에 속한 사람 중 한 명이 아닐까 한다. 그는 한 때와 두 때와 반 때를 지나온 성도로서 완벽에 가까운 신부의 모습으로 온전히 훈련된 교회의 멤버일지도 모른다.

이에 대한 것은 뒤에 가서 더 설명하기로 한다. 중요한 것은 이렇게 요한이 그에게 경배하려고 할 만큼 하나님의 자녀가 온전해졌을 때 가진 위엄이 엄청나다는 사실이다.

마지막 때의 교회가 가지고 있는 놀라운 부분은 구약과 신약이 말하고 있는 모든 언약과 하나님의 말씀이 성취되는 순간을 경험하게 될 것이라는 점이다.

그의 모든 언약이 이뤄지고 나타날 그때에 그 눈으로 하나님의 영광을 체험하고 보고 경험하게 되는 놀라운 일을 직접 겪게 될 것이다.

이것은 전무후무한 일이다. 출애굽 했던 이스라엘도 그 이후에 등장했던 사도들의 시대도 상상할 수 없었던 하나님의 영광의 임재가 그들의 시대에 나타날 것이다.

독수리와 같은 그들이 마지막 때의 거대한 태풍을 타고 날아올라 하나님의 복음과 그의 말씀을 온 세상에 전하게 될 때 세상은 하나님의 놀라운 영광을 체험하게 될 것이다.

화(woe)

성경에서 화는 어떤 경우에 등장할까.

정리해 보면 아래와 같다.

첫째는 우리가 아는 바와 같이 '회개하지 않는 바리새인들과 서기관들'에게 말씀하신 화의 경우다. 이들의 경우는 하나님의 말씀을 받았음에도 불구하고 회개하지 않고 하나님을 대적하며 자신들의 권력과 욕심에 취한 자들이다. 겉으로는 이스라엘인인 것처럼 행동하지만 누구보다 마귀에 속하여 하나님과 그의 교회를 대적하는 자들이다.

다음으로 '회개하지 않는 고을'에 관해 말씀하신 예수님의 화다. 예수님은 고라신이라는 동네에서 그 어떤 곳보다 더욱 많은 기적을 행하셨지만, 회개의 열매를 많이 맺지 못했다. 예수님은 이런 장소 위에 화가 임할 것이라고 경고하신다.

다음의 경우는 가룟 유다의 경우다. 예수님은 만찬 자리에서 그가 앞으로 할 행동이 예수님을 '파는' 행위라고 정의하신다. '예수님을 파는'(sell) 그에게는 화가 임할 것이라고 말씀하신다.

또 다른 화의 경우는, 교회에 속해있으나 거짓을 예언하고 욕심을 따라 행하는 '거짓 형제들', '거짓 선지자들'이 받을 화에 관한 것이다(유 1:11).

그리고 독특하게 나오는 화가 있다. 사도 바울은 고린도 교인들에게 만약 자신이 '복음을 전하지 않으면' 화를 당하게 될 것이라고 말한다(고전 9:16).

마지막으로 예수님은 마지막 때의 대환란 때의 모습을 설명하시면서 그때 '아이 밴 자들과 젖먹이는 자들'에게 화가 있을 것이라고 말씀하신다(마 24:19).

지금 독수리가 소리를 내는 이 시점은 앞선 네 번의 나팔 소리가 끝난 직후다. 이제 세 번의 나팔 소리가 남아있는 상황에서 독수리는 세 번의 화가 있을 것이라고 예언하는 중이다.

화는 어떤 행동에 관한 결과다. 위의 모든 경우는 각각 그 상황이 다르지만 '~것을 했을 때 화가 임할 것이다', 혹은 '~것을 하지 않았을 때 화가 임할 것이다'처럼 화는 원인이 없이는 일어나지 않는 어떤 사건이라고 할 수 있다.

회개하지 않아서 화가 임하고 욕심을 따라 행하여 교회를 어지럽혔을 때 화가 임한다. 예수님을 팔아서 화가 임하고 복음을 전하지 않는다면 화가 임할 것이다.

그런데 예수님이 예언하신 마지막 때의 모습 중 아이 밴 자와 젖먹이는 자들에게 임할 화는 조금 이상하기도 하다. 아이를 가진 자들, 젖먹이들을 가진 엄마들이 화를 입어야 할 이유가 무엇일까.

그러나 자세히 들여다보면 이것이 왜 화를 입을 수밖에 없는 상황인지를 알 수 있다. 예수님은 마지막 때의 세상이 노아 홍수 이전의 상황과 유사하다고 말씀하신다.

홍수가 나기 전까지 시집가고 장가가다가 그 일을 당하게 되었으니 너희들은 그들과 같이 '영적으로 잠자지 말고 깨어서 준비하라'고 경고하신다.

시집가고 장가가는 일들은 전혀 이상한 일이 아니다.

예수님이 강조하신 것은 그들이 마지막 때가 다가오는 것을 깨닫지 못했다는 점이다.

젖을 먹이는 여자, 아이를 밴 여자는 막 결혼을 한, 말하자면 막 시집을 간 여자라고 할 수 있다. 시집가고 장가가는 행위에 대한 다른 그림인 것이다.

그들이 아이를 배고 젖을 먹이는 그 상황 자체가 잘못된 것이 아니라 마지막 때가 왔음을 감지하지 못하고 깨닫지 못한 것 자체가 화를 입을 수밖에 없는 심각한 상황이었음을 것을 말씀하신 것이다.

우리는 더 깊이 들어가서 예수님이 말씀하신 가룟유다의 '파는' 행위가 무엇인지를 인지해야 한다. 이것이 왜 화와 연관되어 있는지를 알기 위해서는 지금의 이 시점이 어떤 시점인가를 인지해야만 한다.

지금은 네 개의 나팔이 울려 퍼진 상태다. 앞서 말한 바와 같이 일곱 개의 나팔은 교회가 영원한 하나님의 나라로 들어가기 위한 중요한 과정이다. 이 여정은 교회가 생명의 부활을 맞이하기 위해 죽음을 통과하는 과정이라고 할 수 있다.

그 시점에서 가장 중요한 때는 7년의 반인 3년 반 즉, 한 때와 두 때와 반 때라는 세 번의 시점이다. 이 시점에서 나타나는 교회는 철저하게 '선택하는 믿음'으로 구별된다. 이 믿음은 사실상 그들의 전부를 거는 선택이다.

계 13장에서 마지막 때에 짐승은 사람들에게 둘 중 하나를 선택하게 만든다. 짐승의 표를 받을 것이냐 죽을 것이냐에 관한 선택이다.

이때를 지나가는 교회는 반드시 삶의 전부를 걸어야만 한다. 짐승의 표를 받는다는 것은 멸망의 짐승이 만든 정부의 시민이 된다는 뜻이다. 그 표를 받지 않는다는 것은 시민권을 포기하는 것인 동시에 법으로 제정된 짐승의 경배에 참여하지 않음으로써 그에 대한 형벌인 죽음을 각오한다는 뜻이 될 것이다.

이것이 예수님이 말씀하신 '파는 행위'와 연관되는 이유는 앞서 살펴본 라오디게아 교회 사자에게 쓰신 편지에서 찾아볼 수 있다.

예수님은 라오디게아 교회 사자에게 예수님이 가진 흰옷, 불로 연단한 금, 안약을 '사라'고 말씀하신다. 이것은 가난하고 곤고하고 가련하고 눈멀고 벌거벗은 라오디게아 교회 사자가 전부를 걸어야만 살 수 있는 것들이다.

예수님의 눈에 보시기에 가난하기 짝이 없는 그가 예수님에게 있는 이 귀한 것들을 사기 위해서는 자기 자신을 통째로 걸어야만 한다.

또 예수님은 천국에 대해 비유하시면서 천국은 자기의 '모든' 소유를 팔아서 진주가 숨겨진 밭을 '사는 것'이라고 말씀하신다.

이 두 가지 경우 모두 천국을 소유하기 위해서는 자신의 모든 것을 걸어야 한다는 것을 말하고 있다.

따라서 인자를 판다는 것은 예수님을 사는 행위와 반대되는 행위라고 말할 수 있다. 예수님을 판다는 것은 하늘이 아닌 땅을 선택했다는 의미다.

'안티파스'라는 충성스러운 자의 이름의 뜻이 모든 세상을 대적하고 예수 그리스도만을 선택한다는 의미를 내포하고 있음을 설명한 바 있다.

예수님을 '산다'(buy)는 것은 하나님의 나라를 산다는 뜻이다. 예수님을 판다는 것은 하나님의 나라가 아닌 세상을 선택했다는 의미다.

따라서 예수님은 단지 가룟 유다가 당시에 예수님에게 했던 행위에 대해서만 화가 있을 것이라고 말씀하신 것이 아니다. 자신의 전부를 걸고 예수님을 사지 않는 모든 자들에 관하여 임할 화에 대해 말씀하신 것이다.

그렇다면 예수님을 '사는' 행위가 무엇일까. 그리고 예수님을 '판다'는 행위는 과연 무엇일까. 마지막 때의 교회가 해야 하는 구체적인 행위의 선택은 어떤 것을 의미하는 것일까?

이것은 바울이 말한 화에서 찾을 수 있다. 그는 복음을 전하지 않으면 자신에게 화가 미칠 것이라고 말한다.

그러면서 그 뒤에 그가 이렇게 복음을 전하는 이유는 자신이 복음에 참여하는 자가 되기 위해서라고 말한다. 즉, 복음에 참여하는 자, 복음이 말하는 하나님의 나라에 참여하는 자는 곧 하나님의 나라를 전파하는 자라는 것을 말하고 있다. 이렇게 복음을 전하는 행위는 자신이 곧 하나님의 나라에 속한 사람이라는 것을 보여주는 행위다.

그 사람이 그의 인생을 정말 예수님에게 걸었는지 아닌지를 보여주는 행위는 하나님의 복음을 전하느냐 아니냐로 나타나는 것이다.

이것은 마지막 때에 나타나는 독수리, 많은 나라와 임금과 방언에게 복음을 전해야 하는 요한, 영원한 복음을 가진 천사, 나팔로서 예언하며 하나님의 뜻을 전하는 종들, 마지막 때에 하나님의 말씀을 대언하는 두 증인들의 행위와 동일하다.

독수리라는 형태에 참여한다는 것은 다른 말로 복음을 전하는 자로 살기로 선택한다는 것을 의미한다. 땅에 속하지 않고 공중에 속한 자로서 살아간다는 것, 하나님의 말씀을 가지고 그것을 증거하는 자로 살아간다는 것을 의미한다. 이것이 진정한 교회의 일원이라는 증거다.

이러한 사람들에게만 화가 임하지 않을 것임을 말해주고 있다. 목숨을 걸고 하나님의 말씀을 증거하는 자들에게는 화가 임하지 않을 것이요, 세상으로부터 화를 당할까 두려워 '아무것도 하지 않는 자들'에게는 오히려 땅에 거하는 자들 위에 있을 화가 임할 것임을 성경은 보여주고 있다.

예수님은 달란트를 받았으나 아무것도 하지 않고 땅에 돈을 묻어둔 종에게 악하고 게으르다고 말씀하신다. 그는 그 때문에 성 밖으로 쫓겨나 이를 갈게 되리라고 경고 하신다. 이것은 믿음으로 어떠한 시도도 하지 않고 가만히 있는 종들에 대한 무서운 심판이다.

죄는 단지 나쁜 행위를 하지 않는 것뿐 아니라 해야 할 일을 하지 않는 행위도 포함된다.

하나님은 에스겔에게 그가 선포하라고 하신 말씀을 선포하지 않음으로써 경고를 듣지 못한 악인이 죽는다면 그 피 값을 에스겔에게서 찾겠다고 말씀하신다. 이것은 해야 할 일을 하지 않았을 때 오는 화라고 볼 수 있을 것이다.

믿음은 오직 말씀대로 행했을 때 적용된다. 믿음으로 말미암아 의롭게 되는 이 원칙은 이 세상이 끝날 때까지 변하지 않을 것이다.

믿음을 가진 자만이 하나님의 영원한 나라에 참여할 것이다. 믿음을 가진 자만이 세상보다 하나님을 더 두려워할 것이다. 죽고자 하는 사람은 살 것이요 살고자 하는 자는 죽을 것이다. 자기의 생명을 사랑하는 자는 죽을 것이요 자기의 생명을 미워하는 자는 살게 될 것이다.

믿음을 가졌다는 것은 단지 죄를 짓지 않기 위해 몸부림을 치는 행위뿐 아니라 하나님의 나라를 세우기 위해 믿음으로 행동해야 한다는 것을 뜻하기도 하다. 믿음은 실제 행위로 나타나야만 한다. 이것이 진정한 믿음이라는 것을 성경은 수도 없이 반복한다.

하나님은 마지막 때의 교회가 태풍을 만났을 때 더욱 높이 날아오르기를 원하신다. 세상의 세력은 커 보이지만 그 세상이 마주하게 될 화의 크기는 더욱 크다. 하나님은 교회가 그 화의 크기를 인지하기 원하신다.

그리고 이 화에 참여하지 않기를 원하신다. 이 화에 참여하지 않으려면 날아올라야 한다. 낭떠러지와 같은 세상의 세력 위로 날아올라야 살아남을 수 있다.

우리는 살아남는다는 진정한 의미를 알아야 한다. 이 구절에서 말하는 '살아남는다'는 것은 하나님의 화에 빠지지 않는 것이다.

이는 하나님의 심판이 가지고 있는 무서운 위력을 보여준다. 세상의 세력이 아무리 무서워 보여도 하나님이 땅에 내리실 화의 크기는 감당할 수 없을 만큼 놀라우며 무서울 것이다. 이것을 알고 믿는 자들만이 살아남게 될 것이다. 하늘에 속한 자들로 살아가게 될 것이다.

독수리가 외치는 세 번의 화는 결국 살아남기 위한 외침이다. 하나님을 선택해 외친 복음은 하나님을 선택하지 않은 땅의 화에서 벗어나기 위한 날개짓이다. 이 행위가 마지막 교회에게 요구되는 믿음의 모습이요 크기라고 할 수 있을 것이다.

✝ 다섯 번째
나팔수들 이야기

07
Chapter

화, 화, 화

첫 번째 화

다섯 번째 나팔 재앙 곧, 첫 번째 화는 특이 사항이 있다. 이 '화'와 '나팔 재앙'이란 사건 속에는 '구별'이 존재한다. 출애굽 때 이스라엘과 애굽이 구별된 것처럼 여기서도 인 맞은 자와 아닌 자들이 구별된다.

다섯 번째 나팔이 불리면 하늘에서 떨어진 별이 열쇠로 무저갱을 연다. 그곳에서 황충의 군대가 나와 다섯 달 동안 사람들을 괴롭히는데 그 군대 장군의 이름은 헬라어로 아볼루온, 히브리어로 아바돈이라 한다. 그 지휘에 따라 황충은 오직 인 맞지 않은 사람들에게만 해를 가한다.

마치 전갈에게 쏘인 것 같은 고통이 모든 인맞지 않은 사람들에게 임할 것이다. 이때 너무 괴로워서 죽으려고 해도 죽음이 사람을 피하게 된다. 이 일은 다섯 달 동안 지속되고 이 사건을 성경은 '화'라고 지칭한다.

앞서 설명한 것처럼 출애굽 때 10가지 재앙이 일어났지만, 그 사건들은 처음부터 이스라엘과 애굽을 구별하여 일어나지 않았다. 그 이유는 분명하다.

앞서 설명한 것과 같이 이스라엘이 하나님을 믿었을 때는 애굽과 구별되었지만 그렇지 않았을 때는 구별되지 않았다.

이러한 원칙은 세상의 마지막 날까지 지속될 것이다. 이 마지막 때에도 믿음으로 말미암아 살리라는 원칙은 끝까지 적용될 것이다. 인을 맞았다는 것은 교회가 예수 그리스도의 의로움을 믿었다는 증거다. 그렇지 않고는 살아계신 성령의 인이 사람 위에 임할 수 없다.

따라서 이 구별은 하나님의 성령이 그들 위에 임하는가 아닌가로 판가름 난다. 이러한 상태는 앞서 우리가 보았던 독수리의 모습에서 추론할 수 있다. 독수리는 외치는 자다. 복음을 전하는 자다. 이것이 그들의 믿음의 증거다.

독수리가 외치기 전 세상은 앞서 나팔 천사가 불었던 네 개의 나팔 소리로 인해 1/3이 파괴된 상태였다. 이 일은 교회와 세상의 구분이 없었다.

더 정확히 말하자면 참 이스라엘과 그 외의 이스라엘의 영역에 대한 구분이 없었다는 뜻이다. 따라서 참 교회 또한 1/3의 죽음으로 들어간 상태다. 재앙이 주는 공포, 선지자들의 말이 그대로 실현되는 것을 본 마지막 때의 참 교회는 하나님의 살아계심을 믿게 되었을 것이다.

여기서 중요한 배경은 마지막 때의 세상이 하나님의 말씀을 받은 이스라엘화 된 세상이라는 점과 그들 또한 하나님의 말씀의 능력을 보고 알게 된 상태라는 점이다.

여기서 참 이스라엘인과 그렇지 않은 사람들이 구별되는 뚜렷한 믿음의 증거는 누가 하나님의 복음을 전하느냐 혹은 전하지 않느냐의 행위다. 이 행위가 그들의 믿음을 증거하게 될 것이다.

짐승의 권세가 세상을 집권하기 위해 움직이는 시기, 온 세상이 짐승에게 권세를 주어 그를 신적으로 추앙하게 하기 위해 준비하는 시기에 참 교회는 그와 그의 세력과 타협하지 않고 참 하나님이신 예수 그리스도를 증거하게 될 것이다.

성령이 임하는 자들은 복음을 전하지 않고서는 견딜 수 없는 마음이 임한다. 사도들이 그러했고 수많은 믿음의 선진들이 그러했다.

인 맞은 자들에 대한 가장 강력한 증거 중 하나는 복음을 전하는 행위다. 그러나 이또한 인침의 여부를 알 수 있는 완전한 방식은 아니다. 믿음의 여부가 실제 삶에서 나타나는 것은 눈으로 확인 될 수 없기 때문이다. 이것은 지극히 영적인 영역이다.

그러므로 황충은 영적인 존재임이 분명하다.

여기서 알아야 할 중요한 점은 사람의 영혼을 음부에 들이게 할 수 있는 권한, 무저갱을 여닫을 수 있는 권한은 오직 예수 그리스도에게 있다는 점을 인지해야 한다는 것이다. 그렇지 않았다면 무저갱에서 나온 악한 존재들은 오히려 인 맞은 자들을 해하려 들 것이다.

따라서 황충이라는 존재는 인 맞은 자들을 해하지 '않는' 것이 아니라 해하지 '못 한다'.

그들을 해할 권한이 없기 때문이다. 그들의 활동 시기가 다섯 달이라는 것도 그들이 해할 대상이 오직 인 맞지 않는 사람들이라는 것도 그들이 단지 허락된 권한 안에서 심판을 행하는 시행자(implementer)일 뿐이라는 것을 알려준다.

이 심판을 주관하시는 분은 하나님이시다. 하나님은 그의 백성은 지키시고 그렇지 않은 자들에게는 심판을 행하신다.

그렇다면 무저갱을 여는 열쇠를 가진 별은 누구를 말하는 걸까. 분명한 사실은 이 열쇠를 가진 존재는 반드시 하늘에 속한 존재여야만 한다는 것이다.

열쇠를 가지고 있다는 것은 그에게 심판을 행할 수 있는 권한이 부여되었다는 것을 의미하기 때문이다.

그 별의 특징을 다시 한번 열거해 보자.

1. 그는 하늘에서부터 왔다.
2. 그는 하늘에서 떨어진 자다(능동태).
3. 그는 하나다(단수).
4. 그는 별이다.
5. 무저갱의 열쇠를 가졌다.

열쇠를 가졌다는 것은 최소한 두 경우를 추측해 볼 수 있다. 누군가가 열쇠의 권한을 본질적으로 가지고 있거나 혹은 권한자가 믿을 만한 관리자에게 그 권한을 부여한 경우다.

성경에서 열쇠에 관한 구절들을 찾아보면 다음과 같다.

사 22:22
내가 또 다윗의 집의 열쇠를 그의 어깨에 두리니 그가 열면 닫을 자가 없겠고 닫으면 열 자가 없으리라

마 16:19
내가 천국 열쇠를 네게 주리니 네가 땅에서 무엇이든지 매면 하늘에서도 매일 것이요 네가 땅에서 무엇이든지 풀면 하늘에서도 풀리라 하시고

눅 11:52
화 있을진저 너희 율법교사여 너희가 지식의 열쇠를 가져가서 너희도 들어가지 않고 또 들어가고자 하는 자도 막았느니라 하시니라

계 3:7

빌라델비아 교회의 사자에게 편지하라 거룩하고 진실하사 다윗의 열쇠를 가지신 이 곧 열면 닫을 사람이 없고 닫으면 열 사람이 없는 그가 이르시되

계 9:1
다섯째 천사가 나팔을 불매 내가 보니 하늘에서 땅에 떨어진 별 하나가 있는데 그가 무저갱의 열쇠를 받았더라

계 20:1
또 내가 보매 천사가 무저갱의 열쇠와 큰 쇠사슬을 그의 손에 가지고 하늘로부터 내려와서

이 구절들에서 나타난 열쇠들의 종류는 다윗 집의 열쇠, 천국 열쇠, 사망과 음부의 열쇠, 다윗의 열쇠, 무저갱의 열쇠들이다. 열쇠의 역할은 잠근 것을 풀거나 혹은 잠그는 것이다. 중요한 물건을 저장하거나, 사람을 가두거나, 비밀스러운 것을 감출 때 자물쇠를 착용하고 그 자물쇠를 언제든 원하는 때 열거나 잠글 때 열쇠를 사용한다.

성경에서 나오는 열쇠들은 사람의 눈으로는 인식되지 않는 영적인 것들을 얻고자 할 때 사용할 수 있다. 그러나 다윗 집, 사망과 음부, 천국,

지식이나 무저갱은 너무나 분명한 영적인 실체들이다.

다윗의 집은 메시아의 혈통을 통한 구원을, 사망과 음부는 말 그대로 죽음과 그 이후의 심판에 관한 것이고 천국은 우리 눈에 보이지 않지만 가장 강력한 실체인 하나님의 나라다.

또한 바리새인들에게 주어진 지식은 성경이라는 책 자체가 아니라 하나님이 이스라엘에게 전해주신 율례와 그것을 통해 얻을 수 있는 예수 그리스도에 대한 정보다.

사 22:22절에서 다윗의 열쇠는 하나님이 힐기야의 아들 엘리아김에게, 사망과 음부의 열쇠는 예수님에게, 천국의 열쇠는 베드로에게, 지식의 열쇠는 바리새인에게, 무저갱의 열쇠는 별과 천사에게 주어졌다.

여기서 알 수 있는 사실은 열쇠를 하나님이 직접 사용하신 것이 아니라 그가 신뢰하시는 누군가에게 맡기셨다는 것이다.

예수님은 바리새인들을 향해 분노하시며 너희가 지식의 열쇠를 받았지만, 그 열쇠로 많은 이들을 하나님의 나라로 이끌지 못하고 오히려 지옥의 자식이 되게 했다고 말씀하신다.

이것은 그 열쇠를 맡은 자가 그 열쇠의 기능을 제대로 사용하지 못한 경우다. 이 때문에 그 열쇠는 오직 예수 그리스도를 믿는 자들에게 그 권한이 전가되었다.

무엇보다 천국의 열쇠는 베드로에게 예수님이 주신 것으로 하늘의 창고를 열어 원하는 때면 언제든 받을 수 있게 하는 열쇠다.

그들이 이 열쇠를 바리새인들과 같이 잘못 사용할 수 없는 이유는 성령을 받았기 때문이다. 하나님의 마음을 아시고 이행하시는 그분이 예수님의 이름으로 인해 그를 믿는 모든 자들에게 임하셔서 그의 뜻에 맞게 구하는 모든것을 얻게 하시기 때문이다.

이러한 시스템이 장착되면 이 열쇠는 결코 오용될 수 없다. 이 열쇠는 다른 말로 '성령 안에서 간구하는 기도'라고 할 수 있을 것이다.

예수님도 그분의 모든 일을 기도를 통해 이루셨다. 하나님께 간구하시고 하나님의 음성을 들으시며 그 기도대로 응답받으셨다.

예수님은 그를 진정으로 믿는 모든 이들이 이 권한을 사용할 수 있다고 말씀하신다. 따라서 하늘에 속한 사람이 열쇠를 가졌다는 것은 예수님의 이름으로 기도할 수 있는 상태라는 것을 의미한다.

기도는 예수 그리스도 안에 있는 모든 하늘의 보화와 지식과 지혜를 얻는 유일한 열쇠이며 통로다.

다섯 번째 인봉 재앙에서 등장하는 성도들의 탄원은 이러한 열쇠를 사용한 경우다.

그들은 하나님 앞에 그들을 신원해 주시길 기도했고 예수님은 응답하셨다. 그 응답 중 하나가 지금 열고 있는 무저갱에서 나온 황충들을 통한 심판이리라 믿는다.

요셉이 꾼 꿈에서 별은 이스라엘 자손들 즉, 교회를 상징한다. 하나님은 아브라함에게 너희 자손들을 하늘의 별과 같이 많게 하리라 약속하셨다. 아브라함의 자손들은 혈통으로 이뤄지는 자손들이 아니다. 그들은 아브라함과 같이 믿음으로 말미암아 된 믿음의 자녀들이다(갈 3:7).

예수 그리스도라는 의인을 믿음으로 하나님의 자녀가 된 자들이 아브라함의 자손이며 이들은 종종 성경에서 별로 비유된다(창 37:9, 출 32:13).

따라서 여기서 말하는 별은 아브라함의 진정한 믿음의 자손들, 예수님의 권한을 이양받은 교회를 지칭할 가능성이 높다.

별이라는 단어는 단수로 기록되어 있다. 별은 그 수가 '하나'라는 뜻이다. 교회는 오직 예수 그리스도의 몸 된 교회 하나뿐이다.

이 교회는 인을 맞은 사람들 자체를 의미한다. 교회라는 건물을 다닌다는 점은 교회에 속하는 증거가 될 수 없다. 또 건물 밖에 있다고 해서 교회가 아닌 것이 아니다.

성령이 예수 그리스도의 이름으로 그 안에 거하는 사람의 모임이 교회다. 따라서 황충이 출현할 당시 인을 맞아 성령이 거하는 자들은 주님의 몸 된 하나의 교회 안에 속한 하나의 지체로 그 정체성을 띤다.

이는 보이지 않는 것이며 이 보이지 않는 개념은 아브라함 때 이전부터 있었다. 그 실체를 세세히 설명한 곳이 스가랴서라고 보면 될 것이다.

여기서도 독수리의 개념과 마찬가지로 이 정체성은 중간지대가 없다. 속한 자와 아닌 자, 복음을 전하는 자와 아닌 자, 기도하는 자와 기도하지 않는 자로 나뉜다. 모든 것을 건 자와 아닌 자로 극명히 구별되는 시대가 올 것이다.

기도하지 않는 자들에게는 다섯 달 동안의 괴로움이 임할 것이고 기도하는 자들에게는 죽음보다 더한 괴로움이 피해 갈 것이다. 언제나 구원은 심판 가운데 일어난다는 이 원칙은 변함이 없다.

또한 하늘에서 떨어졌다는 단어는 완료형이다.

여기서 사용하는 $\pi\iota\pi\tau\omega$(pipto)는 떨어졌다는 뜻인데 이 말은 '꽃이 떨어졌다', '첫사랑이 떨어졌다' 할 때 사용되는 단어다. 따라서 이 별이 '떨어졌다'는 것은 어쩌면 교회의 권세가 땅에 떨어졌다는 것으로 해석할 수도 있을 것이다.

요한은 지금으로부터 약 2000년 전에 이것을 기록했지만, 그가 보고 있는 예언적인 상황은 극적인 마지막 때다. 황충이 출현하는 때는 마지막 때의 마지막의 시기다.

그러므로 이 상황에 존재하는 교회는 마지막 때의 교회, 더 이상 그 수가 늘어나지 않는 인 맞은 교회, 하나님이 완벽히 구별하신 교회를 의미한다. 그 교회는 반드시 그 권세가 깨어질 것이다.

성경은 반복적으로 말한다. 마지막 때의 성도들은 그 권세가 완전히 깨어질 것이고 이것에 대해 준비하라고 경고한다. 그러나 이 깨어짐은 성도들의 기도를 끌어내는 원동력이 분명하다.

예수님은 마지막 때에 대해 예언하시면서 제자들에게 깨어 기도하라고 명령하신다. 이 말씀은 마지말 때가 기도할 수밖에 없는 환란의 시기가 된다는 것을 의미한다. 성도에게 주어진 거룩한 권세 곧, 하늘에서 주어진 열쇠는 기도다. 따라서 떨어진 별은 마지막때 교회가 아닐까 추측하는 바다.

첫 번째 화(II)

별의 의미를 알았다면 이제 우리는 다섯 번째 화에서 일어날 일들이 어떤 것인지를 알아봐야 한다. 황충들이 나오는 무저갱이라는 곳은 악한 세력들조차 들어가기 싫어하는 귀신들의 감옥이다(눅 8:31).

예수님이 군대 귀신 들린 자에게게부터 귀신들을 내보내실 때 그들은 자신들을 무저갱에 들어가지 않게 해달라고 부탁한다.

예수님은 그 부탁을 들어주신다. 이 구절만 보아도 귀신을 다룰 수 있는 권한과 무저갱을 여닫을 수 있는 권한이 예수님의 손에 있다는 것을 알 수 있다.

무저갱은 악한 세력들 즉, 용과 그를 추종하는 영적인 무리가 들어가는 최종 감옥이다(계 20:3). 황충들이 그 감옥에서 나왔다는 것은 분명 황충이라는 존재가 하나님께 속한 자들이 아니라는 것을 보여준다.

또한 무저갱이라는 다른 세상에서 나온 그들이 심판의 도구로 사용되었다는 것은 세상의 마지막 날에 일어날 심판이 영원한 형벌로 연결될 수 있다는 것을 보여준다.

성경에서 무저갱은 영원한 감옥으로 나타나기 때문이다.

이 심판이 어떠한 성격을 띠고 있는지 알기 위해서는 황충이 어떤 존재인지를 아는 것이 중요하다. 황충의 식별력은 매우 특별하다. 그들은 성령이 임한 자와 아닌 자들을 구분할 수 있다. 인을 맞은 자들은 해하지 못하고 인 맞지 않은 자들은 해할 수 있다.

이러한 능력이 그들에게 주어지는 이유는 하나님의 심판 영역이 어디까지 미치는가를 보여주기 위함인 것 같다. 하나님의 심판이 미치는 곳은 이 세상뿐 아니라 영적인 장소를 포함한다. 하나님의 구원이 영원한 천상에 적용되는 것과 마찬가지다.

사람이 황충의 해를 받고서도 5개월간이나 죽지 못하는 일은 마치 음부에서 일어나는 영원한 형벌과 비슷하다. 무저갱은 영원한 슬픔과 고통이 있는 곳이다. 그곳은 고통이 끝나지 않는다. 죽고 싶어도 죽지 못하는 곳이다.

황충이 세상에 나왔다는 것은 무저갱에서 받을 영원한 형벌의 실체가 곧 다가온다는 것을 보여준다. 요한은 죽음이 사람들을 피하게 될 것이라고 기록한다.

죽음이 피하는 곳, 영원히 고통에 시달리는 일이 일어나는 곳에서 나온 존재들이 세상에 활보하며 무저갱에서 받는 것과 같은 고통을 사람들에게 가하는 장면은 하나님의 심판이 영원할 뿐 아니라 무서운 현실이라는 것을 극렬히 보여준다.

황충에 대한 기록들을 살펴보자.

1. 전갈의 권세와 같은 권세를 받았다.
2. 오직 사람-인 맞지 않은 사람만 해할 수 있다.
3. 전쟁을 위해 예비 된 말 같다.
4. 금 면류관 같은 것을 썼다.
5. 얼굴은 사람의 얼굴 같다.
6. 여자의 머리털 같은 머리털이 있다.

7. 이(teeth)는 사자의 이와 같다.

8. 철흉갑 같은 흉갑이 있다.

9. 날개가 있는데 날개들의 소리는 전쟁 소리와 같다.

10. 전갈과 같이 살을 쏘는 꼬리가 있다.

11. 전체적인 모습은 황충(locust)이다.

12. 그들의 임금의 이름은 헬라어로는 아볼루온이고 히브리어로는 아 바돈이다(파괴자라는 뜻).

13. 무저갱에서 올라왔다.

14. 인 맞은 자와 인 맞지 않은 자를 구분할 수 있다.

15. 5개월간만 땅에서 활동할 수 있다.

황충의 가장 큰 특징은 그들이 전갈의 권세와 같은 권세를 받았다는 것이다. 그들의 목적은 사람을 괴롭히는 데 있다. 사람들로 하여금 고통에 시달리게 하기 위한 목적을 달성할 수 있게 만드는 능력은 전갈의 그것과 같다고 보면 될 것이다. 그러나 아마도 이 능력은 보통 우리가 알고 있는 전갈의 독이 주는 고통보다 더하지 않을까 싶다. 무저갱에서 온 존재이기 때문이다.

요한은 그들의 크기가 어떠한지를 말해주지 않는다. 그들은 크기가 클 수도 있고 작을 수도 있다. 어쨌든 그들이 사람에게 해를 가하는 방식은 전갈이 꼬리로 사람을 쏠 때와 같다고 생각하면 될 것 같다.

전갈이 꼬리로 독침을 쏠 때 어떤 일이 일어날까?

처음 전갈에 쏘였을 때는 보통 주사를 맞는 듯한 경미한 통증으로 시작하지만, 그 후 독이 혈류에 들어가 신경계를 과도하게 자극하면 심한 두통, 메스꺼움, 구토, 거동 불량, 불안을 경험한다. 물린 부위가 부어오르고 가렵고 아프다.

전갈 중 검은 전갈에게 물리면 참을 수 없는 통증으로 종종 사망하기도 한다. 물린 지 30분이 지나면 혀와 잇몸 부위에 통증이 생기고 근육 경련이 일어나며 눈에서 화농성 액체가 나오기도 한다.

전갈의 쏘는 침은 마치 주삿바늘 끝과 비슷하게 생겼는데 현미경으로 주삿바늘과 비교해 보면 전갈의 침의 바늘구멍은 사람이 쓰는 주삿바늘 구멍과 비교할 수 없을 정도로 작고 정교하다.

전갈의 쏘는 침이 인간에게 줄 수 있는 고통과는 비교할 수 없을 만큼 황충의 쏘는 살이 주는 고통은 참혹할 것으로 보인다. 다섯 달 동안 죽음이 그들을 피한다는 것은 죽을 만큼의 고통이 이 상황으로 인해 일어난다는 것을 의미한다.

이것은 실제 일어날 일이다. 정말로 이러한 고통이 인간에게 가해질 것이다. 이 안에 담긴 영적인 의미가 있겠지만 이 일은 영적인 의미만을 전달하기 위해 일어나는 것이 아니다. 상징으로만 해석해서도 안 된다고 생각한다. 음부도, 무저갱이라는 곳도 실제 존재하기 때문이다.

존재하지도 않는 곳을 예수님은 말씀하시지 않는다. 예수님은 진리라는 실체를, 비유를 사용해 말씀하셨지만 어디까지나 진리는 실제라는 것을 계속 강조하셨다.

그러나 우리는 이 황충의 모습에서 파악할 수 있는 상징적인 부분들도 보아야 한다. 왜냐하면 이것이 우리가 실체를 파악할 수 있는 중요한 요소가 될 수 있기 때문이다.

전갈이 나오는 성경 구절들을 찾아보면 그 영적 의미와 상징들이 무엇인지 추측할 수 있다. 눅 10:19절에서 예수님은 제자들을 보내시며 이렇게 말씀하신다.

'내가 너희에게 뱀과 전갈을 밟으며 원수의 모든 능력을 제어할 권세를 주었으니…'

여기서 등장한 뱀과 전갈은 원수의 모든 능력으로 나타난다. 제자들이 상대해야 할 세력은 원수 곧 마귀의 세력이었다. 그들이 대적해야 할 상대는 실제 살아있는 뱀이나 전갈이 아니다. 그들은 혈과 육이 아닌 사단의 공중권세와 싸워야 한다.

그런데 여기서 중요하게 보아야 할 단어가 있다. 예수님은 원수의 모든 능력을 없애라고 하거나 파괴할 수 있다고 말씀하시지 않는다. '제어'라는 말씀을 하신다. 원수의 모든 능력을 조정할 수 있는 권세가 그들에게 주어진 것이다.

이러한 말씀은 무저갱의 열쇠를 가진 자가 무저갱을 열어 무저갱의 세력인 황충이 나오게 만드는 권세를 쥐고 있는 것과 통하지 않을까 싶다.

교회는 그 능력에 당하지 않는다. 인 맞은 자는 결코 사단의 능력 곧, 그들의 전갈의 쏘는 침으로 고통당하지 않는다. 오히려 그들이 세상에서 날뛰게 만들어 주는 시간을 열어주는 존재가 교회가 될 것이다.

황충이 전갈의 쏘는 침을 가졌다는 것은 따라서 그들이 원수 곧, 사단의 능력을 갖췄다는 것을 의미한다. 그러나 우리가 알아야 할 것은 이 세력을 교회가 제어한다고 해서 이 존재를 놓고 장난을 친다거나 마음대로 부릴 수 있다는 뜻이 아니라는 점이다.

신 8:15절에 모세는 위험했던 광야에 대해 말하면서 그곳은 불뱀과 전갈이 있었던 곳이라고 표현한다. 이것은 시험을 당했던 그곳이 매우 위험했다는 것을 불뱀과 전갈을 통해 말해주는 비유다.

우리가 심판을 대할 때 두렵고 떨리는 마음으로 대해야 한다는 것을 의미한다. 불뱀의 사건은 믿음을 가진 자와 믿지 않는 자들이 누구인지를 보여준 사건이었다. 불뱀에 물렸지만, 놋뱀을 본 자들은 살았고 그렇지 않은 자들은 죽었다.

인을 맞았다는 것은 믿었다는 것을 의미한다. 그러나 믿음으로 구원을 받고 인을 맞았다고 해서 사단의 능력인 그들과 정서적인 관계를 맺을 수는 없다.

황충은 분명히 교회가 제어할 수 있지만 신뢰의 관계를 형성할 수는 없다. 겔 2:6절에서 하나님은 패역한 족속에 대해 비유하실 때 전갈을 사용하신다. 원수는 늘 교회를 핍박하려 하고 괴롭게 하는 존재이지만 그들은 교회를 건드리지 못한다. 이것이 예수님이 말씀하시는 '제어'라고 생각한다.

예수님은 제자들에게 원수가 너희 머리털 하나도 상하지 못하게 할 것이라고 말씀하신다. 핍박을 받겠지만 승리할 것이라고 말씀하신다. 그러나 사도들은 요한을 제외하고는 모두 순교했다. 원수의 세력에 의해 죽었다.

그러나 이 죽음은 수동적 죽음이 아니다. 그들이 택한 죽음이었다. 이것을 순교라고 말할 수 있는 것도 그들이 어쩔 수 없이 죽은 것이 아니라 믿음을 지키다가 믿음으로 선택해 죽었기 때문이다.

지금 보고 있는 황충의 사건은 음부의 영적인 일들이 실제 땅 위에서 일어나는 일이다. 어쩌면 교회 곧 인 맞은 자들에게 침을 쏠 수 없는 것도 머리털 하나도 상하지 않을 것이라고 말했던 예수님의 말씀이 실제로 적용되기 때문이라는 생각이 든다.

전갈의 쏘는 살을 표현할 때 쓰는 단어 켄트론($\kappa\epsilon\nu\tau\rho o\nu$)은 고전 15:55절에서 바울이 비유한 사망의 '쏘는'의 단어와 같은 단어다.

사람의 영육의 생명을 앗아가는 사망이 침을 쏜다고 표현하는 것이다. 죽음과 맞먹는 고통을 주는 황충의 꼬리의 침은 이와 같이 사망의 쏘는 세력, 원수의 가장 큰 능력과 직결되고 있다는 것을 알 수 있다.

따라서 이 전갈의 침은 원수의 세력이지만 교회가 제어할 수 있다. 그러나 이것은 우리가 타협하거나 친해질 수 없는 세력이다.

사단의 능력이고 사단에게 속한 세력이기 때문이다. 다만 우리가 세상을 심판할 수 있는 권한을 받은 자들로서 그들을 활동할 수 있게 만들기도 하고 다섯 달이 지나 다시 무저갱에 가둘 수 있는 권한만이 있을 뿐이다.

황충(무저갱의 세력이 아닌 현존하는 황충의 떼)은 메뚜기 떼로 그 개체수는 무려 4,000억 마리나 된다고 한다. 메뚜기 떼는 지나가는 모든 자리의 식물을 초토화시킨다. 따라서 무저갱에서 올라온 군대 또한 이런 개체 수를 가지고 있을 것이라 예상된다. 이러한 거대한 숫자로 구성된 이들을 막을 힘은 지구상 어디에도 없을 것이다.

그들은 사람의 얼굴을 하고 있다. 이것은 사람과 같은 분별력이 있다는 것을 의미하는 것 같다. 그들은 지능이 있을 뿐 아니라 분명 뛰어날 것이다.

영적인 인지 능력을 가진 존재가 혼적인 것을 분별하지 못할 리가 없다. 왜냐하면 영적 분별력은 혼적 분별력보다 상위에 있기 때문이다.

또한 면류관이 있다는 것은 그들 각자에게 권위가 있다는 것을 의미한다. 사람의 지능을 넘을 수 있는 권위, 사람의 말이나 행동에 영향을 받지 않고 스스로 행동할 수 있는 능력과 지능이 그들에게 있다는 것을 의미한다.

따라서 그들은 사람의 술수나 지혜에 당하지 않는다. 그들의 목적을 달성하기 위한 지능은 사람의 지능을 훨씬 능가할 수 있다는 추측을 해본다.

4,000억 마리 이상이 되는 황충의 군대는 70에서 80억이 되는 사람들을 괴롭히기에 충분한 수다. 앞서 말한 바와 같이 황충들의 크기에 대한 정보는 나오지 않았다.

그들은 사람의 크기일 수도 있고 모기만큼 작을 수도 있다. 그러나 침의 쏘기가 주는 고통은 동일하리라 생각한다.

만약 이러한 추측이 맞다면 사람들은 피할 곳이 없을 것이다. 매우 높은 곳에 있든 혹은 깊은 땅속에 있든 침투가 가능하기 때문이다.

날개가 있어 어느 곳이든 오를 수 있고 크기가 작아 환풍구나 작은 틈을 통해서 침투할 수 있을 것이다. 사람이 피할 곳이 거의 없다는 뜻이다.

또한 이 황충들은 그들의 군대 장관의 명령에만 움직일 것이다. 그들에게 긍휼 따위는 없다. 그들은 그저 명령에 따라, 이루려고 하는 목적에 따라 움직이고 행동할 것이다.

이 때문에 그들을 설득할 수 있는 자는 아무도 없을 것이다. 아볼루온의 명령을 거역하여 행동하는 황충은 없을 것이기 때문이다.

헬라어 아볼루온과 히브리어 아바돈은 모두 파괴자라는 뜻이다. 이름 안에 그들의 목적이 뚜렷하게 나타나고 있다. 그들의 목적은 오로지 파괴하는 데 있다.

그 대상은 인 맞지 않은 자들이다. 나무도 숲도 어떤 생물도 그 대상이 아니다. 그들의 타겟은 인 맞지 않은 '사람들'이고 목적은 그들을 고문하는 데 있다. 이 때문에 그들은 긍휼없이 사람들을 고통스럽게 할 것이고 가장 잔인하고 지혜롭게 사람들을 괴롭힐 것이다.

그들에게 면류관 같은 것이 주어졌다는 것은 어떤 것도 그들을 이길 수 없다는 것을 보여준다. 각 개체 하나하나가 강력하기도 하거니와 4,000억 마리라는 어마어마한 숫자와 상대해 이길 수 있는 전력을 지닌 나라는 없다.

온 세상의 군사력들을 모아 힘을 합친다 해도 결코 이길 수 없을 것이다. 그들은 5개월간 인을 맞지 않은 모든 이들을 이길 것이다.

그들은 철갑을 두른 수퍼 황충이다. 그들을 없애려 하거나 태운다거나 부수려 해도 그렇게 할 수 없다는 뜻이다.

그들은 불이 들끓는 무저갱에서 올라온 존재들이다. 그들이 두른 철갑은 온도가 높은 불에도 녹지 않을 것이다. 핵으로 공격한다고 해도 그 해를 입는 존재는 사람이지 그들이 아닐 것이다.

그리고 그들은 날개를 가졌다. 그들의 기동력은 아무도 막을 수 없을 만큼 빠르고 강할 것이라 짐작된다.

게다가 이들의 독은 사람들의 사지를 마비시킨다. 그들을 대항해서 무언가를 하려고 해도 그들을 막기에는 사람의 기동력이 힘을 발휘하지 못할 것이다.

이 모든 것을 종합해 볼 때, 5개월 동안 인 맞지 않은 자가 그들을 피할 방법은 어디에도 없으리라 추측된다. 또한 사람들은 죽음으로도 이들을 피할 수 없다. 5개월간 죽음이 허용되지 않기 때문이다. 죽음보다 더 끔찍한 고통은 인 맞지 않은 자들을 5개월간 뒤덮게 될 것이다.

광야로의 도피

그렇다면 이때 인 맞은 자들은 무엇을 하게 될까? 인을 맞지 않은 자들이 바닥에 쓰러져 몸을 떨며 아무것도 못 할 그 기간에 인 맞은 자들은 과연 어떤 행동을 취하게 될까.

나팔의 소리는 앞서 말한 바와 같이 예언을 의미한다. 앞으로 '세상이 이렇게, 이렇게 될 것이다'라는 예언은 교회를 통해 전파되었을 것이다.

그 예언대로 세상이 불에 타고 피에 물들며 해와 달이 연기에 가려진 것을 온 세상이 보게 되었을 때 교회도 이 장면들을 볼 것이다.

그때 교회는 반드시 광야로 들어가게 된다. 그곳이 정확히 어딘지는 알 수 없으나 하나님은 그의 백성들을 피난처인 동시에 그들의 훈련지인 광야로 인도하시리라 믿는다.

이 장면이 나온 챕터가 바로 계시록 12장이다.

그 광야가 실제적인 광야든 혹은 영적인 의미의 광야든 하나님은 인 맞은 자들인 교회를 반드시 어딘가에 숨기실 것 같다는 추측을 해본다.

그들이 만약 실제로 육체를 이동해 어딘가를 가야 한다면 멸망의 짐승의 세력에 속한 자들의 방해와 핍박을 피해 가야만 할 것이다.

이 시기는 멸망의 짐승이 자신의 집권을 위해 전쟁을 하는 시기다. 교회는 그가 권력을 얻는 데 있어 매우 큰 걸림돌이 될 것이기 때문에 짐승은 반드시 교회를 점진적으로 핍박하게 될 것이다. 황충들의 해가 5개월간 인 맞지 않은 자들에게만 일어난다면 이 사건은 인 맞은 자들이 어딘가로 피할 수 있는 시간을 얻는 셈이다.

이렇게 생각할 수 있는 근거는 이 기간이 5개월이라는 점이다. 노아의 홍수때 땅에 물을 채웠던 시기가 150일 약 다섯달이었다(창 7:24). 이때 물 홍수라는 심판을 피할 수 있는 유일한 장소는 방주였다.

방주는 구원의 장소지만 동시에 심판이 일어났던 세상 가운데 떠 있던 장소였다. 마찬가지로 마지막 때의 교회 또한 심판의 때에 구원을 얻기 위한 특정한 장소 곧, 노아의 방주 같은 곳으로 하나님의 인도하심을 받지 않을까 하는 추측을 해 본다.

이를 위해서는 멸망의 짐승에게 속한 자들의 핍박을 피해야 한다. 온 세상이 만약 짐승의 세력에 들어가고 있는 상태라면 그들이 그 세력을 피해 도망을 가는 것은 어려운 일이다.

하지만 황충의 세력이 나타나 인 맞지 않은 자들에게 해를 가하게 된다면 인 맞은 자들이 짐승의 세력을 피해 광야로 도피할 수 있는 시나리오가 가능하게 될 것이다.

이 사건이 일어나는 시기는 정확히 인 맞은 자들이 누군지 그렇지 않은 자들이 누구인지를 구분할 수 있는 때다.

만약 그때 광야로 가야 하는 자들이 정해진다면 누가 교회인지 아닌지를 그보다 더 정확히 구분할 수 없으리라 생각한다. 황충에게 물리면 아무리 교회를 다닌 사람이라고 해도 교회에 속하지 않은 사람임을 증거하게 될 것이다.

그러나 반대로 황충이 그를 피하면 그는 명확하게 하나님의 택하심을 입은 교회라는 것이 판명될 수 있을 것이다.

이 때문에 마지막 때의 교회, 144,000 안에는 거짓 형제, 거짓 선지자 혹은 거짓 유대인이나 거짓 사도들이 있을 수 없다.

오직 진실하게 하나님을 섬기는 자들만 황충의 해를 입지 않을 것이고 그들만이 하나님이 정하시는 광야에 들어가게 될 것이기 때문이다. 그곳만큼 안전한 곳은 없으며 그곳만큼 완전한 교회가 없을 것이라 추측해 보는 바다.

진정한 교회는 반드시 화에서 벗어난다. 더 정확히는 세상에 화가 임한다고 해도 이 화는 예수 그리스도 안에 있는 진짜 교회를 건드릴 수 없다.

오히려 교회는 이곳에서 나타난 무저갱을 여는 별의 역할을 감당할 것이다. 교회는 세상에 예수 그리스도의 구원을 전하기도 하지만 세상을 심판하는 하나님의 도구로도 쓰임 받는다. 기도라는 열쇠를 통해 세상에 심판을 전하고 동시에 그들은 하나님의 구원을 얻는다.

5개월이라는 방주의 시간 안에서 그들은 하나님이 정하신 곳으로 가서 피할 곳을 얻게 될 것이다.

출애굽한 이스라엘 백성이 홍해를 지나 광야로 들어간 것과 같이 진짜 교회, 인 맞은 자들, 144,000의 이스라엘 자손들은 하나님이 예비하신 광야로 들어가게 되리라 믿는다.

둘째 화

둘째 화는 11장의 두 증인의 활동에 관한 사건이다. 나팔재앙과 화의 사건은 분명 연관이 있지만, 그 사건들이 꼭 같은 사건들이라고는 할 수 없다.

이 둘은 동시에 일어날 수도 있고 아닐 수도 있다. 나는 이에 대하여 정확하게 말할 수는 없다.

그러나 나팔 재앙과 화를 분리해서 지칭하는 것은 분명한 이유가 있을 것으로 생각한다. 앞에서 말한 바와 같이 나팔의 재앙은 교회를 모이게 하고 세상과 교회를 깨우고 신부를 데리러 오기 위한 신랑의 입성을 예고하기 위한 목적이 있다. 동시에 이것은 하나님의 심판의 방법이고 구원의 방법이다.

그러나 화는 인과적인 성격이 더 강하다는 생각이 든다.

하나님은 율법의 두 가지 측면을 이스라엘 사람들에게 명확히 알게 하셨다.

율법을 지켰을 때는 축복이 임하고 율법을 어겼을 때는 저주가 임한다. 이 원칙은 세상 끝날까지 변하지 않는다. 우리가 이 가운데서 구원을 얻을 유일한 방법은 오직 회개함으로 예수 그리스도의 의로움을 입고 율법을 이기는 것뿐이다. 이것이 복음이다. 빛의 경계, 축복의 경계라고 할 수 있다.

이 복음의 경계 밖은 여전히 말씀의 원칙이 적용되는 세상이고 이 세상에서 율법의 기준에서 어긋난 자들에게는 여전히 '저주' 혹은, '화'라는 결과가 주어진다.

'선악과를 먹으면 반드시 죽는다.'

'피를 흘렸으면 반드시 피를 흘린다'는 이 원칙은 하나님의 약속이자 공의다. 이것이 없이는 하나님의 통치는 굳건하지 못할 것이다.

십자가라는 복음은 하나님의 약속 안에 있는 사람과 공의가 충족되는 유일한 장소다.

그 외의 지대는 반드시 하나님의 형벌과 저주가 임할 수밖에 없다. 여기에 서 있는 자들에게는 반드시 '화'가 임한다. 따라서 이 '화'는 결코 진정한 이스라엘인들, 진정한 교회에는 임하지 않는다.

오히려 교회는 화를 경고하는 편에 서 있다.

이 때문에 여기서 화를 외치는 존재가 누구냐를 알고 기억하는 것은 매우 중요하다.

이 부분은 후에 나올 대접 재앙에서도 등장하는 요소다. 스가랴서에서 교회에 대한 정체성을 보여주는 환상들이 등장하는 것은 하나님이 교회가 자신의 모습이 어떠한지 알기를 원하셨기 때문이었다고 생각한다. 진짜 이스라엘이 어떤 모습인지, 교회가 무엇인지를 아는 것이 심판을 이기는 것과 직결되기 때문이다.

우리 스스로가 누구인지를 아는 것, 교회가 어떤 모습인지를 아는 것이야말로 승리를 얻는 가장 기본적인 무기다.

인봉의 해제가 완전히 이뤄지기 전, 당신의 교회 위에 인을 쳤던 장면은 스가랴서에서 기록하는 교회의 완전한 모습을 형성하는 마지막 과정이다.

모든 바람이 불기 전에 그의 교회를 인치신 것과 화에 대한 말씀을 전하시면서 교회와 세상을 구분하신 것은 같은 맥락이다.

이는 단순한 메시지다.

교회 위에는 화가 임하지 않을 것이고 교회가 아닌 자들에게는 화가 임한다. 교회는 심판을 면하겠으나 교회가 아닌 자들에게는 심판이 임할 것이다. 방주 안과 방주 밖, 애굽과 이스라엘과 같은 이 구별은 우리가 마지막 때를 바라보는 데 있어 가장 중요한 그림일 것이다.

그러나 그 무엇보다 가장 중요한 건 누구든 예수 그리스도의 피로 사함을 얻고 그 안에 성령이 임하셔서 거하신다면 그는 교회에 속한 자요, 인을 맞은 자요, 심판에 거하지 않을 자라는 점이다. 이 부분을 믿는다면 세상에 화와 재앙이 미친다 한들 그를 파멸시킬 수 있는 존재는 그 어디에도 없을 것이다.

이 믿음을 가진 자만이 영원한 삶을 쟁취할 수 있으리라 믿는다.

† 다섯 번째 나팔수들 이야기

08
Chapter

여섯 번째 나팔

금단 네 뿔의 음성

여섯 번째 나팔이 울렸다. 그리고 하늘에서 어떤 일이 일어난 뒤 땅에서 인과적으로 사건이 벌어진다. 요한은 지금 천상에 위치한 채로 땅에서 일어나는 일들을 보고 증거하는 중이다.

그 상황을 자세히 분류해 살펴보자.

1. 여섯째 천사가 나팔을 불었다.
2. 하나님 앞 금 제단 네 뿔에서 한 음성이 났다.
3. 그 음성이 여섯 번째 나팔 가진 천사에게 말한다.
4. 큰 강 유브라데에 결박된 네 천사들을 놓아주라고 명령하라고 명령한다.
5. 나팔 가진 천사가 명령한다.
6. 네 천사들이 놓인다.

-네 천사들은 누구?

1) 큰 강 유브라데에 결박되어 있었다.
2) 그 년, 월, 일, 시에 결박된 것이 풀리고 사람 삼분의 일을 죽이기로 되어 있다.
3) 그들에겐 마병대가 있다.

4) 마병대의 수는 이만만이다.

5) 말들과 그 탄자들은 하나다.

6) 마병대 하나하나의 모습은 불빛과 자줏빛이 있고 유황빛 호심경이 있고 머리는 사자와 같고, 입에서 불과 연기와 유황이 나온다.

7) 말들의 힘은 입과 꼬리에 있다.

8) 꼬리는 뱀과 같고 꼬리에 머리가 있어서 이것으로 사람을 해한다.

7. 마병대로 인해 사람 삼분의 일이 죽임을 당한다.

8. 그 남은 사람들은 회개하지 않고 우상에게 절한다.

이 사건에 나오는 주요 네(4) 인물을 정리하면 다음과 같다.

1. 여섯 번째 나팔 부는 천사

2. 금단 네 뿔의 음성

3. 유브라데에 결박된 네 천사

4. 마병대

이 인물들의 명령체계를 정해보면,

금단 네 뿔의 음성 〉 여섯 번째 천사 〉 유브라데에 결박된 네 천사 〉 마병대.

—

각 인물들은 상위의 명령을 하달받아 그 명령을 이행한다. 여섯 번째 천사는 금단 네 뿔 사이에서 나는 음성을 전달받아 그 말을 유브라데에 결박된 네 천사에게 전한다. 명령 전달의 단계는

네 뿔의 음성-〉여섯 번째 천사-〉 유브라데에 결박된 네 천사-〉 마병대.

이 순서를 따져본다면 우리가 우선 살펴보아야 할 첫 번째 인물은 금단 네 뿔의 음성이 누구인지에 관해서다.

이 존재를 설명하는 요한의 기록을 분석해보자.

1. 금단은 하나님 앞에 있다.

이것은 앞서 우리가 살펴본 다른 천사가 다루는 제단들의 위치와 동일하다. 그 위치는 하늘의 성전이다. 그리고 하나님 앞 금단은 피를 흘리는 제단이 아닌 향을 피우는 금단, 향단이다. 따라서 금단에서 나는 음성은 반드시 하나님의 명령을 하달하는 하나님의 편에 선 존재여야 한다.

2. 요한은 특별히 네 뿔에 대해 언급하고 있다.

구약의 향단 뿔들은 단 자체와 연결되어 있다. 그것들은 처음엔 따로 떨어져서 각각 만들어졌지만 그것을 붙인 후에는 이은 채로 금을 씌웠다(출 30:1~5).

이 뿔들은 총 네 개이며, 이 뿔들에게는 속죄가 필요했다(출 30:10). 이

제단은 지극히 거룩한 것으로 오로지 대제사장밖에 접근하지 못하는 성막의 기구다.

요한은 뿔의 개수를 명확히 기록한다. 이 뿔들은 네 개가 있다고 기록하고 있다. 넷은 세상을 의미한다(사람이 걷는 땅, 사람이 갈 수 있는 모든 방향은 오직 네 방향뿐이다).

지구의 모든 장소는 그 네 방향이라는 경계선 안에 있다. 그 안에 교회가 있고 세상이 있다. 어떠한 속죄든 심판이든 이 일이 일어날 수 있는 '장소'는 사람과 동물이 숨 쉬며 기생하는 땅 곧, 지구라는 행성에 있음을 의미하는 것이다.

그런데 여기에 '속죄'의 의미가 더해지면 이 제단이 간섭하는 권한의 경계는 세상의 경계 안에 있는 모든 생물이 아닌 속죄가 필요한 '사람'의 경계로 축소된다.

속죄라는 것은 스스로 죄를 깨닫고 무릎을 꿇어 회개에 이를 수 있는 믿음의 행위를 동반한다. 이 행위를 할 수 있는 존재는 오직 사람밖에 없다. 따라서 금단, 네 뿔의 음성이 명령하려는 대상의 경계는 '사람'이라는 것을 알 수 있다.

3. 음성은 뿔들 사이에서 난다.

뿔의 특징을 보자. 뿔은 어떠한 세력에서 가장 높은 위치에 있는 권력자 혹은 우두머리를 상징한다.

　시 75:10절은

　'또 악인들의 뿔을 다 베고 의인의 뿔은 높이 들리로다.'라고 설명한다.
이것은 악인들도 뿔이 있고 의인들에게도 뿔이 있다는 것을 보여준다.
구원의 뿔은 우리가 알 듯 예수 그리스도를 의미한다.

　구원의 영역에 관한 한 예수 그리스도라는 세력을 대체하거나 그 상위
에 존재하는 권력은 어디에도 없다. 계 5장의 예수님을 의미하는 어린
양의 일곱 뿔은 예수님이 가지고 계신 구원의 권력과 힘을 보여준다.

　이 외에도 의인의 뿔에 대한 상징들은 수없이 등장한다.
악인들의 뿔에 대한 예도 이곳 계시록에 여러 번 등장한다. 일곱 개의
뿔, 열 뿔과 같은 뿔들은 세상 세력의 우두머리들을 상징하고 있다.

　따라서 뿔은 선한 세력이든 악한 세력이든 그 세력에서 최고의 권력을
상징하는 그림이다. 금 제단의 네 개의 뿔은 아마도 죄의 세상에서 상위
의 세력들이 있다는 것으로 해석할 수 있을 것 같다.

　4. 한 음성이 있다.

　요한은 음성의 실체를 보지 못하고 목소리만 들었다. 그런데 그 음성
이 하나라고 표현한다($\mu\iota\alpha\nu$,원형-$\mu\iota\alpha$, mia). 음성이 하나라는 것은 음성

을 내는 실체가 하나라는 것을 뜻한다.

위 조건들을 종합해 추측해 보면, 한 음성의 주인공은 인간의 속죄와 연관되어 있다. 금단 곧 향단은 대제사장의 권한을 가진 자만이 접근할 수 있는 성소의 기구이므로 대제사장의 권한과 매우 깊은 연관성을 띠고 있음이 분명하다.

그는 속죄와 연관된, 다시 말하면 심판과 구원에 관한 일에 참여할 수 있는 권한을 가지고 있는 것 같다. 이 여섯 번째 나팔의 의미가 구원과 심판에 관한 것임을 감안하면 여기서 나오는 음성이 지시하는 명령 또한 구원과 심판과 관계있는 명령이어야 할 것이다.

또한 그는 분명 여섯 번째 천사보다 상위의 존재다. 하나님의 진영에서 하나님의 뜻을 전하는 존재이며 황충이 나올 수 있게 그 문을 열어 때를 시작하게 한 과정과 비슷하게 여기서도 전쟁의 시기를 열어주는 존재다.

전에는 이 전쟁을 허락하지 않았다가 이제 여기서 그의 명령에 의해 허락해 줬다. 이 사건은 이 존재가 심판에 관한 권한을 가졌다는 것을 의미한다.

이러한 과정은 앞서 우리가 살펴본 7장의 하나님의 살아계신 인을 치는 과정과 비슷하다. 7장에서 144,000이 인을 맞기 전에 누군가가 땅 네 모퉁이에 선 네 명의 천사들에게 바람을 붙잡게 했는데 그들이 바람을 놓아 불게 하기 전에 인을 치는 장면을 볼 수 있다.

7장에서 우리가 본 건 여기까지다.

요한은 그 바람들이 부는 장면을 7장에서 기록하지 않는다. 결국에 바람이 불었겠지만, 요한의 시선을 따라 이 책을 보는 우리는 7장에서 아직 그 장면을 목격하지 못했다. 7장에서는 바람을 붙들고 있는 네 천사들이 아직 바람을 놓았다는 장면이 등장하지 않는 것이다.

그런데 이와 유사한 명령의 체계와 사건이 여기 9장 14절에서도 등장한다는 걸 알수 있다. 비교해 보면,

	7장	9장
누가?	네 바람을 붙드는 네 천사들	유브라데에 결박된 네 천사들
무엇을?	바람	마병대(불과 연기와 유황)
어디?	땅, 바다	유브라데, 사람 1/3
천사들이 명령을 받는 존재	인 치는 천사와 또 다른 존재(우리)	금단 네 뿔 사이의 음성과 여섯 번째 천사
일의 시점	인을 맞기 전	인을 맞은 후
인침 후	기록 되어 있지 않음	전쟁 발생-결박이 풀어지고 사람 1/3의 죽음

#7장: 네 바람을 잡은 천사들-인을 가진 천사가 내려와 인을 치기까지 바람을 불지 못하게 하라고 명령-인을 침-이 후에 바람이 불 예정

#9장: 유브라데에 결박된 네 천사들-금단 네 뿔 사이의 음성이 여섯째 천사에게 명령-여섯째 천사가 나팔을 붐-결박된 네 천사가 풀리고 마병대가 사람 1/3을 죽임

7장의 바람을 잡은 천사와 지금 9장의 유브라데의 네 천사들의 풀림은 그 과정이 매우 유사하다.

단 하나 다른 점이 있다면 7장에서는 바람이 아직 불지 않았고 9장에서는 재앙이 일어났다는 것이다. 그 요인은 하나뿐이다. 하나님의 백성들이 인 치심을 받은 전(前)과 후(後)라는 점이다.

7장의 네 천사들의 바람이 불지 않았던 이유는 하나님의 성도들이 아직 인을 맞지 않았기 때문이었다. 그런데 지금 9장에서 이 유브라데에 결박된 네 천사의 재앙이 있기 전 우리는 황충 재앙에서 고통을 당하지 않았던 사람들의 정보를 알고 있다.

그들은 인 맞은 자들로서 5개월간 인 맞지 않은 자들이 무저갱에서 올라온 황충의 재앙을 당할 때 아무런 해를 받지 않는 사람들이다. 그들이 인을 맞았다는 강력한 증거는 온 세계가 황충의 재앙으로 고통당할 때 그들만 재앙을 당하지 않는다는 점이다.

이것을 더 단순하게 그려보자.

7장	바람 일기 전	인 맞음-구별	바람이 분다
나팔재앙		5번째(첫째 화)	6번째
9장	전쟁 발생 전	황충 재앙-구별	전쟁 발생

결국 5번째 나팔 재앙, 첫 번째 화는 앞서 나온 7장의 인을 친 자들의 구별을 위한 재앙이었다. 누가 신랑의 집에 갈지, 가지 못할지를 구별하는 가장 확실한 구별 감지기가 황충이었던 샘이다.

한 가지 더 중요하게 보아야 할 관점은 이 음성이 네 뿔들 사이에서 났다는 것이다. 앞서 말한 바와 같이 네 뿔은 죄의 세상에서 그 상위를 차지하고 있는 세력들이다.

이 음성은 이 세상의 죄에 대해 관여하고 또한 그 세상에서 우두머리들에게 관여할 수 있는 존재인 듯하다. 그렇지 않았다면 네 뿔들 사이에서 났다는 점을 부각하지 않았을 것이다.

만약 이러한 가설을 토대로 생각하면 금단 네 뿔 사이에서 나는 음성의 존재가 누구인지가 더 명확해진다. 그는 아마도 살아있는 인을 가진 천사와 동일하거나 최소한 그가 말하는 '우리' 안에 속해 있는 존재일 것이다.

나팔을 부는 선지자격인 이 땅의 천사에게 명령할 수 있는 존재, 심판과 구원에 관하여, 속죄에 관하여 이야기할 수 있는 한 음성, 세상의 임금들에 관하여 일할 수 있는 자격을 지닌 음성.

그는 성령님일지도 모른다는 추측을 해본다.

예수님은 요한복음에 성령에 대하여 이같이 설명하신다.

'바람이 임의로 불매 네가 그 소리는 들어도 어디서 와서 어디로 가는지 알지 못하나니 성령으로 난 사람도 다 그러하니라'(요 3:8).

예수님은 성령을 '소리'라고 표현하신다. 바람은 실체는 있으나 그 소리만 있고 그 형체는 볼 수 없다. 이와 같이 성령 또한 실체는 있으나 그 소리만 들을 수 있다고 예수님은 설명하신다. 금단 네 뿔 사이에서 난 존재가 음성으로 나타난 것과 유사하다.

또 예수님은 제자들에게 자신이 가고 나면 성령이 오실 것이라고 말씀하시면서 그분의 역할을 설명해 주신다.

'그가 와서 죄에 대하여 의에 대하여 심판에 대하여 세상을 책망하시리라'(요 16:8).

'심판에 대하여라 함은 이 세상 임금이 심판을 받았음이라'(요 16:11).

예수님은 성령께서 관여하시는 영역이 죄와 의와 심판의 영역이라는 것을 가르쳐주신다. 거기에 더해 예수님은 성령께서 관여하시는 심판이 세상의 임금들에게까지 미친다고 말씀하신다. 이것은 네 뿔 즉, 세상의 우두머리들을 관장하고 있는 듯한 음성의 조건과 부합하고 있다.

또 인(seal)은 바울이 정의한 명칭대로 성령의 인이다. 바울은 성령에 대하여 성도들에게 이와 같이 설명한다.

'저가 또한 우리에게 인치시고 보증으로 성령을 우리 마음에 주셨느니라'(고후 1:22).

'하나님의 성령을 근심하게 하지 말라 그 안에서 너희가 구속의 날까지 인치심을 받았느니라'(엡 4:30).

'그 안에서 너희도 진리의 말씀 곧 구원의 복음을 듣고 그 안에서 또한 믿어 약속의 성령으로 인치심을 받았으니'(엡 1:13).

인치심의 보증이 성령님이라는 것, 성령 안에서 우리가 인치심을 받았다는 것, 성령 자체가 인치심이라는 것을 보여주고 있다. 계속 반복해서 말하지만, 성령님의 유무가 교회의 경계를 정한다.

성령이 거하시는 사람은 교회고 성령이 거하시지 않는 자는 교회가 아니다. 이 경계는 성령이 오신 날부터 가시는 날까지 지속되는 명확한 영적인 경계다.

이를 토대로 금단 네 뿔 사이의 음성을 추정해보면 이 음성의 주인공은 성령님이라고 보는 것이 타당하다고 생각한다.

여섯 번째 천사가 나팔을 부는 행위는 앞서 말한 바와 같이 성령의 감동에 따른 예언으로 이어진다. 나팔을 실제로 분다는 것이 아니라 하나님이 선지자들을 통해 그 말씀을 대언하게 하심으로 경고하시는 것이다.

계 19:10절에서 요한에게 말하는 천사는 예수의 증언이 예언의 영이라고 증거한다. 계시록의 말씀과 예언이 하나님의 영이신 성령을 통해 전달된다는 것을 이 구절에서도 강조하고 있는 것이다.

따라서 금단의 네 뿔의 음성은 성령님이라고 보는 것이 타당할 듯하다.

큰 강 유브라데에 결박된 네 천사들

요한은 결박된 네 천사들에 대한 첫 번째 정보를 제공하는데 그것은 그들이 큰 강 유브라데에 있었다는 점이다. 유브라데 강은 이라크, 시리아, 터키에 이르는 큰 강이다. 이 강은 오래전 바벨론 제국, 하란 땅을 연결하는 인류의 4대 문명 중 하나를 탄생시킨 커다란 물줄기다.

강은 인류가 문명을 발전시키는 데 있어 필수적인 요소다. 사람이 살기 위해서는 기본적으로 물이 필요하다. 사람뿐 아니라 동물과 식물도 물을 통해 영양분을 공급받는다. 생명의 공급원인 '물'이 흐르는 강은 문명의 발생에 있어 가장 큰 영향을 미친다.

거대한 농장을 개발하기 위해서는 끊임없이 물이 공급될 수 있는 수원이 필요하다. 이집트의 나일강, 서울의 한강, 영국의 템즈 강과 같은 경우가 그러하다. 유브라데라는 강이 없었다면 바벨론이라는 문명은 절대 탄생할 수 없었을 것이다.

가축을 기르기 위해서도 물이 필요하다. 가축의 기본 생명을 제공하는 물의 공급뿐 아니라 가축을 먹일 수 있는 풀이 자라기 위해서도 물이 필요하다. 이것을 통해 인간은 농경사회를 발전시킬 수 있었다.

소가 쟁기를 끌고 말과 나귀를 통해 운반하는 등의 용이한 가축의 쓰임은 더 큰 농장을 개발시키고 더 많은 식량을 사람들에게 보급하게 했다.

이에 따라 사람들은 자연스레 여기저기 떠돌아다니며 수렵과 채집으로 살아왔던 삶의 방식을 버리고 정착해 살아가게 된다. 그들은 마을을 형성하고 부족을 형성하고 나아가 민족을 형성한다.

자연스럽게 거대한 덩치를 가진 민족은 체계를 조직, 운영하기 위해 국가라는 경계를 만들어 낸다. 이러한 국가를 유지하기 위한 도구가 정치다. 그 정치와 함께 맞물려 살아가기 위한 수단으로 경제가 형성된다.

세금과 군사력을 확보하기 위해 인구 조사를 실시하고 그에 따라 문자와 화폐를 만든다. 그 도구들을 보급함으로 정치와 경제 체계를 통해서 국가를 존속시킨다. 이것을 '나라' 혹은 '국가'라고 부른다.

또한 군사를 만들어 다른 나라들의 침략을 막아낸다. 이 과정에서 사람들은 무기를 생산하고 성벽을 재건하여 나라의 경계를 세운다. 이것이 한 성이 되고 도읍이 되어 그 안에서 그전보다 더 여유로운 삶을 누리게 되고 자연스럽게 문명이 발전한다.

소통하기 위한 문자에서 예술을 하기 위한 문자로, 추위와 더위를 막기 위한 옷에서 더 아름다운 옷으로, 사람들을 모으기 위한 나팔이 음악을 위한 나팔로, 배고픔을 면하기 위한 음식이 더 맛있는 입맛을 위한 음식으로 발전하는 것이다.

이것이 문화다. 음식, 디자인, 패션, 미술, 음악, 문자, 소설, 영화, 미디어와 같은 영역들은 여러 나라가 결합되어 있는 다양한 민족들을 아우를 수 있는 또 다른 영역과 경계가 되었다.

바벨론은 바빌로니아 문명을 탄생시키고, 페르시아는 페르시아 문명을 탄생시켰다. 이집트 문명, 헬라 문명들도 그 예라고 할 수 있다.

특별히 헬라 문명 즉, 그리스 문명은 헬라어라는 훌륭한 문자 체계를 보유하고 있었고 예술적으로도 고도의 기술을 가지고 있었던 문명이었다.

이 때문에 로마는 이 헬라 문명을 그대로 수용했고 그들이 정복한 나라들을 통합시키는데 매우 큰 도구로 사용했다. 우리가 보는 성경책도 원래는 히브리어였지만 헬라어라는 쉬운 문자를 통해 번역되었고 로마의 길을 통해 여러 나라에 전달될 수 있었다.

'강'은 이와 같이 단순히 물이 흐른다는 지리적 요건 하나로 거대한 문명 발상의 근원이 될 수 있었다. 따라서 강에 결박된 천사들은 문명이 있는 인간들에 관한 영역에서 활동하고 있는 존재들이 분명하다.

창세기에서는 에덴에서부터 흘러나온 네 개의 큰 강줄기를 언급한다.

'첫째의 이름은 비손이라 금이 있는 하윌라 온 땅을 둘렀으며 그 땅의 금은 순금이요 그 곳에는 베델리엄과 호마노도 있으며 둘째 강의 이름은 기혼이라 구스 온 땅을 둘렀고 셋째 강의 이름은 힛데겔이라 앗수르 동쪽으로 흘렀으며 넷째 강은 유브라데더라'(창 2:11~14).

여기에 네 개의 강들 중 네 번째로 유브라데 강이 등장한다. 유브라데는 이와 같이 성경에서도 인류가 처음 탄생했을 때부터 있었던 강이라는 것을 기록한다.

고고학자들 또한 네 개의 문명 발생지의 강 중 하나로 유브라데를 꼽는다. 그들은 인도, 중국, 이집트, 유브라데가 네 개의 문명의 발생지라고 정의한다.

성경의 이야기는 이 네 개의 강 중 특별히 유브라데 강을 중심으로 펼쳐진다. 바벨탑 문명, 아브라함의 이야기 모두가 이 강 유역으로부터 비롯된다. 가나안 땅에 들어선 이스라엘 백성들을 핍박하고 무너뜨렸던 앗시리아, 바벨론, 페르시아 등이 성경의 주요 지리로 등장하고 이 지역들은 모두 유브라데 강줄기에서 발생한 문명들이다.

따라서 유브라데는 온 세계를 아우르는 중요한 문화의 발상지이며, 온 땅을 지배하는 세력에 대한 상징적인 경계라고 할 수 있을 것이다.

즉, 유브라데의 천사들은 '온 세상을 지배하는 세력들이 상주하는 곳에 결박되어 있었던 바람과 같은 재앙의 존재들'이라고도 할 수 있다.

분명한 사실은 그들은 결코 하나님 편에 서서 그분을 기뻐한다거나 하나님을 위해 의지적으로 무엇을 하려는 존재들은 아니라는 점이다.

그들은 온 세상에 거하는 사람들 중 1/3이라는 대량학살을 위해서 마병대를 움직이는 재앙의 존재들이다.

이들은 앞서 무저갱에서 나온 황충들처럼 하나님의 권세 아래서 움직이기는 하되 하나님과 교회를 사랑하거나 보호하기 위한 존재들이 아닌 심판을 행하는 능력을 가진 존재들에 불과하다. 그들이 교회를 건드리지 못하는 이유는 하나님이 허락하지 않으셨기 때문이다. 만약 그들이 교회의 권세를 깨뜨린다면 그 또한 하나님이 허락 하셨기 때문이다. 중요한건 교회는 결코 사라지지 않는다는 것이다.

앞서 우리가 살펴본 바를 다시 언급하자면, 7장의 네 개의 바람과 9장의 네 명의 천사는 같은 맥락을 지닌 존재들이다. 둘다 세상의 파괴자들로 나타나기 때문이다.

이 가운데 인을 맞은 자들은 반드시 하나님의 택하심 가운데 있고 그의 보호하심 안에 있게 될 것이다.

이것이 하나님이 세상을 심판하시고 교회를 구원하시는 방법의 하나라고 설명한 바 있다. 멸망의 짐승이라는 몽둥이를 통해 세상을 심판하고자 하시는 것이다. 짐승은 반드시 전쟁을 통해 자신을 반대하는 세력들을 꺾고 왕좌에 오를 것이다.

제국이라는 몽둥이로 하나님이 세상을 심판하셨던 역사는 성경에서 계속 반복되고 있었다. 이제 그 마지막이 다가왔고 성경에서 언급되었던 모든 문명과 제국들의 틀은 다니엘서의 금 신상과 같이 산산이 부서지는 때가 올 것이다.

앗시리아, 바벨론, 페르시아, 그 제국들을 무너뜨렸던 그리스와 로마까지 그들이 전쟁을 벌이고 세력 다툼을 했던 역사적 배경은 다름 아닌 유브라데 강 유역이다.

또한 교회를 핍박하고 자유롭게 하고 세상을 지배하기도 했던 가장 중요한 지리적인 위치도 다름 아닌 유브라데 강 유역이었음을 볼 수 있다.

독자들은 이 배경과 역사를 잘 담아두기를 바란다. 앞으로 공부하게 될 계시록의 챕터들은 이 배경과 깊은 연관이 있기 때문이다.

다니엘이 보았던 금 신상의 환상, 바다의 네 짐승, 염소와 양의 환상 등은 유브라데 강 유역을 중심으로 세상을 움직이시는 하나님의 주권적인 이끄심을 계시한다.

하나님이 의도하신 대로 나라와 제국들은 흥망성쇠를 거듭한다. 하나님은 종국에 올 하나님의 영원한 나라가 어떻게 오게 될지를 보이시기 위해 인류의 역사 가운데 임재하시고 함께 해오셨다.

유브라데 강의 네 천사들의 가장 큰 특징은 그들이 '천사'라는 것이다. 계속 강조하지만, 이곳에 등장하는 천사들은 하나님의 부리시는 종, 그의 명령을 수행하는 하늘의 천사들의 개념이 아니다.

하나님은 구원을 위해 천사들을 보내기도 하지만 심판을 위해 천사들을 보내기도 하신다. 어떤 때는 왕을 택하여 보내기도 하시고 이방 왕임에도 불구하고 하나님의 선지자들이 기름을 부어 그를 왕으로 임명하기도 한다. 이러한 사람들도 하나님이 '보내신 자들'(천사)의 개념에 들 수도 있을 것 같다. 그 예를 들 수 있는 구절들을 살펴보면,

(렘 24:10)

내가 칼과 기근과 전염병을 그들 가운데 보내 그들이 내가 그들과 그들의 조상들에게 준 땅에서 멸절하기까지 이르게 하리라 하시니라

(렘 25:27)

너는 그들에게 이르기를 만군의 여호와 이스라엘의 하나님의 말씀에 너희는 내가 너희 가운데 보내는 칼 앞에서 마시며 취하여 토하고 엎드러져 다시는 일어나지 말라 하셨느니라

(렘 51:2)

내가 타국인을 바벨론에 보내어 키질하여 그의 땅을 비게 하리니 재난의 날에 그를 에워싸고 치리로다

(겔 5:17)

내가 기근과 사나운 짐승을 너희에게 보내 외롭게 하고 너희 가운데에 전염병과 살륙이 일어나게 하고 또 칼이 너희에게 임하게 하리라 나 여호와의 말이니라

(대하 18:19)

여호와께서 말씀하시기를 누가 이스라엘 왕 아합을 꾀어 그에게 길르

앗 라못에 올라가서 죽게 할까 하시니 하나는 이렇게 하겠다 하고 하나
는 저렇게 하겠다 하였는데

(사 45:1)

여호와께서 그의 기름 부음을 받은 고레스에게 이같이 말씀하시되 내
가 그의 오른손을 붙들고 그 앞에 열국을 항복하게 하며 내가 왕들의 허
리를 풀어 그 앞에 문들을 열고 성문들이 닫히지 못하게 하리라

이와 같이 하나님은 칼과 기근과 전염병, 심판의 칼, 바벨론을 멸망케
할 타국인, 이방인, 사나운 짐승을 보내기도 하시고 심지어 거짓말하는
영을 보내어서 아합왕에 대한 심판을 행하기도 하신다.

몇백 년 후에 나타날 이방의 왕을 이미 선지자들에게 말씀하셔서 그
사람이 다름 아닌 하나님이 보내신 왕이라는 것을 증거하기도 하신다.

유브라데의 네 천사들은 스가랴서에 나왔던 네 뿔과 네 명의 대장장
이들과 비슷한 개념이 될 수 있을 듯하다. 유다를 해치고 사람으로 능히
머리를 들지 못하게 한 뿔들을 심판한 존재들은 네 뿔들을 두렵게 했던
어떤 세력들이다.

앞서 설명한 바와 같이 네 짐승, 네 뿔들, 네 바람은 모두 같은 세력들
이다. 그리고 어쩌면 네 명의 대장장이들도 이들과 같은 개념의 세력들

인 것 같다는 생각이 든다. 왜냐하면 결국 네 제국들은 차례대로 그다음 제국들에 의해 멸망했기 때문이다.

이들은 근본적으로 보면 한 세력이라고 할 수 있다. 그 세력들 위에 섰던 제국들의 왕들은 하나같이 자신을 신격화 했다.

그것만이 자신의 권력을 강력히 유지할 수 있기 때문이다. 그렇기에 그들은 하나님의 편에 선 자들이 아닌 확실히 사단의 편에 선 자들이었다.

멸망의 짐승은 이런 세력의 최종 버전이라고 할 수 있다. 그들이 권력을 얻고 나라를 얻을 수 있었던 것은 단지 사단의 세력에 동조했기 때문만은 아니다. 사단이 그들에게 제국의 권력을 준 것이 아니라는 뜻이다.

성경은 그들에게 권력을 허락하신 이는 하나님이라고 말한다. 때가 되어 그들의 불법을 허락하시고 그들의 욕망을 오히려 심판의 도구로 삼으신 것뿐이다.

네 뿔과 네 대장장이는 결국 같은 세력에서 나온 것임을 알 수 있다.

스가랴서에 등장하는 네 뿔을 위협하는 네 대장장이는 바로 전의 제국을 멸망시키는 다음 제국들이다. 이에 대한 근거는 렘 50:23절에서 찾을 수도 있다.

'온 세계의 망치가 어찌 그리 꺾여… 바벨론이…'

하나님은 바벨론이 온 세상의 망치라고 표현하고 있다. 이것이 대장장이의 역할과 이어진다는 점을 다음 구절에서 찾을 수 있다.

'목공은 금장 색을 격려하며 망치로 고르게 하는 자는 메질꾼을 격려하며 이르되 땜질이 잘 된다 하니 그가 못을 단단히 박아 우상을 흔들리지 아니하게 하는도다'(사 41:7).

'철공은 철로 연장을 만들고 숯불로 일하며 망치를 가지고 그것을 만들며 그의 힘센 팔로 그 일을 하나 배가 고프면 기운이 없고 물을 마시지 아니하면 피로하니라'(사 44:12).

이 구절들은 우상을 제조하는 대장장이들에 대해 설명하고 있다. 철을 다루는 금속 제조사, 즉, 대장장이는 성경에서 강한 무기를 만드는 재질의 철이나 구리로 우상을 만드는 자로 나타나고 있음을 알 수 있다.

다니엘서 나왔던 금 신상도 발의 진흙을 제외하면 모두 잘 부숴지지 않는 금속 재질의 우상이다. 금, 은, 구리, 철과 같은 강한 금속으로 만들어진 우상은 우상을 제조하는 대장장이들의 손에서 만들어진다.

다니엘은 이 우상을 무너뜨리는 돌에 대해 이렇게 설명한다. '손대지 아니한 돌'이라고 설명하는데 이는 결국 금 신상의 형체가 사람의 손으로 만들어진 것임을 의미하고 있다.

따라서 스가랴서에 나왔던 대장장이는 우상을 만들어 내는 세력 즉, 하나님 외에 다른 신을 만들어내는 존재들이 앞선 뿔의 세력을 제거하는 존재임을 보여준다.

이렇게 번갈아 세워진 모든 땅의(넷) 제국들의 세력은 네 짐승으로, 네 뿔로, 네 대장장이로, 네 바람으로, 네 천사들로 성경에서 나타나는 것 같다.

결론적으로 유브라데의 네 천사들은 마지막에 나타날 멸망의 짐승과 그 세력을 의미한다. 그들이 풀려나서 벌일 살육은 그들이 권력을 얻기 위해 벌이는 전쟁을 의미하는 것으로 보인다. 불법의 일들이 허락되는 시기가 된 것이다.

그들은 군대들을 모아 세상을 점령하고 그 과정에서 인구 1/3의 일을 학살 할 것이다.

우리가 이 시점에서 인지해야 할 것은 성도들의 권세는 반드시 깨어진 다는 점이다.

여섯 번째 나팔의 큰 특징 중 하나는 인 맞은 자와 인 맞지 않은 자들에 대한 구분이 없다는 것이다. 이것을 기억하자.

우리는 이 재앙에서 죽을 사람들이 어떠한 종류의 사람인지 알 수 없다. 그러나 분명한 것은 이 일이 마지막 때에 관한 일이고 그 마지막 때에 멸망의 짐승이 전쟁을 일으킬 것이며 교회는 핍박을 당하고 그 권세가 깨어질 것이란 점이다.

성도의 권세가 깨어지는 사건은 교회가 망한다는 의미가 아니다. 로마 황제들의 핍박에도 살아남았던 교회처럼 깨어 기도하며 하나님을 사모하고 예배하는 교회에겐 반드시 살 수 있는 길이 열린다. 다만 그때 교회가 살 수 있는 길은 그 전과는 다른 양상을 띠게 될 것이라는 게 나의 추측이다.

이때는 완전한 마지막 때다. 앞서 말한 대로 사흘의 죽음과 나팔 재앙은 연관되어 있다. 나팔 재앙은 한 마디로 요나가 있었던 물고기 배의 시간과 비슷하다. 교회도 예수님처럼 죽음을 지나 새로운 세상으로 거듭나야 하는 것이다. 이러한 교회의 마지막 때의 숙명이 큰 환란과 연결되어 있고 이는 곧 성도의 권세가 깨어지는 것으로 이어진다.

설사 교회에 속한 자들이 마병대의 연기와 유황에 죽는다 해도 교회는 영원한 심판 가운데 거하지 않을 것이다. 하나님은 그들을 영원한 나라, 새로운 그의 세계로 들이실 것이며 다시는 주리거나 목마르지 않게 하실 것이기 때문이다.

전쟁의 이유

유브라데 강에 결박되었던 천사가 풀려나 전 세계 인구의 1/3을 죽일 수 있는 가장 큰 능력은 마병대다. 유브라데 강에 결박되었다고 했던 네 천사들은 이 능력과 힘을 이용해 사람들을 죽임으로서 자신들의 세력을 견고히 하고 또 멸망의 짐승을 권좌에 올려놓게 될 것이다.

여기서 우리는 '왜' 유브라데 강의 천사들의 세력이 이 마병대를 움직여 세계 1/3의 인구를 죽이려 했는가를 살펴보아야 한다. '왜'를 아는 것은 이 전쟁의 목적과 전쟁의 주체, 진행 방향 등을 유추할 수 있기 때문이다.

마병대라는 말 자체가 설명해 주는 것처럼 마병대는 기병(말을 타는 병사들)으로 구성된 군대 조직이다. 그렇다면 이 군대 조직은 사람의 의도로 만들어진 조직일까?

그럴 가능성이 상당하다. 왜냐하면 유브라데 강에 네 천사들은 세상의 권력, 그 시대에 세상을 장악하고 있는 모든 권력을 상징하기 때문이다.

이들의 목표는 한 나라도 빠짐없이 모든 세상을 그들의 권력 아래 두는 것이다. 이 전쟁은 그에 대한 계획을 실현시켜줄 결정적인 역할을 할 것으로 보인다. 그렇다면 여기 나오는 마병대 또한 그들의 야욕으로 인해 인위적으로 조직된 군대일 가능성이 크다고 볼 수 있을 것이다.

중요한 것은 이들이 나타나는 시기가 황충의 재앙이 일어난 다음 시기라는 점이다.

황충의 재앙은 인 맞지 않은 사람들이 황충의 괴롭힘으로 5개월간 죽음과 같은 고통을 지나가는 사건이었다. 그런데 여기서 유일하게 고통을 당하지 않았던 사람들이 있었다.

그들은 바로 인 맞은 자들, 참 교회, 하나님과 그 아들 예수의 증거를 가지고 세상에 증거 했던 자들이었다. 자신들이 바닥에 구르며 고통스러워하고 있을 때 고통받지 않았던 유일한 사람들이 그들이었다.

손쓸 새도 없이 그들이 어디론가 도망하는 것을 막을 수 없었던 때를 인 맞지 않은 자들은 기억할 것이다. 죽음에 버금가는 통증 속에서 이를 갈며 황충의 재앙이 끝났을 때 그들은 보복의 대상을 찾게 되리라 생각한다.

그 대상은 필시 예수 그리스도의 증거를 가진 교회가 될 것이라 추측해 본다.

하지만 여기서 유브라데 강의 결박되었던 천사들의 목적은 이 보복을 포함한 그들의 야욕이 결탁되어 있다고 본다. 그들의 목적은 고통 이전에도 이후에도 권좌를 차지하는 것이다. 멸망의 짐승과 그 세력은 사람들의 분노로 전쟁의 명분을 얻는다.

역사 속의 여러 군주들이 그러했다. 히틀러는 전쟁을 벌인 후 러시아에 의해 전쟁에 위기가 닥치자, 히틀러의 모사였던 괴벨스는 유대인 학살을 계획한다. 그는 독일 국민들의 분노를 유대인들에게 돌려 그들의 전쟁을 합리화했다. 이로 인해 홀로코스트가 자행되었다.

네로 황제의 시대도 마찬가지였다. 로마에 거대한 화재가 났을 때 사람들은 이 화제의 원인이 누구에게부터 온 것인지를 궁금해했다.

자신의 가족이 죽은 것에 대한 분노를 누구에게든 쏟아 붓고 싶었기 때문이다. 네로는 자신의 정치적 입지를 지키기 위해 그리스도인들에 대한 박해를 시작했다.

유럽에서 흑사병이 돌았을 때 사람들은 유대인들만 병에 걸리지 않는 것을 보고 그들이 이 죽음의 병에 대한 원흉이라고 생각했다.

사실 그들이 병에 걸리지 않았던 것은 음식을 먹을 때 손을 씻어야 하는 결례 때문이었다. 손이 깨끗했기 때문에 병에 걸리지 않았던 것을 그들 자체가 병의 근원이라고 생각하게 만든 것이다. 이때도 수많은 유대인들이 화형에 처하거나 마녀사냥에 희생되었다.

제국의 왕들과 세력들은 자신의 권좌를 지키기 위해 무슨 짓이든 자행한다. 마지막 때 제국을 형성한 권력자들 또한 전 세계가 초토화되어 정치적 입지가 불분명해진 상태에서 해결책을 고안해 낼 것이다.

그것은 역사적으로 여러 번 반복되었던 '남 탓하기'이고 이때 가장 탓하기 좋은 조건의 대상은 인 맞은 자들이 될 것이다.

그렇다면 과연 유브라데 강의 네 천사들의 세력은 서로 하나일까? 나는 그렇게 생각하지 않는다. 네 천사들의 세력이 세상의 권력이기는 하나 그들 또한 각각 다른 세력들을 형성하고 있을 것이다.

미국과 그 우방국들, 중국과 그 우방국들로 나뉘는 것처럼 세상의 세력들은 각각 그 지리적 위치에서 상위를 차지하지만, 서로를 견제하기도 한다.

만약 멸망의 짐승이 자신의 권력을 쟁취하려고 한다면 자신의 야욕에 동조하는 세력들과 야합하리라 본다. 멸망의 짐승이 권좌에 올랐을 때 얻을 수 있는 이익을 계산하는 세력과 짐승의 이(利)는 통하기 때문이다. 그 과정에서 어떤 이는 이득을 얻지만, 어떤 이들은 반대로 손해를 볼 수밖에 없는 정치적 위치에 존재한다. 모든 세상의 권력이 짐승으로 인해 실리를 얻을 수 있는 게 아니라는 뜻이다.

다니엘서 11장은 마지막 때 남방 왕과 북방 왕이 어떻게 권력 다툼을 하고 서로를 견제하는지를 보여준다. 여기서 성경은 헬라 제국의 알렉산더 왕이 죽은 이후 그의 네 장군들에 의해 네 제국으로 갈린 역사를 보여준다. 이것은 남방의 나라나 북방의 나라가 서로 싸우고는 있지만 결국 한 가지에서 나왔다는 것을 의미한다.

이와 같이 인류의 역사는 이념이 다른 세력들이 대립하는 일이 존재할 수밖에 없다. 그런데 지금 여섯 번째 나팔 재앙의 시기는 양쪽의 세력 모두 서로를 무너뜨릴 기회가 왔다는 것을 알고 있을 것이다.

세상은 초토화된 상태다. 쉽게 말하면 바둑판이 엎어진 것이다. 황충이 나타나기 전 멸망의 짐승은 핵을 통해 판도를 뒤엎으려 하고 있었다.

그전에 일어났던 어떤 전쟁보다 더 파괴력 있는 모략을 대범하게 사용했다. 어떤 나라에 핵을 떨어뜨리는 결정은 수많은 피와 희생을 생각해야만 할 수 있다.

이것은 그가 얼마나 간절히 온 세상에 대한 권좌를 원했는지를 알 수 있다. 이러한 상황에서 어쩌면 황충의 재앙은 멸망의 짐승에게 절호의 기회가 될 수 있다.

윈스턴 처칠은 전쟁은 끝을 내는 것보다 시작하는 것이 더 힘들다고 말했다. 그만큼 전쟁은 명분이 중요하다.

왜, 무엇 때문에 이 전쟁을 하는 지를 사람들이 아는 것이 중요하다는 뜻이다. 왜냐하면 만약 전쟁에서 그가 이겼을 때 사람들의 명분을 얻어내는 것이 전쟁의 승리 후에 그가 집권하게 될 나라에서 견고한 권력을 누릴 수 있는 가장 중요한 원동력이기 때문이다.

이 때문은 역대 제국의 황제들은 자신들을 신격화했다. 신탁, 종교만큼 맹목적으로 사람들의 동의를 끌어 낼수 있는 힘이 없기 때문이다.

이것을 통해 사람들이 자신의 통치를 인정하고 받아들이게 된다는 것을 통치하는 자들은 이해한다. 이것의 설득력은 왕이 아무리 무가치하고 부정한 행위를 저지른다고 할지라도 신의 권력으로 이해시킬 수 있을 정도다.

따라서 이 시기 곧, 황충의 재앙 이후에 벌어지는 전쟁은 온 세계의 분노를 이용할 수 있는 절호의 기회다. 이것이야말로 모두를 설득할 수 있는 합리적 명분이 되기 때문이다. '나는 당했는데 누군가는 당하지 않았다'는 명제는 당하지 않은 누군가가 계획하고 의도했을 것이라는 생각으로 이어진다.

각각의 세력은 자신들의 권력을 공고히 하고 폐허가 되었던 나라를 복구하기 위해 다른 이들이 가지고 있던 것을 빼앗으려고 각자의 위치에서 연합세력을 형성하려고 들 것이다.

당하지 않았던 자들을 죽이고 복수하기 위한 전쟁이지만 사실은 유브라데 세력들이 서로가 왕좌를 차지하기 위해 사람들의 분노를 이용하는 것뿐이다.

접전지는 유브라데 강 유역이 될 수도 있을 듯하다. 왜냐하면 이곳은 역사적으로 온 세상을 지배했던 제국들이 흥망을 거듭하던 곳이었기 때문이다.

또한 마병대라는 조직은 말을 타고 달리는 기병이다. 게다가 이만만이라는 엄청난 숫자들이 한꺼번에 출현하기 위해서는 그들이 한곳에 집결하고 움직일 수 있는 평야가 필요할 것이다.

이러한 지리적인 특징 때문에 유브라데 강 유역의 나라들이 제국이 되었고 또한 그 제국이 되었던 나라들이 다른 침략 제국에 의해 멸절당하기도 했다.

따라서 여섯번째 나팔사건은 영적으로는 온 세상의 제국들이 벌이는 큰 전쟁을 의미하기도 하지만 실제적인 지리적 위치도 유브라데 강 유역일 가능성이 매우 높다고 보는 것이 나의 견해다.

이 지리에 대한 가능성이 더욱 높은 이유는 황충의 재앙 동안에 도망한 참 이스라엘인들의 도피처가 어쩌면 예루살렘 지역 근처일지도 모른다는 추측이 들기 때문이다(인을 맞은 모든 이들이 그곳 부근에 다 있다고 할 수는 없으나 최소한 그들은 이곳을 상징적인 공격의 대상으로 삼을 것이다). 이것은 다만 나의 추측이며 이것이 진리라고 믿지 않기를 권한다.

이것을 추측할 수 있었던 또 다른 이유는 이러하다.

예루살렘은 지중해와 대륙을 연결하는 요충지다.

이스라엘의 사방은 세상을 지배하기 위해 필요한 절대적인 거점에 있다. 제국들은 대륙 혹은 지중해 건너편을 침략하고자 할 때 반드시 예루살렘을 지나야 했다. 앗수르부터 바벨론, 메대, 바사, 헬라, 로마까지 예로부터 세상을 정복하기 위해 예루살렘을 거치지 않은 제국들은 없었다. 그 과정에서 예루살렘은 수도 없이 짓밟히기를 반복했다.

마찬가지로 여섯 번째 나팔 재앙의 시점에서 만약 세상의 권력들을 장악하려는 대립 세력들이 이 유브라데 강 유역에서 전쟁을 벌인다면 예루살렘은 절대 그 전쟁을 피할 수 없을 것이다.

성경은 예루살렘이 당할 미래에 대해 많은 구절에서 예언하고 있다.

*내가 북방 왕국들의 모든 족속들을 부를 것인즉 그들이 와서 예루살렘 성문 어귀에 각기 자리를 정하고 그 사방 모든 성벽과 유다 모든 성읍들을 치리라 여호와의 말이니라(렘 1:15).

*너희는 유다에 선포하며 예루살렘에 공포하여 이르기를 이 땅에서 나팔을 불라 하며 또 크게 외쳐 이르기를 너희는 모이라 우리가 견고한 성으로 들어가자 하고 시온을 향하여 깃발을 세우라, 도피하라, 지체하지 말라, 내가 북방에서 재난과 큰 멸망을 가져오리라(렘 4:5,6).

*너희는 여러 나라에 전하며 또 예루살렘에 알리기를 에워싸고 치는

자들이 먼 땅에서부터 와서 유다 성읍들을 향하여 소리를 지른다 하라(렘 4:16).

 *베냐민 자손들아 예루살렘 가운데로부터 피난하라 드고아에서 나팔을 불고 벧학게렘에서 깃발을 들라 재앙과 큰 파멸이 북방에서 엿보아 옴이니라(렘 6:1).

 *그 때에 바벨론 군대는 예루살렘을 에워싸고 선지자 예레미야는 유다의 왕의 궁중에 있는 시위대 뜰에 갇혔으니(렘 32:2).

 *바벨론의 느부갓네살 왕과 그의 모든 군대와 그의 통치하에 있는 땅의 모든 나라와 모든 백성이 예루살렘과 그 모든 성읍을 칠 때에 말씀이 여호와께로부터 예레미야에게 임하여 이르시되(렘 34:1).

 *너는 또 네 얼굴을 에워싸인 예루살렘 쪽으로 향하고 팔을 걷어 올리고 예언하라(겔 4:7).

 이러한 예언들은 실제 바벨론에 의해, 메대 바사에 의해 로마에 의해 실현되었다. 여기서 우리가 보아야 할 점은 이 역사는 반복될 수 있다는 점이다. 하나님의 심판의 방법은 변하지 않는다.

하나님은 그분의 몽둥이를 들어 세상을 심판하신다. 그 전체적인 그림을 보여주었던 예언이 바로 다니엘서의 금 신상과 바다에서 나오는 네 짐승들이었다.

하나님은 이 환상을 보여주는 과정을 통해 세상의 끝이 어떻게 되리라는 것을 말씀하신다. 그 끝은 멸망이고 그다음 영원한 예수 그리스도의 나라가 오리라는 것이었다. 이 과정을 구체적으로 그리고 있는 장면은 선지서 곳곳에서 발견되고 있다.

특히 겔 38장에서 나오는 마곡 땅의 곡이라는 인물에 대한 예언을 보면,

여러 날 후 곧 말년에 네가 명령을 받고 그 땅 곧 오래 황폐하였던 이스라엘 산에 이르리니 그 땅 백성은 칼을 벗어나서 여러나라에서 모여 들어오며 이방에서 나와 다 평안히 거주하는 중이라…세상 중앙에 거주하는 백성을 치고자 할 때에…스바와 드단과 다시스의 상인과 그 부자들이 네게 이르기를 네가 탈취하러 왔느냐…크게 약탈하여 가고자 하느냐…네가 네 고국 땅 북쪽 끝에서 많은 백성 곧 다 말을 탄 큰 무리와 능한 군대와 함께 오되 구름이 땅을 덮음같이 내 백성 이스라엘을 치러 오리라…(겔 38:8~16).

에스겔 선지자가 보았던 이 환상의 장면에서 말하는 말년이 정확히 언

제인지 우리는 알지 못한다. 분명한 것은 우리가 지금 말세를 살아가고 있다는 것이다.

주님이 오실 때가 가까이 왔음을 성경은 항상 강조한다. '지금'이 세상의 끝에 있다는 것을 인지하고 살아가는 것이 교회로 살아가는 데 있어 매우 중요한 개념이기 때문에 성경은 반복적으로 우리가 살아가는 세대가 마지막 세대라는 것을 보여준다.

그런데 지금 현대 사회야말로 2000년 전의 사도들이 보지 못했던 시기, 그야말로 세상의 끝에 맞닿은 시기라고 할 수 있을 것이다. 다니엘서가 말했던 '세상의 왕래가 빠른 시대'를 우리는 보고 있는 것이다.

따라서 에스겔 선지자가 말하는 말년은 어쩌면 우리가 앞으로 가깝게 보게 될 미래가 될 수도 있다. 그러나 명확한 것은 그때가 언제인지는 아무도 모른다는 점이다. 이것은 확고하게 말할 수 있는 부분이다.

다시 에스겔서로 오면, 곡이라는 우두머리는 이스라엘을 향해 진군한다. 그는 많은 백성들과 말을 탄 자들로 구성된 군대와 함께 평원의 마을을 향해 진격한다는 것이 이 환상의 내용이다.

앞서 유브라데에서 이만만이라는 기병대가 움직이기 위해서는 평야가 필요하다고 설명했다. 에스겔서의 곡이라는 인물이 진군하는 곳도 평원의 마을을 향해 군대를 움직인다고 기록한다.

게다가 이 과정에서 이스라엘만 공격을 당하는 것이 아니라 상인들까지도 공격당하는 장면을 볼 수 있다.

그들이 가지고 있던 부와 물질들이 곡의 군대에 의해 탈취당하고 있다. 곡의 목적은 이스라엘을 무너뜨리는 것만이 아닌 다른 세력을 무너뜨리기 위함도 있음을 보여주고 있다. 이 또한 세력과 세력 간의 이권 다툼에 관한 앞의 설명과도 부합된다.

에스겔은 이스라엘을 '세상 중앙에 있는 민족'이라고 지칭한다. 동과 서, 남과 북을 이어주는 요충지인 이스라엘이 어쩌면 여기서 말하는 세상 중앙의 백성이 아닐까 한다.

이스라엘을 치러 간다고 설명하면서 세상 중앙의 백성이 이스라엘이 아니라고 해석하는 것은 문맥상 맞지 않다.

에스겔의 예언에서 우리가 인지할 수 있는 확실한 미래는 언젠가 끝날이 이르면 곡과 같은 우두머리가 기병대를 이끌고 이스라엘을 공격하러 올 것과 이 과정에서 그가 다른 세력의 부와 권세를 장악한다는 것이다.

이러한 예언은 지금 우리가 유브라데강의 네 천사들의 행보와 전쟁의 해석과 유사하다.

그러나 다시 말하지만, 이것이 진리라고 생각해서는 안 된다. 이것은 어디까지나 나의 의견일 뿐이다. 다만 이 해석을 통해 우리가 마지막 때를 유념하고 준비하는 것이 더욱 중요하다는 것을 얘기하고 싶다.

세상의 민족이 예루살렘을 향해 공격해 오는 과정은 예수님도 예언하신 부분이다. 실제 예루살렘의 성전은 로마군에 의해 모두 무너졌었다.

그러나 지금 계시록에서 말하는 전쟁은 전 세계적인 현상이다. 모든 세계의 인구 1/3이 죽는 일은 역사 그 어느 때도 일어나지 않았었다(최소한 우리가 아는 역사에서는 그러하다).

그리고 예수님이 말씀하신 예언들 중 너희가 예루살렘을 군대가 둘러싸는 것을 보면 산으로 도망하라고 하셨던 말씀의 시기는 A.D 70년에 일어났던 로마의 점령이 아니다.

제자들은 예수님에게 '세상의 끝 날'에 관하여 질문하고 있었고 그에 대한 답으로 예루살렘이 군대에 의해 둘러싸일 것이라고 예언해 주셨다(눅 21:20).

다른 복음서에는 나와 있지 않던 예언을 누가복음에만 더해주심으로써 완전한 멸망의 때, 멸망의 짐승이 집권할 그때의 사건 중 중요한 부분이 바로 예루살렘이 군대에 의하여 둘러싸이게 되는 일이라는 것을 알려주신다.

물론 A.D 70년 일때도예수님이 말씀하셨던 마지막 때에 속하였으나 우리가 지금 보는 마지막의 때는 그들의 시선과 분명히 다르다. 만약 그때가 예수님이 말씀하셨던 마지막이었다면 지금 우리가 상고하는 마지막에 관한 말씀은 아무 의미가 없을 것이다.

그리고 굳이 우리가 이 예언들을 보지 않아도 예루살렘에 대해 알 수 있는 중요한 사실은 오랜 역사를 통틀어 예루살렘만큼 복잡한 이해관계가 얽힌 곳은 없다는 것이다.

나라와 나라의 이해관계, 세계 정치의 정쟁 장소인 이곳은 수많은 권력과 이념들이 서로 날을 세우고 있다. 특히 종교적으로 옛 솔로몬 성전의 터였던 그곳은 이슬람이 세계 3대 성지로 생각하는 바위돔이 자리하고 있다.

유대교, 이슬람교, 천주교, 기독교의 세력이 한 곳에 몰린 이곳은 언제 터질지 모르는 폭탄처럼 위태위태하다.

언젠가는 터질 이 폭탄에 내제된 각각의 명분은 어쩌면 여섯 번째 재앙의 천사들이 전쟁을 벌이고 사람들을 움직이기 위한 거대한 이슈로 작용할 것이다.

이곳이 실제 참 이스라엘인들이 숨어든 곳이든 아니든 이 예루살렘이라는 곳, 이스라엘이라는 위태한 지리적 위치는 마지막 때 반드시 세상 권력의 이권 다툼의 성지가 될 것은 확실하다.

이곳을 차지해서 그 성전에 자신을 세워 하나님이라고 하는 이유는 그가 진짜 그렇게 생각해서가 아니라 그 자리에 대한 의미와 가치를 알고 있기 때문이다.

예루살렘이 메시아가 왕으로 군림할 곳이라는 예언은 이미 모든 사람에게 알려진 신화다.

이 예언의 주인공이 되어 나타난다는 것은 곧 신적인 권력을 차지하게 되는 것과 마찬가지다. 따라서 모든 세상의 권좌에 앉게 될 멸망의 아들은 반드시 예루살렘에 성전을 세워 자신의 우상을 세우게 하고 경배하게 할 것이다. 이것이야말로 모든 민족에게서 맹목적인 복종을 얻어내는 강력한 수단이 될 것이기 때문이다.

이상한 중에

그렇다면 이 마병대는 어떤 조직일까.

이 단어에서 알 수 있는 단순한 사실은 이 조직이 '사람이 타는 말'과 비슷한 '이동 수단'으로 이뤄졌다는 점이다. 17절에 요한은 '말들과 그 위에 탄자들'이라는 말로 그들을 설명한다. 요한은 말과 말 탄 자들을 묶어 주어로 삼고 있다는 것을 볼 수 있다.

말과 말 탄 자들을 따로 떨어뜨려 설명하지 않고 한데 묶어서 설명하고 있는 것이다. 그들은 한 동체라는 것을 알수 있다.

요한은 여기서 독특한 단어를 사용하는데 ὁράσει(horasei: 환상, 이상)

라는 단어를 사용한다. 이 단어는 계 4:3절에서 요한이 보좌를 보고 그 '형상'을 얘기한다고 할 때의 그 형상, 모양, 이상을 의미한다. 이 단어는 또 행 2:17절에서 베드로가 설교하면서 젊은이들이 '환상'을 본다고 말할 때 쓰는 단어이기도 하다.

어찌 보면 요한이 보았던 다른 형상들도 그의 환상 가운데에 본 장면들이다. 앞서 나온 황충도 그가 하늘에 있는 중(그가 실제 하늘로 갔을 수도 있고 아닐 수도 있다) 땅에서 일어난 일을 실제 목격하듯 보았지만 하나님이 그에게 보여주시고 계시하신 것으로서 이것도 환상의 일부라고 할 수 있을 것이다.

그런데 왜 여기서만 '이상한 중에, 환상 중에'라고 표현했을까. 중국어는 이를 異象(다를 이, 코끼리 상)이라고 해석한다. 무언가 다른 형상이라고 표현했다는 것은 그전에 본 적이 없던 뭔가를 설명할 때 쓰는 말이 아닌가 한다.

물론 이 번역이 이 단어를 쓴 요한의 정확한 의도를 나타내는 것은 아닐 것이다. 그러나 우리가 유추할 수 있는 부분은 이 마지막 시대에 나타날 전쟁의 도구는 최소한 실제 말(horse)은 아닐 것이라는 점이다.

마지막 때의 전쟁에서 누군가가 실제 말을 쓴다는 것은 이치에 맞지 않는다. 핵무기까지 개발된 이 시점에 중세시대에나 쓰던 말을 전쟁을 위한 이동 도구로 쓴다는 것은 멍청한 짓이다.

이 '말'(horse)이 앞서 나온 황충처럼 어떤 영적인 존재라면 말과 그와 비슷한 존재라고 해석할 수도 있겠지만 여기선 그렇게 해석할 수 없다는 것이 나의 추측이다.

왜냐하면 유브라데 강의 결박되었던 천사들은 세상의 권력자들이고 그들은 이제 봉인이 풀린 것처럼 그들의 욕망을 풀어 온 세상을 장악하려고 하는 멸망의 짐승의 의도와 결탁되었기 때문이다.

황충의 재앙 때에는 인 맞은 자와 인 맞지 않는 자들의 분명한 구별이 있었다. 이 존재들이 이러한 영적 상태에 대해 구별할 수 있었다는 것은 그들이 영적 존재라는 것을 증거한다. 이 구절에서 황충은 땅 위에는 없었고 땅 아래에는 존재했던 무저갱의 존재들이라는 것을 확실하게 알 수 있었다.

하지만 여기 여섯 번째 나팔 사건엔 인 맞은 자와 인 맞지 않은 자들에 대한 구별이 언급되어 있지 않다. 또한 황충의 존재들처럼 그들이 우리가 실제 봐왔던 세상 외 다른 곳에서 온 존재들이란 언급도 없다.

그들은 어디까지나 유브라데 강에서 비롯된 자들이다. 유브라데는 실제 존재하는 땅 위의 지리다. 이 땅의 위치를 언급한 것은 이 존재들이 지구라는 행성외(外) 다른 세상의 존재들이 아니라는 것을 보여주기도

하는 것 같다.

천사는 헬라어로 앙겔로스 즉, 누군가에게 보냄을 받은 사자라는 의미다. 앞서 살펴보았던 교회들의 사자처럼 유브라데의 네 천사들은 어떤 세력에 의해 보냄을 받은 '사람'일 가능성도 배제할 수 없다.

어쨌든 이때 유브라데의 네 천사들은 그들이 마주치는 모든 이들을 죽이려 들 것이다. 인을 맞은 자들이든 아니든 그들은 그들의 세력에 대항하려는 사람을 만나면 죽일 것이다.

게다가 앞서 살펴본 것처럼 그들의 세력은 교회가 도망갔다고 여겨지는 예루살렘, 이스라엘 근방을 향해 진군할 것이다. 그들이 군사들을 움직일 수 있는 가장 큰 명분이기 때문이다.

하나님은 악한 자들의 모든 의도를 막지 않으신다. 다시 말하지만, 심판은 하나님이 악한 자들의 결단과 선택을 역이용하시는 데에서 일어난다.

우리가 분명히 인지해야 할 점은 그 과정에서 악한 자들의 선택은 하나님이 의도하셔서 일어나는 선택이 아니라는 것이다. 다만 하나님은 악인들조차 인격적으로 대우하시는 것뿐이다. 그들의 의도를 말살하고 어떠한 선택도 못 하게 하는 상태에서 심판하시지 않기 때문에 교회는 이 환란을 지나갈 수밖에 없다.

그들이 교회를 치려는 의도를 막지는 않으시지만, 하나님은 교회를 철저하게 보호하실 것이다. 또한 이러한 그들의 선택이 나타나는 때는 하나님이 여태 막으셨던 불법한 일들의 봉인이 해제되는 시기가 될 것이라 여겨진다.

살후 2:7에서 바울은 불법의 비밀이 이미 활동하였으나 지금 막는 자가 있어 그중에서 옮길 때까지 하게 될 것이라고 예언한다. 바울의 이 예언은 마지막 때에 관한 말씀이다.

그러니까 바울의 시대에도 이미 불법의 일들이 있었으나 비밀스럽게 그 일을 드러내지 않고 활동하고 있었음을 보여준다. 그리고 그 불법의 일들이 세상에 자신의 존재를 드러내지 않고 비밀스럽게 활동할 만큼 누군가가 그 일을 막고 있는 세력들도 있다는 것을 보여준다.

만약 불법의 일을 주장하는 세력이 옛 뱀 곧 사단의 세력이라면 이 세력을 막는 세력은 분명 하나님의 영 곧, 성령이시다. 그가 하시지 않는다면 그 누가 불법의 일을 막을 수 있을 것인가.

결박이 풀렸다는 것은 이러한 세력들의 그동안 하지 못했던 일들 곧 비밀스럽게나 행했던 살인과 하나님을 향한 모독과 그 외 하나님이 금하셨던 모든 불법의 일을 마음껏 행할 시기가 왔다는 것을 의미하는 것이 아닌가 한다.

어쨌거나 결론을 내리자면 요한이 이상하다고 표현했던 환상은 실제 사람이 타고 다녔던 말이 아닌 현대 사회에서 말처럼 평야를 이동하여 전쟁을 벌이는 도구, 어떤 기계를 의미하는 듯하다.

예를 들면 탱크와 비슷한 도구일 거라 생각한다. 요한이 사는 당시에는 이러한 무기들이 없었고 분명 저절로 움직이는 것 같은데 말처럼 이동하고 있는 존재에 대해 뭐라 설명할 수 있는 적절한 단어와 표현이 없었을 것이다. 그래서 어쩌면 요한이 이것을 '환상 중에'라고 표현한 것이 아닌가 한다.

이것은 물론 나의 추측이라는 것을 알아주기 바란다.

이 가정하에 요한이 설명한 그 형상을 보자.

그들은 불빛과 보라색과 유황색을 띤 흉갑이 있다. 말들의 머리들은 마치 사자들과 같고 그 입에서 불과 연기와 유황이 나온다고 되어 있다. 불과 연기와 유황은 사람들을 죽이는데 결정적인 역할을 한다고 나와 있다.

그리고 이 말들의 힘은 그 입과 꼬리에 있다고 되어 있는데 이 꼬리는 마치 뱀처럼 생겼고 꼬리에 머리가 있어서 그것으로 사람들을 해한다고 기록되어 있다.

첫 번째 형상. 불빛과 보랏빛과 유황빛이 나는 흉갑의 헬라어를 살

퍼보면. 불빛은 $\pi \upsilon \rho \iota \nu o s$(purinos: 불빛색이 나는), 보라색은 $\dot{\upsilon} \alpha \kappa \iota \nu \theta \iota \nu o s$ (huakinthinos: 지르콘의, jacinth의), 유황색의 $\theta \varepsilon \iota \omega \delta \eta s$(theiodes: 유황 빛을 띤) 라는 단어들을 사용한다.

불빛, 지르콘(보석 류의 일종-신약 성경에서는 이곳과 계22:17절의 예루살렘 기초석을 언급할 때 사용한다. 성경에서 이 단어를 쓴 곳은 이곳과 계 22:17절 두 곳 밖에 없다), 유황빛을 종합해서 생각해 보면 누렇고 시뻘건 색이 섞인 알 수 없는 빛의 색이 섞인 모양이다.

그런데 여기 사용된 '지르콘'이라는 보석의 일종인 이 물질은 보라색이라고 표현이 되긴 했지만 사실 여러 가지 색을 지니고 있다. 황색도 있고, 청색도 있지만 우리가 흔히 말하는 큐빅을 만들 때 사용되는 보석이다.

지르콘은 광물로 성장할 때 고준위원소를 잘 받아들인다고 한다. 지르콘 속 고준위원소는 우라늄과 같은 원소들과도 대치되는데 지르콘만큼 우라늄의 농도를 높게 함유할 수 있는 재료가 없다고 한다.

그래서 지르콘 생산의 90퍼센트는 원자로를 만들 때 사용된다. 지르콘은 핵연료봉 피폭관을 만들 때 사용된다. 그 이유는 이 물질이 중성자에 대한 낮은 흡수력을 가지기 때문이다.

중성자를 투입해 열을 방출시키는 핵 폭파의 원리로 작동되는 원자로에서는 이만한 재료도 없다고 한다. 중성자에 대한 낮은 흡수력은 우라늄이라는 불안정한 원소를 이동시키는데 그만큼 용이하기 때문이다.

핵 폭파의 원리는 불안정한 원소인 우라늄이나 플루토늄에 중성자를 투입해 분열시킴으로 열을 내는 데 있다. 이 열은 엄청난 에너지를 발산하고 이것이 핵폭발이다.

이를 위해서는 중성자가 안전하게 불안정한 원소에 도달해야 한다. 이 때문에 중성자의 흡수율이 낮은 지르콘을 피폭관으로 쓴다고 한다.

게다가 지르콘은 잘 손상되지 않는 특징이 있어 때론 마그마에도 녹지 않는다고 한다. 그만큼 이 광물을 녹이기 어려운 데다 원소의 고유한 특징을 잃지 않는 성질을 가지고 있기 때문에 원자로에서 유용하게 사용되는 것 같다.

최근 러시아는 극초음속 미사일 지르콘을 개발했다. 핵무기를 탑재한 이 미사일은 소리의 약 5배 속도로 날아가 핵을 투하시킬 수 있다. 이것을 통해 알 수 있는 것은 세상의 권력자들은 자신의 이(利) 위해 얼마든지 핵무기를 사용할 수 있다는 점이다.

결론은, 어쩌면 마병대가 쓰고 있는 무기가 핵폭탄을 탑재한 탱크 혹은 핵견인포일 수도 있지 않을까 한다. 요한이 본 대로 기록한 이 말(horse)의 색인 지르콘은 그가 뭐라 설명할 수는 없어도 최소한 성령의 인도 하에 사용된 단어이리라 확신한다.

이 단어를 사용한 것은 단순한 묘사를 위함이 아니라 이것이 가지고 있는 특성을 보여주기 위함일 수도 있을 것 같다는 생각이 든다. 물론 이

것 또한 나의 가설일 뿐이다.

인간이 개발할 수 있는 첨단 기술이 고도화된 그 마지막 때에 인간이 사용할 수 있는 최대치의 기술 탑재 무기를 생각했을 때 이러한 가능성을 그릴 수 있지 않을까 한다.

그다음 유황빛이라는 단어를 통해서도 유추할 수 있는 또 다른 무기는 생화학 무기다.

제1차 세계 대전, 독일은 바리항구에 있던 연합군들의 함체에 폭탄을 투하한다. 12시간 후 그곳에 있던 병사들과 민간인들은 큰 고통에 시달리는데 피부의 수포가 터지고 어떤 이는 실명을 하기도 한다.

이 피해는 거기에 있던 연합군의 병사들뿐 아니라 바리항구에 있던 민간인들에게도 영향을 미쳐서 수많은 사람들이 고통 속에서 시달리다가 죽음에 이르렀다고 한다.

이런 일이 일어났던 이유는 sulfur mustard(유황 겨자)라는 이름의 독가스 무기가 당시 바리 항구에 주둔하고 있던 연합군의 선체에 약 100톤 정도 비밀리에 실려 있었다고 한다.

연합군들이 이렇게 많은 양의 생화학 무기를 가지고 있었던 이유는 당시 히틀러를 믿지 못한 미국과 연합국들이 히틀러가 궁지에 몰리면 생화학 무기를 쓸 것이라 생각했고 그들은 그에 맞대응할 생화학 무기를 개발했다. 그것이 겨자가스였다.

겨자가스는 터지게 되면 유황 냄새, 겨자 냄새를 풍긴다고 한다. 이 가스가 닿으면 온몸이 간지럽고, 피부에 수막이 생겨 터지며 눈에 닿으면 결막염이 생겨 실명까지 이른다.

이 가스가 닿는 곳은 3도 화상을 입으며 상상할 수 없는 고통에 시달린다. 이 때문에 국제 연맹은 이 가스를 전쟁에 사용하는 것을 금지했다고 한다.

앞서 말한 바와 같이 마병대는 단순히 한 나라에 속한 군대가 아니다. 에스겔서에 나왔던 곡의 군사들은 두발과 야완과 메섹의 연합군들이다.

이 예언은 진짜 곡이라는 사람이 나타나 두발과 야완과 메섹의 지역의 연합전선을 구축해서 전쟁을 벌인다는 의미가 아니라고 생각한다.

이는 곡과 같은 우두머리, 두발과 야완과 메섹이 연합한 것 같은 연합국들이 곡과 같은 우두머리의 지휘 아래 움직여 군대를 형성한다는 의미라고 볼 수 있을 것 같다. 마병대는 각계의 이권에 연합된 군사들을 총칭한 것이라고 보면 될 것이다.

겨자 가스가 실수로 터진 것도 미국의 연합국, 독일의 연합국이라는 세력의 견제와 다툼으로 터진 것이다.

이와 같은 역사는 반복될 것이다. 세계의 1/3이라는 인구를 죽이는데 있어 불법의 일은 그 봉인이 해제 될 것이다.

핵무기 사용 금지, 화학 무기 사용 금지라는 국제간의 언약이 있었다 한들 누군가가 그것을 깨고자 한다면 얼마든지 깨고 그 무기들을 사용할 수 있다.

욕망이 불러오는 무모함은 인간이 상상할 수 있는 가장 잔인한 방법으로 전쟁을 일으킬 것이다. 핵무기만큼이나 위험한 생화학 무기들 또한 이 전쟁에서 쓰이지 않으리라는 보장이 없다는 것이 나의 추측이다.

불빛, 지르콘 색과 유황색의 빛은 요한이 묘사한 말들의 흉갑이다. 이것은 신체에서 가장 중요한 심장을 보호하는 갑옷 부위다. 그만큼 이곳의 역할이 중요하다는 것을 보여준다.

이곳이 말들로 보이는 기병의 핵심 요인이며 흉갑이 없으면 말들의 힘도 잃는다는 것을 보여주기도 한다.

이로 볼 때 흉갑의 형상을 나타내는 이 단어들은 그들이 전쟁에서 사용하는 가장 큰 능력의 근원을 보여주는 것이 아닌가 한다.

지금 일어나는 전쟁에서 사람들의 사기는 분노에서부터 비롯되었다. 자신들이 받았던 고통에 대한 보복으로 무장된 상태다. 그 상대가 누구든 자신들이 받았던 고통을 그대로 아니 더 격렬하게 되갚아 주고 싶어 할 것이다.

이 때문에 생화학 무기나 핵무기와 같은 무서운 도구들은 이 전쟁에서 매우 유용하게 사용되리라 추측하는 바다.

이 무기들을 장착한 말들의 전쟁은 불빛을 내며 불과 유황과 연기를 유발하고 이것으로 사람들을 해할 것이다. 유례없는 지옥의 참상이 온 세계를 덮치리라 예상된다.

9장의 마지막 구절을 보면 이러한 피해가 극심하다는 것을 더욱 보여 준다. 이 재앙에 죽지 않고 살아남은 자들의 행위는 우상숭배로 이어진 다. 점을 치거나 금, 은, 동, 목석의 우상들에게 절한다고 기록한다.

그리고 그들의 죄목이 열거되는데 살인과 복술과 음행과 도적질을 회 개하지 않는다고 요한은 기록한다. 그들이 살인과 복술, 음행과 도적질 을 했음에도 회개하지 않았다는 것은 아직도 하나님의 심판 앞에 스스 로 굴복하지 않는다는 것을 보여준다.

하나님이 회개하게 하시는 방법은 고난을 통해 죄를 깨닫게 하는 것이 다. 계명을 어기고 하나님을 떠났을 때 일어나는 저주는 그분께 돌아오 게 하고 깨닫게 하기 위함이다.

저주의 목적은 오직 회개하고 그들 자신이 죄인임을 깨닫게 하기 위함 에 있다.

악인은 스스로를 의롭다고 여긴다. 그것이 악인의 가장 큰 증거라고 할 수 있다. 십자가 앞에 나아간다는 것은 자신이 의인이 아닌 죄인임을 충분히 인정한다는 것을 의미한다.

의인이 되는 길은 의인이신 예수님을 믿는 것뿐이다. 그러나 악인은 깨닫지도, 회개하지도 않는다. 살인과 복술과 음행과 도둑질을 했어도 그들은 그 행위에 대한 정당성을 부여하고 그들 자신이 죄인임을 인정하지 않는다.

그러한 그들이 우상에게 절한다는 것은 누군가에게 의지하고 싶은 간절함이 있다는 것을 의미한다. 그러나 그들은 하나님께 오지 않는다. 왜냐하면 그들은 자신들의 행위를 버리고 싶어 하지 않으면서도 여전히 구원받고 싶기 때문이다.

이 욕망을 충족시켜 주는 존재가 우상이다. 세상의 영이다. 멸망의 짐승이다. 그 존재야말로 사람들을 말로서 속이고 하나님을 대적하며 공격하는 일에 그들의 욕망과 이기심을 사용할 것이다.

계 13장에 나오는 땅의 짐승이 온 세상 사람들로 하여금 멸망의 짐승에게 절하게 만들 수 있었던 가장 큰 요인은 사람들의 이와 같은 욕망 때문이리라 생각한다.

회개하지 않으려고 하는 욕망, 여전히 죄 가운데 머무르면서도 구원이 있다고 믿고 싶어 하는 환상은 멸망의 짐승과 땅의 짐승이 마지막때 사람들에게 가장 주고 싶어하는 환상이다.

이러한 재앙에서 살아남은 그들의 욕망의 정점인 멸망의 짐승은 이러한 환상을 가진 사람들을 이용해 권좌에 앉게 될 것이다.

지금이 바로 회개해야 할 때이고 십자가 앞에 나아가야 할 때다. 진정한 회개만이 구원을 얻게 할 것이다. 두루마기를 스스로 빠는 자, 그 두루마기를 예수 그리스도의 피에 빠는 자들만이 진정한 회개에서 오는 구원과 자유를 맛보게 되리라 믿는다.

마병대의 수

계시록에서 요한이 수를 '들었다'라고 표현한 곳은 두 곳이다. 한 곳은 계 7장 '144,000의 구원받은 이스라엘 지파의 수'를, 또 한 곳은 여기 '이만만'이라는 숫자다.

요한은 계 13장에서 666이라는 숫자를 언급한다. 하지만 여기서 요한은 수를 들었다고 표현하지 않고 총명이 있는 자는 '세어보라'고 얘기한다. 이 말은 총명이 있는 자라면 세어볼 수 있는 숫자라는 것을 보여준다.

들었든, 세어볼 수 있든 공통점은 하나다. 모두 '사람의 수'라는 것이다. 이 수에 속한 존재들은 동물도 천사도 아닌 오직 사람들이어야만 한다. 마병대라는 존재도 결국 말 위에 탄자들 즉, 사람으로 구성된 군대다. 그러므로 이만만이라는 숫자도 결국 사람의 숫자라는 것을 의미한다.

앞서 살펴본 144,000은 상징적인 숫자다. 그 뒤에 나오는 흰옷 입은 무리들에 대해 요한은 온 열방으로부터 나온 셀 수 없는 무리들이라고 표현한다. 144,000이라는 상징적인 숫자는 흰옷 입은 '셀 수 없는' 무리와 동일한 교회다.

144,000이 '이 땅에서 하나님의 때에 훈련의 광야를 지나는 모든 양무리의 수'라고 한다면 이는 셀 수 없는 무리여야만 한다. 하나님은 아브라함에게 약속하실 때 하늘의 별을 보이시면서 저 별들을 네가 셀 수 있느냐고 물으시면서 너의 자손들이 저 별들처럼 '셀 수 없이' 번성하며 많아질 것이라고 말씀하셨다(창 15:5).

믿음의 자손들은 '셀 수 없는 무리'여야 한다. 구원의 권한과 경계는 오직 하나님의 손에 있기 때문이다. 그만큼 많다는 뜻이고 또한 그 수를 셀 수 있는 지혜와 능력이 우리에게 없다는 뜻도 될 것이다. 이 때문에 어쩌면 요한은 그 수를 '들었다'고 말한 건지도 모른다.

들었다는 것은 들었던 그 정보가 다른 이에게서 왔다는 것을 의미한다. 따라서 요한이 들었던 144,000의 수는 그가 이미 알고 있거나 알 수 있는 숫자가 아니라 그가 알지는 못하지만 그 수를 정확히 알고 있는 누군가에 의해 알게 된 숫자라는 것을 알 수 있다.

마찬가지로 여기서 등장한 이만만의 수도 그가 셀 수 있는 개념의 수가 아니었기 때문에 그가 '들었다'라고 표현한 것이 아닌가 한다. 대한민국이라는 나라의 국민이 몇 명이나 있는지 대부분의 사람은 정확히 알지 못한다.

요즘은 인터넷을 쳐보면 그 수를 알 수 있지만, 그것 또한 정부에서 내놓은 보고를 들어서 아는 것뿐이다.

그 나라의 인구수를 그 연도에 마지막 끝자리까지 알고 있는 사람들은 정부에서 이런 것들을 연구하고 직접 계수해서 알게 된 사람들이다. 이 개념은 후에 다른 장에서 등장할 개념을 설명할 때 필요한 지식이므로 잘 기억하길 바란다.

그렇다면 하나님은 '왜' 요한으로 하여금 이 숫자를 '듣게' 하셨을까? 이 숫자에는 분명 하나님이 우리에게 전해주실 메시지가 있을 것이라고 생각한다. 이것을 알기 위해서는 요한이 사용한 헬라어 단어를 살펴봐야 한다.

요한은 이 숫자를 $\delta\iota\alpha\mu\upsilon\rho\iota\alpha\delta\epsilon\varsigma\ \mu\upsilon\rho\iota\alpha\delta\omega\nu$(duamuriades muriadon)이라고 표기한다. 혹은 둘($\delta\upsilon o$: duo)과 만($\mu\upsilon\rho\iota\alpha\delta\omega\nu$) 그리고 또 하나의 만($\mu\upsilon\rho\iota\alpha\delta\omega\nu$)으로 표기한다. 특이한 점은 계시록이 아닌 성경의 다른

책들은 이와 같은 숫자를 계시록에서와 같이 두 개의 만으로 표기하지 않고 tewnty($εἰκοσι$:eikosi) thousand($χιλιας$: khilias)라고 표기한다는 것이다(눅 14:31). 이와 같은 표기는 오직 계 9:16절에서밖에 볼 수 없다.

$διαμυριαδες$는 $δυο$(duo)라는 '두 개의'라는 뜻의 단어와 $μυριας$라는 '일만'이라는 뜻의 단어의 합성어다. $διαμυριαδες$는 '두 개의 일만'이라는 뜻으로 해석할 수 있다. 저자가 참고한 로고스 출판사의 김기수 편저는 위와 같이 표기하지만 Robert young의 사전에서는 둘($δυο$: duo)과 만($μυριαδων$) 그리고 또 하나의 만($μυριαδων$)으로 표기한다. 그러나 한 단어든, 두 개의 단어로 나뉜 단어든 뜻은 같다.

이만만을 '두 개의 만'과 '한 개의 만'으로 나뉘어 표기하는 것이 계 9:16절의 특징이다.

이 숫자는 군대, 사람의 무리를 지칭하기 위한 표기다. 만약 이 수를 앞서 살펴본 것과 같이 셀 수 없는 무리들의 수라고 가정한다면 계5:11절의 천사들의 수, 천천이요 만만이라는 표현과 비슷하다는 생각이 든다.

계 5:11절은 셀 수 없이 많은 천사들의 무리들을 총칭하기 위해 천천, 만만이라는 수를 사용했다. 이와 비슷하게 이 마병대도 셀 수 없는 어떤 한 무리를 '만'으로 표기하는 것이 아닌가 한다.

한 무리의 군대가 꼭 만 명이라는 말이 아니라 어떤 곳에 소속된 셀 수 없는 무리의 한 군대의 수를 '만'이라는 상징적인 수로 표현했다는 말이다.

144,000의 100이 1이 모자라거나 혹은 1이 더해지면 불안정한 숫자가 된다. 7일이라는 일주일을 지나면 그다음 또 다른 일주일이 시작된다. 8일로 된 일주일 같은 건 없다.

10이라는 숫자에 1이 더해지면 다시 처음으로 돌아가서 10을 채워야 그다음 채움으로 넘어간다. 12달도 마찬가지다. 12달에 한 달을 더한다고 해서 13달이라는 일 년이 존재하지 않고 24절기에 더해져서 25절기로 된 한 해는 없다.

마찬가지로 만이라는 숫자도 여기서 1이 모자라거나 1이 더해져도 만이라는 '채움' 혹은 '한 무리'를 나타내지는 못한다. 여기서 표기된 만은 만 개, 만 명이라는 수를 나타내기 위함이 아니라 셀 수 없이 많지만 어떤 한 군대의 개체가 이와 같이 많다는 것을 보여주기 위해 이 단어가 사용되었다는 것으로 보인다.

그러므로 이만만이라는 것은 만이라는 수로 표현되는 한 군대(army)가 두 개체로 구성되어 있다는 것을 보여준다고 생각한다.

이것은 마치 한 때와 두 때와 반 때를 보여주는 개념과 비슷하다. '때,

time'을 한 시절, 한 때라고 한다면 한 때는 그 한 시절을, 두 때는 비슷한 두 개의 때를 나타내기 위한 표기인 것처럼 이만만 또한 비슷한 두 개의 군대의 무리가 연합된 모양인 것처럼 보인다.

그런데 여기에 더해 또 다른 만이 등장한다. 두 개의 개체가 연합된 만과 그 뒤의 '만'의 소유격인 μυριαδων이 나타난다. 이것을 좀 더 직역하면 만의 이만의 군대라고 해석할 수 있다. 그래서 어떤 이들은 이만 x 만으로 해석해서 2억의 인구라고 말하기도 한다.

그럴 가능성도 충분히 있다. 유브라데라는 넓은 평야를 가로지르는 거대한 군대가 2억 정도 되는 것이 불가능한 시나리오는 아닐 것이기 때문이다.

그러나 앞서 말한 바와 같이 우리는 이 수를 셀 수 없다. 셀 수 없는 수이기 때문에 요한은 이 수를 들었다고 표기했다. 따라서 이 수를 이억이라고 추정하는 것 또한 불완전한 해석이 될 수 있다.

궁금한 것은 만약 이 수를 우리가 셀수 없는 수라고 가정한다면 '왜 굳이 하나님은 이만과 만을 따로 분리해 표현하게 했는가'다. 이 수가 셀 수 없는 무리의 수를 나타내기 위함이라면 앞의 계 5:11절처럼 만만 혹은 천천이라고 했어도 무방하다.

그러나 요한은 분명히 두 개의 만과 한 개의 만으로 표기한다. 이것은 확실히 5장에서 등장하는 천사들의 수와는 다른 개념의 수이거나 혹은 하나님이 보이실 다른 계시가 있기 때문이 아닐까 한다.

굳이 표현하자면 이만만은 만의 이만이라고 해석할 수 있다. 예를 들어, '부대들의 수', '독수리의 날개'라는 말에서 직접 주어는 각각 '수'와 '날개'다. 여기서 주어를 꾸며주는 다른 말로 주어를 소유하는 주체는 소유격을 지닌 '독수리'와 '부대들'이다.

그렇다면 이만과 만에서 이만을 소유하고 있는 주체는 만이라고 할 수 있다. 만이 상위의 개념이고 이만은 그 아래 속한 개념이라고 볼 수 있을 것이다.

이만의 군대가 만에 속해있든 아니면 만의 군대가 이만의 군대에 속해있든 이들은 나뉘어 판단되고 있는 개체들임을 이 단어들에서 알 수 있다.

이 모든 군대를 총칭하여 마병대라고 표기하고 그 안에 두 개의 군대와 하나의 군대가 각각의 개체로 있다는 것을 보여주는 것이다.

앞서 우리가 살펴본 바에 의하면 유브라데 강의 네 천사들은 마지막 때 자신들의 욕망을 성취하기 위해 각각의 이권 세력을 연합하여 전쟁을 벌일 것이라고 추정했었다. 만약 두 개의 부대와 한 개의 부대로 나뉘어 생각하면 세 개의 부대가 전쟁을 치른다는 뜻으로도 해석이 가능하다.

세 개체가 연합했다는 것은 무너뜨릴 수 없는 강력한 연합을 의미하기도 한다. 성경에 나타나는 세 개의 개념을 예를 들면, 삼위일체 하나님, 개구리 같은 세 영, 삼겹줄과 같은 말씀 속의 3은 연합되어 끊어질 수 없는 견고한 진을 의미한다.

두 개의 군대와 한 개의 군대가 연합했다는 이 그림은 앞서 살펴본 곡의 세 군대와도 연결된다. 곡의 세 지방의 군대들, 두발, 야완, 메섹 또한 세 개의 군대 개체가 모여 예루살렘과 그외 부한 상인들을 공격하고 있다.

이것은 꼭 세 개의 군대가 모여 연합전선을 이룬다는 뜻이 아니다. 유브라데의 네 천사들이 전에 없던 강력한 연합군을 형성해 서로 대치하게 예루살렘을 공격하게 될 수도 있다는 것을 의미한다고 본다.

여기에 한 가지를 더해 예루살렘과 이스라엘 쪽을 공격할 수밖에 없는 이유를 덧붙이고자 한다. 이 시기의 이스라엘이라는 지역 안에 교회가 정말로 모여들게 될지 아닐지 알 수 없다.

다만 역사적으로 이 지역은 예수 그리스도와 하나님에 대한 상징적인 곳임은 분명하다는 것이다.

아브라함과 이삭과 야곱이 거쳐 갔던 땅이고 출애굽한 이스라엘이 점령한 땅이며 무엇보다 예수 그리스도가 탄생한 나라다.

B.C와 A.D를 가른 인물이 나타나고 역사적으로 수많은 제국의 먹잇 감과 탐욕의 대상이었던 신성한 그곳은 존재 자체만으로도 멸망의 짐승 이 왕위를 쟁탈하는 데 있어 위협이 될 수도, 상징적인 권력으로도 이용 할 수 있는 지대가 되어 버렸다.

이 때문에 이곳은 치열한 종교분쟁과 정치적인 분쟁 지역이 된 지 오래다. 전쟁은 끊이지 않았고 지금도 불안정한 정세를 유지하고 있다.

멸망의 짐승이 만약 이곳을 차지하려 한다면 그에겐 반드시 그에 맞는 강력한 명분이 있어야만 할 것이다.

마지막 때에 예수님은 멸망의 가증한 것이 서지 못할 곳에 서게 될 것 이라고 예언하신다. 이것은 하나님의 성전에 자신을 하나님이라 참칭하 는 불법의 일이 반드시 일어날 것임을 예언한 구절이다.

그렇다면 마지막 때 자신을 하나님이라 참칭하며 심지어 자신이 오실 메시아라고 나타내기 위해서는 반드시 예루살렘을 점령하는 일이 필요 하지 않을까 한다.

어쩌면 이때를 이용해 멸망의 짐승은 연합 군대를 형성하고 이에 대응 하기 위한 또 다른 연합군들이 너른 유브라데 평야에서 전투를 벌이지 않을까 추측해보는 바다.

이것 또한 나의 추측이므로 진리라고 생각하지 않기를 바란다. 다만 멸망의 짐승에 의해 세 개의 뿔이 뿌리까지 뽑히게 되는 일이 마지막 때 일어난다는 것이다(단 7:8). 곡의 연합군들이 예루살렘과 부한 상인들을 치기 위해 오는 에스겔의 예언(겔 37:2), 예수님의 예언(눅 21:20)들을 종합해 생각해 보았을 때 가능한 시나리오라는걸 추측할 뿐이다. 여섯 번째 나팔 재앙의 유브라데의 네 천사들의 이만만의 군대가 혹 멸망의 짐승과 그 세력을 싫어하는 또 다른 세력들 간의 충돌인 동시에 예루살렘을 둘러싸서 점령하기 위한 세력 다툼을 상징하는 것이 아닌가 한다.

이를 위해 마병대는 핵미사일과 화학 무기로 무장하고 상상할 수 없는 살상을 통해 전 세계 1/3의 사람들을 죽일 만큼 불법한 일을 행하게 될지도 모른다는 추측을 해보는 바다.

재앙

계 9:20절부터 나오는 단어인 $\pi\lambda\eta\gamma\eta$(plege: plague, 재앙)는 계시록에서 처음 등장하는 헬라어다. 다섯 번째 나팔에서 비롯되는 황충의 사건을 요한은 '화'라고 정의한다.

그리고 여기 여섯 번째 나팔의 마병대의 전쟁으로 인해 일어나는 사건을 '재앙'이라고 표현한다.

더 정확히 말하면 여기서 언급하는 재앙은 '불'과 '연기'와 '유황'이다. 요한은 이것을 세 가지 재앙이라고 표현한다.

그러니까 재앙은 여섯 번째 나팔 사건 전체를 표현하기 위한 단어가 아니라 그 사건 속에서 일어나는 죽음의 양상을 표현하기 위한 단어인 것이다.

이 일은 어쩌면 매우 영적인 일이다. 왜냐하면 이 재앙은 처음부터 전 세계 1/3이라는 인구수를 규정해 놓고 일어나는 일이며 온 세상의 바람을 막았다가 허락이 되는 시기에 일어나는 일이고 그 일이 정한 때 곧 그 년 월 일 시에 일어나는 것이기 때문이다.

전쟁은 인간을 통해 일어났다고 해도 그 죽음의 경계를 정하는 권한은 온전히 하나님에게만 있다. 앞서 말한 바와 같이 사망과 음부의 열쇠는 예수 그리스도에게 주어졌다.

죽음이 어느 정도까지 이 세상에 미칠지를 결정하시는 분은 예수 그리스도시다. 심판의 권한은 그분에게 있다. 무저갱의 열쇠가 교회에 주어진 이유도 열쇠의 소유권자이신 예수 그리스도 그분이 교회에게 주셨기 때문이다.

9장 이후로부터 11장, 15장, 16장, 18장, 21장, 22장의 재앙에 해당되는 단어들은 모두 '플레게'를 사용하는데 계시록 외에 이 단어가 사용되는 예는 없다.

이런 개념으로 보면 11장의 여러 가지 재앙, 15장의 마지막 일곱 재앙, 16장의 이 재앙들, 18장의 하루 동안에 일어나는 재앙들, 21장의 일곱 재앙의 천사, 22장의 예언의 말씀에 더하는 자들에게 더해질 재앙들도 일종의 심판의 도구라는 것을 알 수 있다.

그렇다면 성경에서 정의하는 재앙이란 무엇일까.

구약에서 재앙은 하나님이 인간을 심판하시고자 '치실 때'(smite) 일어나는 현상이다. 하나님은 모세에게 재앙에 대하여 말씀하실 때 '내가'라는 주어를 꼭 덧붙이신다. 이 재앙을 일으키는 존재가 하나님 자신이심을 인식하게 하시는 것이다.

전염이든, 물이 피가 되든, 개구리 떼가 올라오든, 장자의 죽음이 일어나든 하나님이 재앙이라고 표현하시는 재앙은 'smite'라는 뜻의 히브리어 '나가프'에서 비롯된다.

가나안 땅을 정탐하고 악평했던 자들은 재앙으로 죽었다. 이때 쓰는 단어가 '마게파'라는 단어인데 이것도 '친다'는 뜻을 가지고 있는 '나가프'에서 비롯된 말이다.

장자의 재앙 때에도, 엘리 제사장 때에 블레셋에 언약궤를 빼앗겨 그로 인해 블레셋에 일어났던 재앙도 '마게파'다. 엘리 제사장 때의 '마게파'는 블레셋 지방에 일어났던 독종을 의미한다. 또 발람의 유혹으로 인해 번진 염병도 재앙으로 표현한다. 이 또한 하나님이 직접 치신 경우를 의미한다.

다윗이 인구조사를 실시했을 때 전염병이 번져 수만 명의 이스라엘 사람들이 사망했을 때도 재앙이라고 표현한다. 다윗은 이 재앙을 멈추기 위해 하나님 앞에 제사를 지냈고 그제야 염병이 그칠 수 있었다.

이 재앙의 원인에 대하여 신명기 31장 16절은 이와 같이 설명한다.

'또 여호와께서 모세에게 이르시되 너는 네 조상과 함께 누우려니와 이 백성은 그 땅으로 들어가 음란히 그 땅의 이방 신들을 따르며 일어날 것이요 나를 버리고 내가 그들과 맺은 언약을 어길 것이라.'

하나님은 이 백성들이 지금은 순종하는 것 같지만 가나안 땅에 들어가서 배부르고 평안하면 그들은 이방 신들을 섬기고 도덕적으로도 타락할 것이라고 알려주신다.

이로 인해 하나님은 모세가 그에 대한 이야기를 노래로 써서 기억하게 하시고 그들이 범죄하여 저주를 받을 때 이 노래가 증거가 되게 하셨다.

이 노래를 외우고 있다면 그들이 잘못된 길로 갈 때 기억하고 무엇을 어떻게 고쳐야 하는지를 기억해 낼 수 있기 때문일 것이다.

하나님은 생명과 복, 죽음과 화를 그들 앞에 두셨다고 말씀하신다. 축복은 하나님의 말씀을 순종할 때, 저주는 순종하지 않고 배반하여 하나님을 떠날 때 일어난다. 그 저주가 임했다는 강력한 현상이 바로 재앙과 화라는 것을 알 수 있다.

그런데 이 저주가 임하는 선제 조건은 반드시 하나님의 말씀이 먼저 임해야 한다는 점이다. 하나님의 말씀이 임하여 무엇이 생명의 길이고 무엇이 죽음의 길인지 아는 자들의 모임이 바로 이스라엘이다.

하나님은 이스라엘이라는 나라와 민족을 통해 모든 세상이 하나님의 말씀과 죄와 구원에 관한 진리를 알기를 원하셨다. 그의 목적은 모든 세상이 이스라엘처럼 예수 그리스도라는 복을 듣고 얻는 것이다. 이스라엘을 통해 이러한 진리를 조금이라도 들었던 이방들은 하나님의 간섭하심이 있었다는 것을 성경에서 자주 드러내고 있다.

엘리 제사장 때에도 그 아들들이 언약궤를 전쟁터로 가지고 오자 블레셋 사람들은 이스라엘의 역사를 얘기하며 온 힘을 다해 싸워야 한다고 외친다. 이 때문에 이스라엘은 패배했고 결국 언약궤를 빼앗겼다.

이스라엘의 역사를 알게 되었다는 것은 곧 하나님의 힘과 능력을 알았다는 뜻이다. 더군다나 말씀의 돌판이 있던 언약궤가 블레셋이라는 땅에 직접 임하게 되었다. 이 때문에 엄청난 재앙이 그곳에 일어났다는 것을 알 수 있다.

앞서 말한 바와 같이 마지막 때의 세상은 이미 하나님의 말씀이 임하여 이스라엘화 되어버렸다. 어느 곳이든 하나님의 말씀과 복음이 전파되지 않은 곳이 없는 시대가 될 것이고 따라서 하나님이 누구이며 예수 그리스도가 어떠한 분인지 어느 곳도 빼놓지 않고 아는 세대가 될 것이다.

이것은 복음을 듣고 구원을 받을 기회인 동시에 하나님이 심판을 행하실 수 있는 시기다. 하나님은 말씀을 통해 길을 알려주셨고 어떤 길을 선택하느냐에 따라 생명으로 갈 수도 죽음으로 갈 수도 있다는 것을 모든 자들에게 알게 하셨기 때문이다.

따라서 재앙이 사람들 위에 임했다는 것은 하나님을 알고도 그를 대적하며 거스르는 행위에서 비롯된다.

한 가지 더 생각해야 할 중요한 점은 앞서 말한 바와 같이 이 시기가 5번째 나팔 재앙이 끝난 이후라는 점이다. 이 때문에 인 맞은 자들은 절대로 여섯 번째 나팔 재앙의 마병대라는 군대 안에 속할 수 없다. 그들은 오로지 죽음을 위해 구성된 기병대들이고 전쟁을 하기 위해 예루살렘으로 몰려 들어가는 자들이다.

만약 인 맞은 자들이 지난 5번째 나팔 시기 때 예루살렘으로 피신해 있다면 그들은 마병대의 공격을 받을 사람들이지 예루살렘을 공격하려는 자들의 무리에 속해있지는 않을 것이다.

또 만약 인 맞은 자들이 예루살렘에 몰려가 산다고 하지 않을지라도 최소한 인 맞은 사람들은 어딘가로 피신해 있을 것이고 그들은 마병대에 속한 사람들이 되어 있지는 않을 것이다.

마병대들은 마치 고라와 다단 당처럼 하나님과 그의 택하신 자인 예수 그리스도를 대적하는 세력이다. 그들의 목적은 교회를 죽이는 것뿐 아니라 그들을 박멸함으로써 교회의 머리 되신 하나님과 그의 아들의 자리를 찬탈하기 위한 목적이 있다.

멸망의 가증한 것이 하나님의 자리에 앉아서 자신을 신이라 참칭하기 위한 전쟁이다. 따라서 이 전쟁의 무리에 교회는 절대적으로 참여할 수 없다는 것이 나의 생각이다.

고라와 다단 당이 그 장막에 머물고 거기에 속하지 않는 자들은 장막에서 물러나 있었던 것과 같이 교회는 재앙을 받을 자들의 무리에 속해 있을 수 없다.

이 전쟁의 양상이 불법의 일을 행하려 하는 자들의 무리에 의해 하나님을 대적하고 자신들의 야욕을 채우려는 목적을 띠고 있다면 더더욱 그러하다는 것을 알 수 있다.

여섯 번째 나팔 재앙 때 일어난 살육은 그 전과는 다른 양상을 보인다. 전 세계 총인구수를 약 70억이라고 가정하면 약 23억 정도의 인구가 한꺼번에 죽었다는 것을 의미한다. 이런 숫자는 중국 인구의 두 배 정도가 짧은 시간에 사망에 이르렀다는 것을 보여준다.

이런 수준의 일은 인류가 탄생한 이후 단 한 번도 일어나지 않았을 가능성이 크다. 노아의 홍수를 제외하면 말이다. 세계 1차 대전의 사망자 수는 약 2,000만 명이고, 2차 세계 대전의 사망자 수는 비공식적으로는 약 7,300만 명 정도에 이른다.

14세기 중반에 일어났던 흑사병은 유럽 인구의 약 1/3을 죽게 했다. 이때 사망자는 약 1억 명으로 추정된다고 한다. 1918년에 일어난 스페인 독감은 감염자가 약 5억 명 정도였고 사망자가 1억 명 정도였다.

그 뒤 콜레라, 메르스, 조류 독감, 아볼라 바이러스, 홍콩 독감, 코로나까지 수많은 전염병이 번지고 유행했지만, 세계의 인구 1/3이 한꺼번에 사망한 경우는 한 번도 없었다.

물론 이러한 통계는 역학 조사가 가능했던 시점부터 계수하는 것이기 때문에 그 전에 어떠한 일이 있었는지는 정확히 알 수 없다.

그러나 분명한 건 이러한 일이 일어나기 위해서는 반드시 사람이 모여드는 거대 도시가 생성되어야 한다는 것이다. 한꺼번에 많은 사람들이 죽기 위해서는 밀집된 공간이 필요하기 때문이다.

이 때문에 역학 조사가 필요한 시점부터가 어쩌면 빠른 시간 안에 일어나는 대대적인 죽음이 가능하게 된 때가 아닌가 한다. 거대 도시가 형성되지 않고는 전쟁도 전염병도 일어날 수 있는 환경이 조성되지 않기 때문일 것이다.

많은 사람들이 모여들어 사는 성읍 곧, 도시가 형성되면 그곳은 나라와 제국의 중심지가 된다. 정치적, 경제적, 종교적 중심지가 되고 많은 사람들이 집결되는 지역이 되면 그곳은 그만큼 전염병 유행 가능성이 상승한다.

이에 더해 만약 전쟁을 하게 되면 실제로 살육해서 사람들이 죽는 경우도 있지만 사상자가 나왔을 때 제대로 된 위생 환경을 갖추지 못하고 치료가 진행되지 못해 그로 인해 발생되는 질병으로 죽는 사람들이 많을 것이다.

인류의 발전은 제국의 탄생으로 이어졌고 그 크기는 시간이 가면서 더 커지고 있다. 제국들의 탄생과 몰락에는 반드시 전쟁과 전염병의 유행이 맞물려 있었다.

1차 세계대전과 2차 세계대전은 모두 산업혁명과 새롭게 탄생한 사상들과 함께 거대 도시들을 형성했다.

전쟁하고 이기기 위해 새로운 무기들이 개발되고 더 놀라운 세균과 바이러스가 양산되었다. 전과는 다른 더 끔찍하고 빠른 대량 살상으로 이

어지게 된 것이다.

따라서 여섯 번째 나팔 재앙에서 나타나는 것과 같은 죽음은 반드시 세계화와 나라의 발전, 인구의 밀집, 부의 축적 및 무기 개발과 동반되어 나타날 수밖에 없을 것이다.

이것이 없이는 한꺼번에 많은 수의 사람의 죽는 일은 일어날 가능성이 별로 없어 보인다. 물론 하나님의 능력이 임하면 세상은 한꺼번에 순식간에 사라질 수 있다(노아의 홍수 때처럼 말이다).

그러나 앞서 말한 바와 같이 이 전쟁은 세상의 우두머리들이 자신의 권력을 쟁취하기 위한 목적으로 일어난다. 이것은 그들의 권세와 능력으로 이뤄지는 일이다. 다만 하나님은 세계 1/3 이상의 인구가 사망하지 못하게 선을 그어두시는 것뿐이다. 하나님의 마지막 때의 심판은 반드시 인간의 욕망을 이용하시는 하나님의 전략에서부터 나온다.

요한이 지칭한 세 가지 재앙인 불과 연기와 유황은 짧은 시간에 많은 사람들이 죽어 나가는 대참사를 끌어낼 것이다. 불로 인해 죽거나 연기로 질식해 죽거나 유황이 뿜어져 그 독한 기운으로 죽는 일이 일어나는 것이다.

핵무기와 화학 무기 사용, 그로 인해 다양한 피해와 끔찍한 여파들은 우리가 전에는 볼 수 없었던 거대한 재앙으로 이어질 수 있을 것이다.

앞서 살펴본 바와 같이 여섯 번째 나팔 시 일어나는 재앙은(불, 연기, 유황) 각 기병대들이 장착한 핵무기와 화학무기를 통해 일어나리라 추측해 본다.

또한 이만만의 거대한 군대들은 예루살렘을 향해 진군하는 평야에서 싸울 것이다. 그래야만 세계 인구의 1/3의 살상이 가능하기 때문이다.

또 유브라데 강의 네 천사들은 어느 년 월 일 시에 사람 1/3을 죽이기로 되어 있다.

이 말은 거대한 살육의 시기가 '하루' 혹은 '한 시간'이라는 것을 보여준다. 한마디로 속전속결로 가기 위한 전쟁을 연합국들이 벌인다고 보면 될 것이다.

요약하자면, 유브라데 강의 네 천사들은 세상의 우두머리 세력들이고 각각 이권 다툼을 위해 사람들을 동원한다. 그들은 5번째 황충 재앙 이후 사람들의 복수심을 자극해 예루살렘 및 교회를 죽인다는 명분을 가지고 저마다의 세력 다툼을 위해 그들을 이용한다.

이만만이라는 것은 이 세력들이 서로 뭉치지 않을 것이며 각각의 연합군으로 예루살렘을 먼저 탈환하기 위해 싸울 것이다.

그들은 핵무기와 화학무기로 무장하고 여호사밧 왕 때와 같이 서로가 서로를 살상하는 지경에 이르며 이로 인해 거대한 평야에서 전 세계 약 1/3의 인구가 죽음을 맞이하게 될 것이다.

여기서 나는 매우 중요한 개념에 관해 설명하고자 한다. 여섯 번째 나팔 재앙이 일어나는 가장 중요한 이유는 멸망의 짐승이 예루살렘을 탈환하여 스스로를 성전에 앉아 하나님이라고 칭하기 위해서다.

그러므로 여섯 번째 나팔 재앙의 시점은 멸망의 짐승이 아직 권좌에 앉지 못한 상태다. 이 전쟁의 목적은 그의 세력을 미워하는 자들의 연합을 폐하기 위함도 있지만 무엇보다 그리스도 예수를 왕으로 섬기는 이들을 멸하고 하나님을 대적하기 위함도 있다. 진정한 이스라엘 곧, 참그리스도인들이야 말로 스스로를 신이라 부르는 인간을 거부하며 그가 하는 거짓말을 진리로 대적할 것이기 때문이다.

멸망의 짐승이 권좌에 안정적으로 앉기 위해서는 세상에서 그를 싫어하는 대적을 굴복시키는 동시에 그의 신적 권리를 반대하는 자들을 제거해야 한다.

이러한 일은 당시 로마 황제였던 사람들도 했던 일들이다. 로마의 황제는 주위의 세력을 굴복시키는 동시에 크리스천들을 핍박했다. 이러한 일은 반드시 반복되어 나타날 것이다.

나는 여기서 말하는 1/3이라는 수가 전 세계 인구의 1/3이 될 수도 있지만 상징적으로 그들이 죽이려 하는 교회의 '남은 자들'이 될 수도 있을 것 같다는 생각을 해본다.

슥 13:9절에서 하나님은 온 땅의 삼분의 이는 멸망하고 삼분의 일은
불 가운데 던져 시험하실 것이라고 말씀하신다. 나는 앞서 마지막 때의
세상이 교회가 되었고 이것을 촛대와 비교했었다.

땅의 1/3, 바다의 1/3, 물샘의 1/3, 해와 달과 별들의 1/3, 그리고 황
충 사건 이후 사람의 1/3이 죽임을 당한다. 만약 이 온 세상이 교회가 되
었다면 불 시험을 당할 교회가 1/3이 남아 있게 된다는 것이 스가랴서
의 말씀이 될 것이다. 그러나 이 교회도 결국 그 권세가 깨어질 것이다.

바울뿐 아니라 당시의 교인들은 예수님의 재림이 얼마 남지 않았을 것
이라고 예상하고 있었다. 왜냐하면 로마 제국의 극심한 핍박이 있었기
때문이다.

그들은 세상의 전부를 온통 로마가 차지하고 있었다고 생각했다. 게다
가 다니엘서가 지칭하는 마지막 때의 제국은 틀림없이 로마였다. 이러한
관념 하에 바울은 마지막 때에 대해 이렇게 정리한다.

'그리스도께서 죽은 자 가운데서 다시 살아나사 잠 자는 자들의 첫 열
매가 되셨다…각각 자기 차례대로 되리니 먼저는 첫 열매인 그리스도요
다음에는 강림하실 때에 그리스도에게 속한 자요 그 후에는 마지막이

니…'(고전 15:20~23).

　'형제들아 자는 자들에 관하여는 너희가 알지 못함을 우리가 원하지 아니하노니 이는 소망 없는 다른 이와 같이 슬퍼하지 않게 하려 함이라… 예수 안에서 자는 자들도 하나님이 그와 함께 데리고 오시리라… 주께서 강림하실 때까지 우리 살아남아 있는 자도 자는 자보다 결코 앞서지 못하리라 주께서 호령과 천사장의 소리와 하나님의 나팔소리로 친히 하늘로부터 강림하시리니 그리스도 안에서 죽은 자들이 먼저 일어나고 그 후에 우리 살아남은 자들도 그들과 함께 구름 속으로 끌어 올려 공중에서 주를 영접하게 하시리니…'(살전 4:13~17).

　예수님은 죽은 자 가운데서 부활하신 첫 열매로 승천하셨다. 바울이 말한 첫 열매는 이와 같이 죽었으나 살아난 완전체의 첫 모형이 예수님이심을 보여준다.

　그리고 아주 중요한 개념을 보여주는데 그 후에 만약 예수님이 재림하시면 그는 그 안에서 죽었던 사람들을 끌고 함께 등장하게 될 것이다. 그 후에 이 땅에서 죽었던 자들이 부활하여 먼저 일어나고 그 후에 살아 있는 사람들이 홀연히 변하여 공중으로 끌려가게 된다는 것을 말한다.

　순서를 정리하면,
　1. 예수님의 오심

2. 예수님이 오실 때 주 안에서 죽었던 자들이 승천

3. 예수님이 오실 때 아직 땅에서 살아남은 자들이 승천

이 과정은 차례대로 일어난다는 것을 성경은 정확하게 얘기하고 있다.

이러한 이치로 따지면 참 교회 안에서 먼저 죽는 자들이 있겠지만 또한 반드시 살아남아 땅에서 주의 오심을 목격하게 되는 자들도 있다는 것을 얘기하고 있다.

또 예수님은 제자들에게 그들 중 주님이 오시는 장면을 볼 자들이 여기에 있을 것임을 말씀하신다. 이것은 요한이 2,000년 후에도 살아남아서 예수님의 오심을 본다는 의미가 아니리라 믿는다. 그것은 참 교회에 속한 자들 중에는 주 안에서 죽는 자들도 있지만 주 안에 여전히 살아서 주를 기다리는 자들도 있을 것임을 말씀하시기 위함인 것 같다.

정리하자면 마지막 때에 순교할 사람도 있고, 여전히 핍박 가운데 살아남은 자들도 있을 것임을 보여주시는 것이다.

그리고 여섯 번째 나팔 재앙의 연합군이 공격하는 1/3의 궁극적인 세력은 숨어있는 참 교회인 동시에 권세가 깨어지는 교회일 수도 있지 않을까 한다. 그러나 그들은 절대 교회를 없애거나 박멸시키지 못한다는 것을 보여주는 것 같다.

이세벨의 시대가 아무리 흉흉했어도 바알에게 무릎 꿇지 않은 7,000

명을 남겨 두었던 것처럼 그 시대에도 여전히 주 안에서 살아남은 자들이 세상에 존재할 수 있지 않을까 생각해 본다.

바울은 또한 이렇게 말한다.

'먼저 배교하는 일이 있고 불법의 사람, 멸망의 아들이 나타나기 전에는 그날이 이르지 아니하리니...하나님의 성전에 앉아 자기를 하나님이라고 내세우느니라…'(살후 2:3~4).

그날 곧 주님이 오셔서 심판하시는 날은 멸망의 아들이 집권하는 일 '후에' 일어난다. 그 전에 성도의 권세가 깨어지는데 여기서 배교하는 자들이 있는가 하면 주 안에서 순교하는 자들이 있고 그렇지 않고 끝까지 살아남아 주의 오심을 목격하는 자들도 있을 것을 성경은 말하고 있다.

이스라엘이라는 교회 안에 다양한 종류의 사람들이 있는 것처럼 참 교회 안에도 다양한 종류의 사람들이 있음을 보여준다.

다른 상황, 다른 여건, 다른 계획의 사람들이 각각의 상황을 맞이하게 되는 것이다. 그러나 성령 안에서 그들은 하나의 교회다. 그 안에서 마지막 때를 준비하며 주의 오심을 예비하게 될 것이다.

어쨌든 내가 생각하는 여섯 번째 나팔 재앙의 1/3은 참 교회가 궁극적인 그들의 목표인 것 같다는 생각을 해본다. 비록 불과 같은 시험이 임하고 거대한 순교가 있을지라도 하나님의 교회를 지키시고 그 안에서 순종하며 하나님을 배반치 않은 자들을 구원하시리라 믿는다.

다섯 번째

✝ 나팔수들 이야기

책을 마치며

더러운 귀신이 사람에게서 나갔을 때에 물 없는 곳으로 다니며

쉬기를 구하되 쉴 곳을 얻지 못하고 이에 이르되

내가 나온 내 집으로 돌아가리라 하고 와 보니

그 집이 비고 청소되고 수리되었거늘

이에 가서 저보다 더 악한 귀신 일곱을 데리고 들어가서 거하니

그 사람의 나중 형편이 전보다 더욱 심하게 되느니라

이 악한 세대가 또한 이렇게 되리라

(마 12:43~45)

우리가 나팔 사건들을 보는 데 있어 중요한 관점들은 아래와 같다.

1. 주님이 다시 오시기 전에 이 일들이 일어난다.

2. 멸망의 짐승의 가증한 것이 서지 못할 곳에 서기 전에 일어난다.

3. 반드시 모든 세상에 복음이 전해진 후에 멸망의 가증한 것이 서고 성도들의 권세가 깨어지며 그다음 주님이 다시 오신다.

4. 모든 곳에 복음이 전해졌다는 것은 모든 곳이 교회 곧 이스라엘이 되었다는 뜻이다.

5. 하나님의 말씀이 선포되었으므로 하나님의 말씀대로 심판과 구원이 일어난다.

6. 이스라엘화 된 세상에는 바리새인, 창녀, 세리, 거짓 형제와 거짓 선지자들, 거짓 사도들과 같은 자들이 존재한다. 그리고 참 이스라엘인들이 존재한다.

7. 나팔 사건들은 일곱 인봉 중 마지막 인봉이 떼어졌을 때 나타나는 현상이다. 따라서 이것은 심판의 전략이다.

8. 나팔 사건은 반드시 하나님의 보내신 선지자들을 통해 예언하시고 난 후에 나타난다.

9. 나팔 심판은 제국의 야욕을 통해, 무엇보다 짐승을 필두로 한 세력들의 이권 다툼을 위한 전쟁을 통해 일어난다.

10. 인 맞은 자와 인 맞지 않은 자들이 구별된다.

이에 따라 마지막 세대의 세상을 네 종류의 세상으로 구분해 보면 다음과 같다. 이 구분은 후에 17장에서도 명시하는 바이므로 기억해두길 바란다.

1. 제국 - 로마 제국과 같은 정치적인 경계. 신본 정치를 지향한다. 이 때의 제국은 예전의 제국들처럼 부분적인 통치 경계가 아니다. 이때의 제국은 모든 나라와 민족과 방언과 족속을 다스리는 정치와 경제와 종교적인 경계를 갖춘다.

2. 문화-언어, 음식, 디자인, 음악, 예술 등 모든 인간이 무형적 유형적으로 창조하고 만들어내는 산물들의 세계다. 이는 종교의식도 포함한다. 영적인 영역이라고도 할 수 있다. 사람의 생각과 마음을 지배하려면 문화를 장악해야 한다. 문화는 사단이 개입하고자 하는 인간의 영과 마음을 침투할 수 있는 가장 좋은 수단이다.

3. 거짓 교회- 거짓 선지자, 거짓 형제, 거짓 사도들은 여전히 교회에 존재한다. 그리고 세상 끝 날까지 존재할 것이다. 그들은 교회의 율법과 방식을 매우 잘 알고 있고 마치 하나님을 섬기는 자들처럼 보이지만 실은 마귀에게 속한 자들이다. 이들의 목적은 교회에 침투하여 교회를 파멸시키는 것이다.

4. 참 교회(참 이스라엘)- 이들은 영적인 이스라엘이라는 경계 안에 거하면서 또한 하나님의 참 교회, 예수 그리스도의 교회에 참여한 바 된 인

맞은 자들이다.

성경은 예언의 책이다. 앞으로 일어날 일들을 알리고 또한 교훈한다. 앞으로도 이런 일이 일어날 것이니 주의하고 깨어 기도하라는 책이다(그러나 이 또한 성경의 일부일 뿐이다). 우리의 영혼에 중심을 잡아야 할 믿음이 무엇인지, 그 대상이 누구인지를 알려주는 책이 성경이다.

따라서 참 이스라엘과 아닌 자들을 구분하는 방법은 성경에 나와 있다. 예수님의 시대뿐 아니라 오래전 선지자들의 세대, 출애굽의 세대에서도 우리는 위와 같은 구분을 볼 수 있다.

예수님의 시대를 지배하고 있던 제국은 로마였고, 문화는 헬라 문화였으며 그때에도 거짓 선지자와 같은 바리새인들과 하나님 앞에서 부정한 세리와 창기들이 있었다.

또한 게 중에는 이방인들도 섞여 살아가고 있었다. 그리고 예수님이 나다나엘에게 말씀하신 것과 같이 참 이스라엘인들도 있었다.

이에 대하여 예수님은 씨 뿌리는 자의 비유를 통해 말씀하셨다. 옥토에 뿌린 씨, 길가에 뿌려진 씨, 가시덤불에 뿌려진 씨, 돌 위에 뿌려진 씨들은 하나님의 말씀이 사람에게 적용되었을 때의 결과 값을 보여준다.

예수님은 이때 천국을 비유하여 말씀하셨다. 따라서 그분이 말씀하신 천국은 이 땅에 이미 임한 하나님의 나라를 의미한다. 이는 이스라엘이라는 교회의 영역이라고도 할 수 있다. 천국 즉, 하나님의 나라는 그의 말씀이라는 씨가 뿌려진 땅이다.

분명한 건 예수 그리스도로 인해 하나님의 나라는 이 땅에 세워졌고 시작되었고 이제 그 끝을 향해 달리고 있다는 점이다. 예수님은 그의 말씀으로 세상을 정결케 하셨다. 그의 피로 세상을 씻으셨다.

그러나 마 12장에 나온 것과 같이 세상은 깨끗해졌으나 또다시 더러워지고 그 전보다 더욱 더러워질 것이다. 마치 더러워졌던 집이 수리되고 청소되어 깨끗하게 되었으나 일곱 귀신이 들어와 나중 형편이 더 악하게 된 것처럼 이 세상은 예수님으로 인해 수리되었으나 그 전보다 더 큰 악으로 치닫고 있다.

이것이 마지막 세대고, 이 세대는 매우 악하다는 것을 예수님은 말씀하신다. 이는 마지막을 살아가는 모든 시대의 사람들에게 하신 말씀인 동시에 하나님의 말씀을 받게 된 각 개인에게 하시는 말씀이기도 하다.

성경은 예수 그리스도의 말씀을 들은 우리가 만약 성령의 거하심을 간구하지 않고 그분을 근심하게 한다면 성령은 소멸될 수 있다고 전한다.

우리는 믿음으로 말미암아 구원을 얻지만, 그것은 오늘, 지금, 현재에 적용되는 믿음이다. 이 구원을 경홀히 하고, 성령을 근심하게 한다면 언제든 악한 영들은 우리를 이길 준비가 되어 있다.

성령님의 힘이 약해서 마귀에게 쫓겨나는 것이 아니라 우리가 그분을 우리 영혼 속에서 하나님으로 섬기지 못할 때 성령은 소멸된다. 소멸한다는 것은 그가 사라지는 것이 아니라 우리가 그분을 믿지 못할 때 우리 안에 성령이 더 이상 거하실 수 없다는 것을 의미한다.

그가 함께 있다는 것을 믿고 그분을 사랑하는 일은 마음과 뜻과 온 힘을 다해 해야 할 일이다. 이 계명들은 변하지 않는다. 율법의 가장 중요한 강령, 마음과 뜻과 힘을 다해 하나님을 사랑하고 그 사랑으로 이웃을 내 몸과 같이 사랑하는 것.

이 계명을 가슴에 품고 살아가는 자들만이 마귀의 세력에 점령당하지 않을 것이며 영원한 빛이자 하나님 되시는 성령이 우리 안에 거하실 것이다.

이 때문에 인 맞은 자들을 구분하는 가장 크고 유일한 특징이 성령이 그 안에 거하시는 일일 것이다.

다시 정리하면,

땅끝까지 복음이 전해졌다 -〉 온 세상이 이스라엘화 되었다 -〉 멸망의 짐승이 권좌를 위한 전쟁을 벌인다 -〉 인 맞은 자들과 아닌 자들을 구분한다 -〉 멸망의 짐승이 원하는 대로 그의 세력을 대적하는 세력들이 망한다 -> 멸망의 짐승이 권좌에 앉는다-> 큰 환란의 시기가 온다->주님이 오신다.

일의 진행 순서는 위와 같다.

세 가지의 재앙(인봉 재앙, 나팔 재앙, 대접 재앙), 세 번의 죽음(1/3의 파괴, 1/3의 빛을 잃음, 1/3 인구의 사망), 세 번의 때(한 때, 두 때, 반 때)는 모두 세상과 교회가 다시금 부활하기 위한 죽음의 시기다. 성도들의 권세는 깨어지지만, 하나님은 그의 교회를 방주에 들이신 것처럼 보호하시고 양육하시고 지키실 것이다.

그리하여 새로운 세상은 건설될 것이고 생명의 부활을 맞은 자들이 그 안에 속할 것이다. 나팔은 이러한 하나님의 말씀을 전하는 큰 도구로 하나님의 선지자들을 통해 사용될 것이다.

하나님을 대적하는 자들과 거짓 선지자들과 거짓 형제들과 거짓 사도들은 거짓 메시아를 필두로 하나님을 대적할 것이다. 고라와 다단 당처럼 하나님의 말씀을 체험하고 경험했음에도 멸망하기로 작정한 자들과 같이 무식함으로 하나님을 대적하게 될 것이다(벧후 2:12).

하나님은 이미 이스라엘의 역사를 통하여 그의 심판을 알리셨다. 그를 대적하는 자들의 마지막이 어떠한지를 이미 보이셨다.

그의 참으심과 긍휼하심이 끝까지 이르렀을 때 대제사장이신 예수 그리스도는 그의 백성을 위하여 속죄하시고 거룩하게 하시며 동시에 세상을 심판하실 것이다.

결국 하나님의 인 맞은 자들이 구별된 후에는 7장에 미처 보이지 않았던 바람이 일게 될 것이다. 불법의 일들이 풀리고 하나님의 침묵의 시기는 다가올 것이다.

세상은 교회를 향한 시기와 미움으로 뭉쳐 하나님과 그의 아들 그리스도 예수와 그의 백성들을 파멸시키기 위해 예루살렘으로 연합군을 형성하여 진군할 것이다.

그러나 이것은 단지 온 세상을 움직이기 위한 명분일 뿐이다. 야욕을 가진 자들은 사람들의 사기를 이용하여 자신들의 이권을 위해 군사들을 움직이고 끔찍한 참상을 계획할 것이다. 이것이 여섯 번째 나팔을 통해 일어나는 마병대를 통한 전 세계 1/3의 죽음이다.

그렇다면 이들은 왜 전쟁하려는 걸까?

전쟁은 겉으로 보이는 명분이 있다. 동시에 내제되어 있는 비밀스런 협약이 있다. 이는 반드시 존재한다.

예수님은 망대를 세울 때 돈이 얼마나 드는지를 계산한 후에 망대를 세우게 될 것이라고 말씀하신다. 또 전쟁할 때 군사력을 어느 정도 쓰게 될 것인지를 계산한 후에 전쟁해야 함을 말씀하신다. 이것은 지혜가 있는 누구라도 생각할 수 있는 원리다.

　배가 신인 사람들 즉, 하나님이 아닌 자신의 배를 채우는 것이 우상이 되어버린 사람들이 어떤 일을 하는 데 있어 이익이 없는 일을 계획할 리 만무하다.
　그리고 그 이익이 확실하다고 믿는 순간 그들은 성취하기 위한 이론을 생각해낸다. 지혜는 어떠한 일을 성취하고 성공시키기 위한 가장 효과적인 도구다.
　지혜가 어느 곳에 쓰이느냐에서 누가 하나님의 나라를 위하는 사람인지 혹은 하나님의 나라를 대적할 사람인지가 드러나는 것이다.

　전쟁하는 데 있어 가장 필요한 건 돈이다. 돈이 있어야 무기를 사고, 사용한다. 또한 적국은 패배하게 되면 어마어마한 전쟁 배상금을 물어야 한다. 이렇게 엄청난 돈을 '투자'하려면 그 투자 후에 어떤 이익이 오는지를 살피게 될 것이다.
　전쟁의 명분은 단지 여론을 움직이게 하기 위한 껍데기에 불과하다. 손해를 보기 위해 장사를 하는 사람은 아무도 없다. 전쟁의 명분은 그들의 장사를 위한 마케팅에 불과할 것이다.
　전쟁을 벌이는 두 나라는 모두 돈을 쥐고 있는 자들의 노예가 될 수밖에 없다. 승리한 나라는 승리하기 위해 엄청난 돈을 사용하게 될 것이다.

승리했더라도 돈이 드는 건 어쩔 수 없는 일이다.

또 패배한 나라는 패배했기 때문에 배상금을 내놓아야 한다. 이 과정에서 은행은 그 중간 역할을 감당하게 될 것이다. 누가 이러한 천문학적인 계산을 할 수 있으며 또 합당한(?) 지불 값과 배상 값을 계산하겠는가?

이는 회계에 정통하고 국가의 채무 관계에서 어떻게 거래해야 하는지, 시장 경제가 어떻게 돌아가는지 아는 사람들만 할 수 있을 것이다. 구멍가게에서 과자를 사고파는 수준이 아니기 때문이다. 여기서 투입되는 인력은 고도의 금융 상황을 파악하고 조절할 수 있는 사람이어야 한다.

또한 상대 나라의 재정 상태나, 그 국민들이 일궈낼 수 있는 세금의 양, 국민의 수, GDP, 그 나라의 자원은 무엇인지, 어떻게 하면 돈이 되는 것들을 승리한 나라에게 제공할 수 있는지, 또 승리한 자국은 그 과정에서 은행에게 빌린 돈을 어떻게 갚을 수 있는지를 계산해야 할 것이다.

각 나라의 법에 능통해야 하며 그 법에 따라 돈을 나누고 거둬가는 일들을 체계적으로 해낼 수 있어야 할 것이다.

한국의 재정을 다루는 은행은 한국은행이다. 미국의 재정을 다루는 은행은 미연방 준비은행이다(이 은행은 미국에 국한된 은행이라고 할 수는 없을 것이다. 오히려 전 세계에 영향을 미친다). 한국은행은 다행히도 한국

정부의 법 아래 존재한다. 그러나 미 연방준비은행은 미국 정부의 것이 아니다. 민간인 소유다.

민간 은행들의 대표가 미연방 준비은행의 이사진으로 구성되어 있다. 이러한 방식으로 운영되는 곳이 IMF나 세계은행이다. 중요한 건 이 은행들을 다룰 수 있는 법은 그들 스스로가 법을 제정한다는 사실이다. 그 은행의 소유는 민간인에게 있기 때문이다.

만약 전쟁을 하게 된다면 이는 곧, 엄청난 액수의 돈들이 움직인다는 의미다. 이 과정에서 전쟁하는 당사자들 즉, 나라들은 돈을 소비하는 자들의 입장에 놓인다.

그러나 금융권에 있는 권력은 전쟁에 쓸 돈을 제공하게 되는 판매자의 입장에 놓이게 된다. 이로 인해 금융권의 사람들은 그 전보다 훨씬 빠른 시간에 엄청난 수익을 얻게 될 것이다.

화폐전쟁의 저자 쑹훙빙이 쓴 책에서 정리한 것들을 나누고자 한다.

1812년 미국 최초의 중앙은행이 폐지되자(이는 유럽의 민간 은행가들이 만든 은행이었다. 그러나 미국 정부는 이를 용인하지 않고 폐지시켰다.) 1812년 영미전쟁이 발발했다. 그리고 두 번째 중앙 은행이 탄생했다.

1837년 잭슨 대통령은 두 번째 중앙은행을 폐쇄했다. 그러자 런던의 은행가들은 미국 채권을 투매하고 각종 대출을 회수했다. 이로 인해 미국경제는 심각한 불경기를 맞이했다. 이 상황은 1848년까지 지속됐다.

1857년, 1870년, 1907년 또다시 경제 불황이 일어났다. 이 책에서는 국제 금융재벌들이 민영 중앙은행을 부활시키기 위한 압박으로 이 일이 일어났다고 본다.

중앙은행은 지금의 미 연방준비은행의 본체로 미국의 화폐를 찍어내기 위한 유럽 민간 은행들의 연합이었다. 링컨, 앤드류 잭슨 등 미국의 대통령이 된 사람들은 말도 안 되는 그들의 요구를 결사반대했었다(화폐전쟁, p.202).

미국의 지폐를 일개 민간 은행이 발행하고 미국이 그것을 빌려서 지폐를 사용한다는 것은 나라를 그들에게 바치는 행태였다.

그러나 그럼에도 불구하고 민영 중앙은행인 미 연방준비은행이 탄생한다.

1929년, 대공황으로 인해 이제 금본위제를 폐지하고 염가화폐 정책을 실시한다. 이것은 금이라는 무기로 엄청난 인플레이션을 발발 시킬 수 있는 위험을 방지하는 금본위제에 대한 은행가들의 불만에서 비롯된다.

명분은 시장의 활성화라는 목적을 가지지만 무한대로 국민들의 돈을 착취할 수 있는 정책을 법으로 제정하는 정책이다. 기준선이 없어지므로 무한한 통화팽창이 가능해진다.

따라서 돈을 빌려주고 보관하는 자들은 금본위제가 있을 때보다 더

수월하게 더 많이 돈을 착취할 수 있다. 염가 화폐 제도가 생겨나고 돈은 더 활발하게 돌아갔고 이제는 전쟁을 벌여도 은행이 얼마든지 돈을 빌려줄 수 있는 시스템이 생겼다. 그들이 달러를 찍을 수 있기 때문이다.

2차 세계 대전은 이후 1939년에 일어났다.

금융이라는 독특한 시스템을 움직이려고 하는 자들은 전쟁을 통해 금융 시스템을 바꾸고 법을 바꾸고 법의 통제를 무너뜨리려 한다. 인간은 땅이라는 기본기가 있는 한 모든 것을 차지하려고 할 것이다.

그런데 문제는 엄청난 부를 가지고 있는 그 소수의 사람은 절대 욕심을 버리지 않을 것이라는 점이다.

그들은 모든 이들을 가지고 싶어 하고 모든 재산을 노리며 모든 땅과 바다의 재원들을 자신들의 것으로 만들고 싶어 한다. 그들은 하나님의 자리에 자신이 앉기를 원한다.

화폐라는 것은 실물이 아니다. 실물은 금, 석유, 땅, 물, 식량과 같은 실체다. 화폐는 그것을 거래하려고 만든 종이쪽지 불과하다.

그러나 이 거래의 도구가 실물보다 더 중요하게 보이는 시대가 왔다. 이것은 사단이 만들어 놓은 교묘한 환상에 불과하다고 생각한다.

이러한 환상은 더 깊숙이 더 교묘한 방향으로 흘러갈 것이다. 이로 인해 인간이 생각하는 부의 플랫폼에 대한 기준은 점점 더 허상으로 변할 것이다.

법이 규제할 수 없는 민주적 방식이라는 허상으로 사람들을 몰아넣고 실물은 혼자 소유하면서도 사람들을 노예처럼 소유하는 것이 계시록 13장에서 나오는 열왕들의 목적이다.

그들은 땅의 기반이 버티고 있는 한 땅의 모든 것들을 장악하려고 할 것이다. 하나님이 땅의 기반을 모두 뒤흔들어 이제 더 이상 욕심낼 것들이 없어지게 하시기까지 그런 욕망은 사라지지 않을 것이다.

멸망의 짐승과 열 왕들은 그때가 될 때까지 깨닫지 못할 것이다. 왜냐하면 이미 너무 많은 것을 가졌기 때문이다.

그 모든 것이 자신들의 것이 되는 게 당연하다고 생각할 것이다. 그들이 전쟁을 벌이는 이유는 단순하다. 그들의 탐심을 채우기 위해서다.

욕심을 채우기 위해 최선을 다해 움직이고, 지혜를 가지며, 사람을 얻고, 무기를 만들고 과학을 발전시킨다.

전쟁은 플랫폼을 뒤집어엎기 위한 유용한 도구다. 다시 새로운 판을 짤 수 있는 기회는 전쟁만한 것이 없다. 수많은 피와 희생을 감수하고서라도 그들은 욕망을 향해 달려가는 악을 멈추지 않을 것이다.

여기서 우리가 알아야 할 중요한 관점이 있다. 예수님은 언젠가 때가 오면 일할 수 없는 밤이 올 것이라고 말씀하신다. 이 말은 우리가 밤의 시기로 가면 더 이상 일을 할 수 없다는 뜻이다.

밤은 환란의 때, 도망가야 하는 때다. 주의 영화로운 날이며 멸망의 가증한 것이 서는 때다.

그렇다면 이때 성도들은 땅에 없다는 것인가? 아니면 성도들은 아무것도 하지 않고 숨어있기만 해야 한다는 것인가? 그리고 밤은 어느 때이며 하나님의 일은 과연 무엇을 지칭하는 것일까?

나는 이에 대한 답을 느헤미야 시대의 사건을 통해 추측해 보았다.

'그 때에 내가 또 백성에게 말하기를 사람마다 그 종자와 함께 예루살렘 안에서 잘지니 밤에는 우리를 위하여 파수하겠고 낮에는 일하리라 하고'(느 4:22).

느헤미야는 백성에게 명령하길 낮에는 일해야 하겠지만 밤에는 파수하라고 한다. 예수님이 말씀하신 '일하는' 시간대는 낮이다. 하지만 밤에는 일할 수 없다. 그러나 예수님은 밤에 잠을 자라고 하시지 않고 깨어서 기도해야 한다고 말씀하신다.

그렇다면 낮은 어느 때이고 밤은 어느 때인가.

예수님은 스스로를 빛이라고 칭하셨다. 빛을 있을 동안에는 낮이고 이때가 일해야 할 때라고 말씀하신다. 또 예수님은 누가복음에서 이렇게 말씀하신다.

'내가 날마다 너희와 함께 성전에 있을 때에 내게 손을 대지 아니하였도다 그러나 이제는 너희 때요 어둠의 권세로다'(눅 22:53).

예수님은 자신이 완전히 죽음에 이르는 시기를 어둠의 권세가 일하는 시기라고 칭하셨다. 특별히 어둠이라는 단어를 통해 빛이 없는 시기를 다른 말로 나타내셨다.

그러나 엄밀히 말하면 빛은 사라지지 않는다. 잠시 그 빛을 감춘 것뿐이다. 밤이 되었다고 해서 해가 사라지는 것이 아니다. 다만 시기가 되어 해가 보이지 않는 것이다.

밤은 하나님이 그의 힘을 감추는 때, 그의 얼굴을 감추는 때다. 그러나 이것은 하나님이 사라졌다거나 아무 일도 하지 않는다는 의미가 아니다. 다만 앞서 우리가 살펴보았던 반 시간의 의미와 같이 시기를 기다리기 위해 침묵하는 때일 뿐이다. 그러나 그때에도 하나님은 다른 것을 계획하신다.

낮은 예수님의 권세 곧 성령의 일하심과 통제로 인해 불법의 일이 막히는 때다. 이때 성도들은 마음껏 일할 수 있다. 하나님의 권세로 불법의 일들이 막히고 있기 때문에 예수 그리스도의 교회는 온 세상으로 번질 수 있다.

모든 열매는 하나님의 역사하심과 도우심 때문에 얻어지는 것임을 기억해야 한다.

예수님의 공생애 기간 당시 백성은 하나님의 일이 무엇이냐고 물었다. 예수님은 '하나님의 일은 하나님을 믿는 것'이라고 말씀하신다. 믿음이 구원으로 가게 되는 일. 믿음이 행위가 되어 그로인해 열매를 맺는 일이 하나님의 일이다.

말씀의 빛이 나타나 열매를 맺는 때가 낮이다. 이 낮은 시간대를 나타내기도 하지만 영적으론 공간이 될 수 있다. 같은 영원대를 맞이해도 사망의 영원이라는 공간이 있는가 하면 생명의 영원이라는 공간대가 있다.

예수님이 이 땅에 오신 것은 생명의 영원이라는 시간대가 지구에 형성되었다는 뜻이다. 시간은 여전히 지구의 시간으로 흘러가되 예수 그리스도를 믿는 때는 영원한 하나님의 나라에 속하게 되는 존재가 되는 것이다.

따라서 낮에 속한다는 것은 예수 그리스도 안에 머물러 있다는 뜻이다. 또한 하나님의 일은 그 안에 머물러 있을 때 즉, 믿을 때 이뤄진다는 것을 의미한다.

그러나 밤은 더 이상 열매를 맺는 때가 아니다. 그러나 빛이 사라지거나 없어지는 것이 아니다. 여전히 존재하지만, 그 자취를 감추는 시기인 것이다. 어둠의 때가 허락되고 그 권세가 완전히 풀릴 때라는 뜻이다.

여기서 우리가 생각해야 할 것은 마지막 때가 점진적으로 진행된다는 점이다. 시간이 갈수록 더욱 어두워질 것이다. 새벽으로 갈수록 밤이 짙어지는 것과 같이 갑자기 모든 어두움이 사라지는 것이 아니라 점진적으로 사랑이 식고 세상이 어둠의 영으로 덮이게 된다는 것을 인지해야 한다.

앞으로 설명하겠지만 나팔 사건들의 진행은 이러한 점진적 어둠이 세상에 임할 것을 예고한다. 1/3의 불과 연기와 어두움은 세상이 갑자기 어느 날 경고도 없이 망하는 것이 아니라 점차 어두워지고 부서지면서 하나님 나라가 도래 한다는 사인(Sign)이다.

이러한 점진적 상태도 언젠가는 완전한 어둠이 드리워지는 때로 나아간다. 그때는 모든 양무리들이 정해진 상태가 될 것이다. 교회가 완성된 시기가 될 것이다. 유월절 어린 양의 피가 문설주에 표시된 이후엔 완전한 구별이 이뤄진다. 이 이후로는 그 어떤 사람도 교회 안의 구성원으로 들어올 수 없다. 오직 심판만 있을 뿐이다.

그때 교회가 할 일은 깨어 기도하는 것이다. 지금도 여전히 우리는 깨어 기도해야 하지만 마지막 때 즉, 완전한 어둠의 때가 가까이 오는 이 시기의 교회는 나팔을 통해 파수꾼의 역할을 감당할 것이다. 다시 말하지만, 세상은 이미 이스라엘화 된 교회의 영역이다.

그러나 아직은 아니다. 아직도 예수 그리스도의 말씀을 들어보지 못한 나라가 있고 사람들이 있다. 하지만 언젠가는 예수 그리스도의 나라라는 물이 모든 바다를 덮어버릴 것이다.

마지막 극심한 환란의 때, 하나님의 침묵의 때가 되어 도망가야 하는 때, 인 맞은 자들이 완전히 완성되어 더 이상 그 수가 늘어나지 않는 때는 깨어 기도하라고 말씀하신다.

이러한 깨어있음은 곧바로 기도로 연결된다. 기도한다는 것은 깨어있다는 것을 의미한다. 깨어있다는 것은 언제나 예수님을 생각하고 갈망한다는 증거다.

열처녀의 비유에서도 예수님이 오시는 때는 밤이다. 이때 '다' 졸며 자고 있지만 예수님이 오시는 때가 되었을 때 지혜로운 처녀들은 기름을 준비한 상태였다.

기름을 준비했다는 것은 필요한 것을 구비하고 있었다는 것을 의미한다. 필요한 것을 누구에게 또 어떻게 구하는가. 예수님은 천국의 열쇠를 우리에게 주셨다. 이것은 너희가 무엇이든 구하는데로 주시겠다는 것을 의미한다.

이 구하는 것이 무엇이어야 하는지도 말씀해주신다. 구하는 자에게 성령을 주시지 않겠느냐고 말씀하신다.

즉, 우리가 필요한 것은 성령을 통해 제공하실 것임을 말씀하시는 것이다.

이로써 우리는 구원이 우리의 의지와 힘으로 되는 것이 아님을 다시한번 확인한다. 열 처녀들은 다 졸고 있었다. 그러나 나팔이 울리고 신랑이 올 것이라는 소리에 다 깨었다. 그러나 다섯은 기름이 있었고 다섯은 기름이 없었다. 다섯이 들어가고 나머지 다섯이 들어가지 못했던 단 하나의 차이는 기름이 있느냐 없느냐였다.

여기서도 우리는 알 수 있다. 성령이 있는 자와 없는 자, 하나님을 간절히 바라는 자와 그렇지 않은 자로 나뉘고 있다는 것을 알 수 있다. 신랑의 오심을 들었을 때 기도할 수 있다는 것은 이미 신랑을 간절히 바라고 있었던 사랑이 있었다는 것을 증명한다.

성령이 그 안에 있다는 것은 행위의 문제가 아니다. 정말 사랑하고 있다는 것은 성령의 임재가 아니면 불가능하다.

앞서 말한 바와 같이 성령은 소멸이 될 수도, 아닐 수도 있다. 소멸하시는 이유는 더 이상 그 사람이 하나님을 바라지 않기 때문이다. 인격적이신 성령께서는 그의 거부권으로 더 이상 임재하시지 않는 것뿐이다.

하나님은 속지 않으신다. 하나님을 이용해 우상을 섬기려는 사람인지 하나님을 정말 기뻐하는 사람인지를 아신다.

따라서 이 택함은 어느 한 쪽에서만 일어나는 기적이 아니다. 이것은 사랑의 오묘한 진리가 나타나는 기적과 비슷하다.

이 사랑(Love)이 있기에 기도하는 것이다. 기도하며 믿음으로 성령의 도움을 구한 자들에게는 구원이 임할 뿐 아니라 세상을 향해 파수의 역할을 할 수 있다.

느헤미야의 명령은 파수하는 것이었다. 예수님의 명령도 마찬가지다. 마지막 때가 되면 전쟁이 다가올 테니 주의하며 깨어서 언제나 상황을 지켜보고 파수하라고 하신다.

밤에 성도들이 할 수 있는 일은 파수하는 것이다. 깨어 기도하는 것이다.

파수꾼의 역할은 두 가지다. 하나는 전쟁이 오는지 안 오는지 항상 깨어서 지켜보아야 하고 다른 하나는 전쟁이 오려는 기미가 보이면 크게 경고해서 백성들로 하여금 준비하게 해야 한다는 것이다.

에스겔 선지자를 통해 하나님은 그에게 만약 파수하는 자가 전쟁이 오는 것을 보고도 경고하지 않는다면 그 파수하는 자에게 피 값을 계산할 것이라고 말씀하신다(겔 33:6).

예수님은 마지막 때의 우리 성도들이 이러한 역할을 감당해야 할 것을 보여주셨다. 깨어 기도한다면, 성령이 그 안에 역사하신다면 그는 성령이 하시는 말씀을 듣고 행할 것이다.

그러나 동시에 예수님은 성도들의 권세가 깨어지는 것을 말씀하셨다.

'이 모든 일 전에 내 이름으로 말미암아 너희에게 손을 대어 박해하며 회당과 옥에 넘겨주며 임금들과 집권자들 앞에 끌어가려니와 이 일이 도리어 너희에게 증거가 되리라 그러므로 너희는 변명할 것을 미리 궁리하지 않도록 명심하라 내가 너희의 모든 대적이 능히 대항하거나 변박할 수 없는 구변과 지혜를 너희에게 주리라'(눅 21:12~15).

이때가 어둠의 권세가 활동하는 때고 불법의 일이 허락되는 때다. 그럼에도 의인은 믿음으로 말미암아 살 것이다. 하나님이 보호하실 것이다. 무엇보다 우리 주가 되시며 하나님이 되신 그의 아들 예수 그리스도께서 우리를 인도하실 것이다.